无缝对接 贯通小学科学教育人才培养"立交桥"的研究与实践
（JGA202203）
无缝对接小学科学教育"立交桥式"人才培养路径探究与实践
（GXGZJG2022A046）

"立交桥式"小学科学教育 人才培养模式的研究与实践

杨翠云　著

吉林文史出版社

图书在版编目（CIP）数据

"立交桥式"小学科学教育人才培养模式的研究与实践 / 杨翠云著 . — 长春 : 吉林文史出版社 , 2023.10

ISBN 978-7-5472-9854-1

Ⅰ . ①立… Ⅱ . ①杨… Ⅲ . ①科学知识 – 师资培养 – 研究 – 小学 Ⅳ . ① G623.62

中国国家版本馆 CIP 数据核字 (2023) 第 197903 号

"立交桥式"小学科学教育人才培养模式的研究与实践
" LIJIAOQIAO SHI "XIAOXUE KEXUE JIAOYU RENCAI PEIYANG MOSHI DE YANJIU YU SHIJIAN

著　　者：杨翠云
责任编辑：姜沐雨
出版发行：吉林文史出版社
电　　话：0431-81629369
地　　址：长春市福祉大路 5788 号
邮　　编：130117
网　　址：www.jlws.com.cn
印　　刷：河北万卷印刷有限公司
开　　本：710mm×1000mm　1/16
印　　张：16
字　　数：200 千字
版　　次：2023 年 10 月第 1 版
印　　次：2024 年 1 月第 1 次印刷
书　　号：ISBN 978-7-5472-9854-1
定　　价：98.00 元

前　言

21世纪，我们面临着全新的科技发展形势和教育挑战，科技的快速发展和社会的深度变革对小学科学教育提出了更高的要求，如何培养能够适应新时代需求的小学科学教师是我们当前亟须解决的问题。

本书正是在这样的背景下编写而成的。我们深入研究了"立交桥式"人才培养模式，这是一种创新的人才培养模式，旨在通过高校、小学、科普教育基地与科学技术馆等多元资源的共享，共同培养小学科学教育的专业人才。

本书深入贯彻了《中共中央国务院关于全面深化新时代教师队伍建设改革的意见》的精神，以及《教育部办公厅关于加强小学科学教师培养的通知》的要求，同时参考了《义务教育科学课程标准（2022年版）》的内容。本书探讨了如何在实践中培养师范生的教学能力和科普活动指导能力、如何建立联合培养体系并实现资源共享，以及如何利用小学、科普教育基地和科学技术馆等平台为师范生提供实习和实践的机会。

本书的目标是为小学科学教育的研究者和实践者提供一份翔实的指南，帮助他们更好地理解和应用"立交桥式"人才培养模式。我们希望读者阅读本书后能够获得新的启示，找到适合自己的教育方法和策略，为我国小学科学教育的发展做出贡献。

在未来的教育实践中，我们期待更多教育工作者和研究者参与到"立交桥式"人才培养模式的实践中，共同推动我国小学科学教育的进步与发展。

作　者
2023年5月

目　录

第一章　引言

第一节　21世纪小学科学教育的新形势与新挑战

21世纪是一个知识爆炸和科技迅猛发展的时代，小学科学教育面临着新形势和新挑战。在这个信息时代，科学知识的更新速度加快，科技的广泛应用对小学科学教育提出了更高的要求。同时，教育改革的不断推进和社会的快速变化给小学科学教育带来了新挑战。本节将探讨21世纪小学科学教育面临的新形势和新挑战，并分析如何应对这些形势和挑战以推动小学科学教育的发展。

21世纪是科技发展的时代，小学科学教育作为儿童接触科学、了解世界的重要窗口，它的发展情况直接关系一个国家的科技教育水平，甚至影响着一个国家的创新能力和未来发展。笔者将根据教育部办公厅关于加强小学科学教师培养的通知，结合自身的知识库进行以下分析。

一、新形势

（一）科学素质教育的重视

在21世纪科技日新月异的时代背景下，培养公民的科学素养尤其小学阶段的科学教育显得至关重要。我们所处的世界正在经历深刻而广泛的科技变革，科技在推动社会进步的同时，也在重塑着我们的日常生活和工作方式。这种形势对全社会尤其对青少年的科学教育提出了新的挑战和要求。

过去，我们可能认为科学教育就是教授一些科学知识和理论，但现在我们认识到，科学素养教育的真正目标是培养学生的科学思维方式和科学精神。其中，科学思维方式包括观察、提问、推理、证据评估、解决问题等一系列科学方法；科学精神则包括对真理的追求、对理性的尊重、对质疑和批判的接受等一系列科学态度。这些科学思维方式和科学精神是科学素养的核心部分，是每个公民都应该具备的基本素养。

现代社会中的许多社会问题，如环境污染、公共卫生、能源问题等都需要具有依赖科学知识和科学思维方式来解决，对这些问题的理解和解决都需要一定的科学素养。公民的科学素养不仅可以帮助我们理解并解决这些问题，而且能帮助我们在日常生活中做出更科学、更理性的决策。

在科技日新月异的时代，科学技术的发展正在对我们的工作、生活乃至思维方式产生深远影响。在这种情况下，具有科学素养的人才将更具有竞争力，能更好地适应科技发展的需要。

科学素养包括学习新知识的能力、批判性思考的能力和解决问题的能力等，这些都是终身学习的重要组成部分。在知识不断更新的今天，终身学习的能力对个人的成长和社会的发展至关重要。

因此，对科学素养教育的重视无疑是小学科学教育的新形势，也是我们在科技日新月异的 21 世纪必须认真对待和重视的任务。

（二）跨学科综合素养的培养

在如今这个日益复杂且互联的世界，单一学科的知识已经无法满足我们解决问题和理解世界的需求。科学研究和社会发展对人才提出了新的要求，那就是整合和运用来自多个学科的知识和技能，这就是所谓的跨学科综合素养。面对这样的需求，小学科学教育应当重塑教育模式，从培养具有科学知识的学生向培养具有跨学科综合素养的学生转变。

跨学科综合素养的培养需要超越传统的学科边界，将科学与数学、语言、艺术等学科相融合。这一融合使学生从更全面、更深入的角度理解科学知识，培养他们综合思考和解决问题的能力。例如，学生在学习生态学的知识时，可以结合数学知识进行数据收集和分析；在理解科学原理时，可以运用语言艺术进行表达和交流；在设计科学实验时，可以运用艺术思维增强创造性和实践性。这种教学方式不仅能够提高学生的学习兴趣和参与度，也能培养他们的批判思维、创造力和解决问题的能力。[①]

然而，跨学科综合素养的培养并非易事，教师需要克服许多困难。现有的学科分割和教学模式往往限制了学生跨学科学习和创新能力的发展。目前，很多学校不同学科的教学通常是相互独立的，这种教学模式使学生很难看到不同学科之间的联系，更难以进行跨学科的学习和思考。

对此，教师需要改变现有的教学模式，推进跨学科的教学改革。在教学过程中，教师应该注重引导学生进行综合性的学习和项目实践，使学生能够在实践中发现和理解不同学科的联系和整合。同时，教师也需要具备跨学科的知识和教学能力，这样才能有效地实施这种教学模式。

跨学科综合素养的培养是小学科学教育的一种新形势，也是我们面临的一项重要任务，教师需要从教育理念、教学模式、教师培养等多个方面入手，努力推动这一转变的实现。

（三）培养学生的实践能力和创新精神

21世纪的科学教育越发关注培养学生的实践能力和创新精神，小学阶段的科学教育作为学生科学素养养成的关键阶段，更应该注意这一点。在科学教育中，实践不仅是理解科学知识的重要手段，更是培养学生实践能力、批判思维和创新精神的重要方式。

培养学生的实践能力和创新精神需要通过实验、观察、探究等方式，让学生在亲身经历中体验科学的魅力，掌握科学的方法，理解科学的精神。在实践活动中，学生可以通过实验探索科学现象，通过观察理解科学规律，通过探究锻炼科学思维。在这个过程中，学生可以学会如何设计实验、如何收集和分析数据、如何解决实际问题。这些实践经验可以帮助学生建立对科学的直观理解，提高他们的实践能力和创新精神。[②]

---

① 罗新月. 融入跨学科概念"结构与功能"的博物馆小学科学教育活动设计与实践[D]. 重庆：重庆师范大学，2021：16.
② 王素，吴颖惠. 未来教师的研究素养[M]. 北京：机械工业出版社，2022：46.

但现实中仍存在实验条件的限制和实践教学资源的不足。为了解决这些问题，教师需要创新教学方式，充分利用现有的资源，为学生提供丰富多样的实践机会。这包括课堂实践、科技设施、社区资源等多种形式。教师只有让学生积极主动参与到实践活动中，才能真正培养他们的实践能力和创新精神。

在这个过程中，教师扮演的角色尤为重要。他们需要引导学生进行实践活动，鼓励学生提出问题、寻找解决方案，并进行创造性的实践和探究。教师需要提高专业素养，为学生提供有效的引导和支持。同时，教师也需要具有开放和创新的精神，能够接受和适应新的教育理念和教学方法。

教师需要创新教学方式，改变教育理念，为学生提供更多的实践机会，引导他们养成实践能力和创新精神，从而让他们在未来的学习和生活中发挥更大的作用。

二、新挑战

（一）科学课程的开发和优化

在 21 世纪的教育背景下，科学课程的开发和优化显得尤为重要。如何根据小学生的认知发展特点设计和优化富有吸引力、可操作性强、具有实际意义的科学课程确实是一项巨大的挑战。面对这项挑战，教师需要结合最新的教育理论和实践，以学生为中心，进行科学的课程开发和优化。

科学课程的设计需要符合小学生的认知发展特点。这一点看似简单，实则需要深入了解儿童的认知心理学，明确儿童不同发展阶段的理解能力和关注点，从而设计出吸引学生、符合学生认知水平的科学课程。这需要教师在课程开发过程中，注重跨学科的整合。例如，教育学、心理学、科学领域的知识都需要在课程设计中得到应用。

课程的吸引力是保持学生学习积极性的重要因素。科学本身就是富有探索性和挑战性的学科，如何将这一特性体现在课程中，使得科学课程不再是单一的知识传递，而是引领学生走入科学探索的奇妙世界是课程设计中需要考虑的重要问题。在这方面，实践性和探索性的学习方式，如项目学习、科学实验等可以有效地提高课程的吸引力。

科学课程的可操作性也是一个需要考虑的重要因素。因为科学是理论和实践相结合的学科，所以科学课程也应该体现这一特点，让学生有更多的机会进行实践操作，从而提高科学实践能力。因此，教师需要设计更多的动手做、动脑思考的教学环节，将理论知识和实际操作有机地结合起来。

此外，科学课程应具有实际意义。科学不仅是探索自然界的工具，更是解决实际问题的重要手段。科学课程应该引导学生将科学知识应用到实际生活中，以解决实际问题。因此，课程设计应注重实际问题的引入和解决，使得学生在学习科学知识的同时，能提高解决实际问题的能力。

最后，教师需要不断地反思和优化科学课程。课程开发不是一次性的任务，而是需要在实践中不断反思和优化的过程。教师应该在实施课程的过程中，关注学生的学习反馈，根据学生的学习需要和教学效果，及时进行课程的调整和优化。

21 世纪，小学科学课程的开发和优化充满了挑战，教师需要将最新的教育理论和实践应用到课程开发中，设计出既符合学生认知发展特点，又具有吸引力和实际意义且可操作性强的科学课程，以应对科学教育的新挑战，为培养具有科学素养的新一代人才奠定坚实的基础。

（二）科学教师的专业发展

21 世纪，科学教育在全球范围内越来越受到重视，小学科学教育作为科学教育的基础环节，对教师的专业发展提出了更高的要求，教师的专业发展既包括专业知识的提升，也包括教学能力和教育伦理的修养。这方面的挑战和要求给小学科学教育带来了新的发展机遇。

对于科学教师来说，更新自己的学科知识是一项重要任务。当今社会，科学日新月异，科学教师必须掌握科学的前沿知识，这样才能引导学生了解科学的最新发展，激发他们对科学的兴趣。然而，很多教师在完成学校的教学任务后，往往没有足够的时间和精力去学习新的科学知识，这就需要学校建立有效的教师专业发展支持机制，如教师专业发展课程、研究性学习平台等，以此来帮助教师提升专业知识。

科学教师的教学理念也需要不断更新。教育不仅是知识的传授，更是培养学生科学素养的过程。这就要求科学教师转变教学理念，从传统的注重知识传授转变为注重学生能力的培养。这就需要学校构建教师教学观念更新的培训机制，如教师教育研讨会、教师教育工作坊等，从而帮助教师更新自己的教学理念。

此外，教师的教学能力也需要得到提升。21世纪，科学教育更注重学生的个性化发展和科学探究能力的培养，这就要求教师具备个性化教学设计和评估的能力。同时，教师还需要具备良好的教育伦理和教育情怀，关注学生的全面发展。这就需要学校构建教师教学能力提升的培训机制，如教师教育研讨会、教师教育工作坊等，从而帮助教师提升教学能力。

21世纪，小学科学教育对教师的专业发展提出了更高的要求，同时为其提供了新的发展机会。学校需要积极构建有效的教师专业发展支持机制，帮助教师提升专业知识和教学能力，更新教学理念，以更好地应对科学教育提出的新挑战，为构建科学素养社会、培养创新型人才做出贡献。

（三）社会观念的转变

在21世纪的社会变革中，科学教育的重要性日益凸显。然而，科学教育不仅仅是学校的事，更是涉及全社会的广泛议题。社会观念的转变对于科学教育特别是小学科学教育的发展无疑是一项重大挑战。因此，我们需要更深入地对其加以理解和探讨。

我们需要认识到科学教育的重要性在于它培养了学生的科学素养，即科学的知识、技能、态度，以及科学的价值观和科学精神。这些都是21世纪公民必备的能力。然而，这样的认知并没有在全社会普及开来，很多人依然认为科学教育就是简单地学习科学知识，忽视了它对于个人全面发展的重要作用。这一点在小学科学教育上体现得尤为明显。很多家长甚至教育者认为科学教育是为了考试、为了升学，而不是为了培养学生的科学素养。

社会对科学教育的误解使得科学教育的地位无法得到应有的提升。一方面，科学教育被视为技能教育，被边缘化；另一方面，社会对科学教育的需求和期待日益增长，这种矛盾反映了社会对科学教育理解的不足。特别是在小学阶段，科学教育更容易被忽视，因为在很多人看来，小学阶段的教育更应该着重基础知识的教授，而科学教育似乎与这个目标不符。

（四）信息化时代的挑战

小学科学教育的新形势首先体现在信息化带来的教育资源的无限扩大。互联网与数字化技术的发展使教育资源的获取和共享变得更为便捷，学生能够在网络上获取丰富多样的科学知识和实践经验。这种现象对科学教育的影响是全方位的，对学生的学习环境、教师的教学方法以及教育理念都产生了深远影响。因此，《义务教育科学课程标准（2022年版）》强调科学教育应面向全体学生，提倡自主、探究、合作的学习方式，从而培养学生的科学素养。

然而，新的形势带来了新的挑战。由于信息的海量和复杂，学生在获取信息的同时，也面临着信息过载和信息质量参差不齐的问题。同时学生在获取科学知识和实践经验的过程中容易受到假科学或者无科学依据的信息的影响。这就需要教师和学校对学生的信息素养进行培养，帮助他们建立正确的科学观念，提高其筛选和判断信息的能力。

第二节　"立交桥式"人才培养模式的提出背景和意义

一、"立交桥式"人才培养模式的提出背景

在分析"立交桥式"人才培养模式的提出背景之前，有必要审视21

世纪初小学科学教育领域的形势。回顾过去的二十多年，我们发现，科学技术和教育领域的变革给小学科学教育带来了深远影响。一方面，科学技术的飞速发展既改变了人们的生活方式，也对教育领域产生了深远影响。网络技术的应用使得教育资源的获取和传播越来越容易，同时，科技进步也使得教学手段更加多元化。例如，虚拟现实、增强现实等新型技术开始应用于教学中。虽然科技为教学提供了更多可能性，但是也使得教师的角色发生了变化，他们不仅要掌握专业知识，还要灵活运用各种新型教学手段，这对教师的培养提出了新的挑战。另一方面，社会经济的深度变革对教育领域产生了影响。在知识经济时代，人的创新能力和批判性思维能力变得越来越重要，这要求教育目标进行相应调整。教育目标不再是传授知识，而是培养学生的创新能力和批判性思维能力，这对教师的培养提出了新的要求。

在这样的背景下，传统的教师培养模式已经难以满足现代社会的需求。传统的教师培养模式主要在高校进行，教师在高校学习专业知识和教育理论，然后将其应用于实习中。然而，这种模式的问题在于教师在实习中往往难以将理论与实践相结合；同时，缺乏教育实践经验使得他们在实际教学中往往感到力不从心。

针对这一问题，"立交桥式"人才培养模式应运而生。这一模式的核心理念是通过高校、小学、科普教育基地、科学技术馆、社会相关团体等机构的联合培养，为未来的小学科学教师提供全方位的教育和培训。这种模式旨在打破传统的教育培训边界，通过各种机构的资源整合，使师范生能够在不同的实践环境中获取更多学习和发展的机会。

"立交桥式"人才培养模式的提出背景主要是应对新的教育形势和挑战。新的教育形势要求教师不仅要具备扎实的专业知识，还要具备丰富的实践经验，而传统的教师培养模式无法满足这一要求。"立交桥式"人才培养模式的提出标志着教师培养进入了一个新阶段，它为满足现代社会对小学科学教师培养的需求提供了新的可能性。

二、"立交桥式"人才培养模式的意义

"立交桥式"人才培养模式的意义主要体现在以下几个方面：

（一）促进师范生的能力全面发展

"立交桥式"人才培养模式以高校、小学、科普教育基地、科学技术馆和社会相关团体等为载体，积极推动教育资源的整合，使得师范生的学习和实践不再局限于单一的校园环境，而是涵盖更为广泛和丰富的教育场景。这样的设计使得师范生在求学过程中有机会深入理解和掌握不同教育环境的运行机制，体验多样化的教育教学活动，从而促进其专业知识技能的全面提升。

尽管传统的教师培养模式强调了理论知识与实践技能的结合，但其实践环节往往在学生即将毕业时才得以充分实施，时间短暂，经验积累有限。而"立交桥式"人才培养模式则充分借助各类教育机构，实现了教育资源的充分整合和利用，师范生有更多机会在实际环境中应用和锻炼自己的知识技能，这对于其能力的全面提升具有重要作用。

该模式的实施使师范生在不同的教育机构中面对不同的教育对象和教育情境，积累更为丰富的实践经验，逐步形成教育教学的全局观念，进一步提高教育教学的综合素质和专业素养。在经历不同类型的教育机构实践过程中，师范生不仅可以从中提炼和深化专业理论知识，还能掌握多种教育教学策略，丰富教育技巧，磨炼个人能力。例如解决问题的能力、团队合作能力、领导和组织能力等。

"立交桥式"人才培养模式中，小学、科普教育基地、科学技术馆等教育机构为师范生提供了现实的教育场所和教育情境，师范生可以直接接触学生，参与教学活动，这无疑是对其教学理论知识最好的检验和实践。师范生在亲身参与实际教育活动中，可以直观地感受和理解教学理论在具体教育实践中的运用与转化，体验教育教学全过程，形成对教育教学的全面理解，培养和提升其教育教学能力。

最后，"立交桥式"人才培养模式非常注重对师范生社会能力的培

养。在多元化的教育环境中，师范生有机会接触不同的社会群体，了解多元化社会的实际需求，增强社会责任感和使命感。师范生在面对不同的教育情境和解决实际问题的同时，需要与教育机构、学生、家长等各方进行协调沟通，这无疑是对其社会能力的锻炼和提升。因此，"立交桥式"人才培养模式的实施对培养师范生的社会能力具有重要的推动作用。

（二）增强师范生的教育创新意识和能力

"立交桥式"人才培养模式通过激发和培养师范生的教育创新意识和能力，确立了其在未来教育实践中的积极主体地位。在多元化的教育环境中，师范生面对的不仅是各种不同类型的学习者，还有各种复杂多变的教育问题。这些问题往往需要师范生灵活运用专业知识，发挥创新思维，制定出符合教育实际需求的解决策略。

通过亲身参与到实际教育教学活动中，师范生能够更深入地理解教育教学的实质，感受教育创新的必要性和迫切性。同时，不同类型的教育机构为师范生提供了各种不同的教育教学资源和环境，这对于激发其教育创新思维，培养其解决复杂教育问题的创新能力具有重要作用。

在多元化的教育环境中，师范生需要积极适应各种不同的教育情境，这既是对其创新思维的挑战，也是对其创新能力的锻炼。例如，当师范生在科普教育基地或科学技术馆中进行教育实践时，需要将科学知识与实际教育活动有效结合，设计出既有趣又有教育意义的科普活动。这就要求师范生具备高度的创新思维和创新能力，能够将专业知识、教育理念、教育技术等有效融合，制定出适合当前教育需求的教育方案。[①]

由于涉及多个教育机构和教育环境，师范生需要具备较强的团队合作能力和组织协调能力，这样才能够有效地调动和整合各方资源，促进教育活动的顺利进行。另外，这也需要师范生具备一定的创新思维和创新能力，在面对困难和挑战时，能够找到新的解决办法，推动教育活动的有效进行。

---

① 袁从领. 核心素养导向下的小学科学教育 [M]. 长春：东北师范大学出版社，2018：48.

（三）提升小学科学教育的质量

提升小学科学教育质量的要求使得"立交桥式"人才培养模式的重要性显得尤为突出。它注重培养具有创新精神和实践能力的小学科学教师，在未来的教学工作中，这些教师将引领小学科学教育的发展，从而显著提升教育教学的质量。

"立交桥式"人才培养模式关注教师的实践能力和创新精神。这些具备高度实践能力和创新精神的教师不仅能够准确地理解和解释科学原理，还能将这些原理以生动有趣的方式传授给学生，激发学生对科学的兴趣和好奇心，从而显著提升科学教育的质量。在"立交桥式"人才培养模式下，教师的作用不仅仅是传授知识，更多的是引导和激发学生的科学探索精神，培养他们的科学思维能力和实践能力。

"立交桥式"人才培养模式更符合 21 世纪教育的需求。21 世纪，社会对人才的需求越来越注重实践能力和创新精神。小学科学教育也不例外，只有具备实践能力和创新精神的科学教师才能适应这种需求，引领小学科学教育的发展，提升教育教学的质量。

在"立交桥式"人才培养模式下，教师的教育理念和教学方法也会得到改变。他们不再满足传统的教学方法，而是愿意尝试新的教育理念和教学方法，如问题导向学习、探究式学习等，这些新的教育理念和教学方法更能激发学生的学习兴趣，提升学生的学习效果，从而提升科学教育的质量。

（四）助力社会公平教育

"立交桥式"人才培养模式对于提升小学科学教育的质量起到了决定性作用。这种模式致力于培养创新精神和实践能力强的小学科学教师，他们在未来的教学工作中将成为小学科学教育的主要力量。这种模式的实施使得师范生在学习过程中能够接触到多元化的教育环境，体验各种实践机会，深化对科学知识和教育教学的理解，从而在未来的教育工作中有效提升小学科学教育的质量。

通过"立交桥式"人才培养模式，师范生有机会在实践中学习和理解科学知识，形成科学的教育理念。他们在科普教育基地和科学技术馆等场所亲身体验科学实验，观察和理解科学原理，从而更深入地理解和掌握科学知识，形成科学的教育理念。同时，师范生也有机会接触科学教育的最新研究和教学策略，从而提升自己的教育教学能力。

"立交桥式"人才培养模式的实施有利于提升师范生的教学设计和组织能力。在多元化的教育环境中，师范生需要设计和组织各种教育活动，这要求他们具备扎实的科学知识、丰富的教育教学策略和良好的组织协调能力。在这个过程中，师范生不仅可以提升教育教学能力，而且有机会培养和提升组织协调能力，这对于他们未来在教育工作中提升小学科学教育的质量具有重要作用。

"立交桥式"人才培养模式的实施对于师范生的职业态度和教育责任感的培养也具有重要作用。在多元化的教育环境中，师范生需要面对和解决各种实际问题，这无疑是对他们责任感和职业态度的锻炼。同时，他们在参与教育活动的过程中也有机会理解和感受教育的使命和责任，从而树立正确的职业观念，为未来的教育工作奠定坚实的基础。

（五）推动教育改革和创新

推动教育改革和创新是"立交桥式"人才培养模式的重要意义之一。它的实施有助于深化我国教师教育改革，促进教育理念和教育模式的更新，也为我国教师教育提供了有价值的经验和启示。

"立交桥式"人才培养模式的核心是多元化的教育环境和实践机会。它打破了传统的教育边界，为师范生提供了更广阔的学习空间和更多的实践机会。在这样的环境中，师范生可以体验多角度的教育教学活动，积累实践经验，提升教育教学能力。这种人才培养模式不仅有利于师范生专业知识和技能的培养，而且有利于师范生综合素质和社会能力的提升。因此，"立交桥式"人才培养模式的实施将有助于推动我国教师教育的深化改革，促进教育理念和教育模式的更新。

"立交桥式"人才培养模式的推广和实践也将为我国教师教育提供有价值的经验和启示。"实践是检验真理的唯一标准"，"立交桥式"人才培养模式的推广和实践将有助于我们更好地理解和掌握这一模式的优点和不足，从而为我国教师教育的发展提供有价值的经验和启示。"立交桥式"人才培养模式的实践也将为我国的教育改革提供有力的支持，推动我国的教育持续发展和进步。

更重要的是，"立交桥式"人才培养模式的推广和实践有助于激发教育工作者的创新意识和创新能力。在这一模式的引导下，教育工作者不仅可以探索新的教育理念和教育模式，还可以在实践中发现问题，解决问题，从而提升自身的教育创新能力。因此，"立交桥式"人才培养模式的实施将有助于推动我国教育的创新发展，从而提升我国教育的竞争力。

"立交桥式"人才培养模式的提出和实施对于推动我国小学科学教育专业的发展、提升我国小学科学教育的质量、培养新时代所需的小学科学教师具有重要意义。

第二章 "立交桥式"人才培养模式：
理念与特征

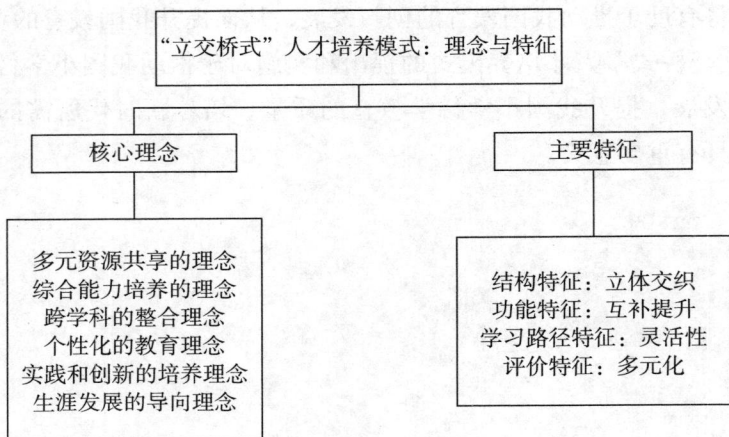

```
┌─────────────────────────────────────────┐
│    "立交桥式"人才培养模式：理念与特征    │
└─────────────────────────────────────────┘
        │                          │
┌───────────────┐          ┌───────────────┐
│    核心理念    │          │    主要特征    │
└───────────────┘          └───────────────┘
        │                          │
┌───────────────┐          ┌───────────────┐
│ 多元资源共享的理念 │      │ 结构特征：立体交织 │
│ 综合能力培养的理念 │      │ 功能特征：互补提升 │
│ 跨学科的整合理念   │      │ 学习路径特征：灵活性 │
│ 个性化的教育理念   │      │ 评价特征：多元化   │
│ 实践和创新的培养理念 │    └───────────────┘
│ 生涯发展的导向理念 │
└───────────────┘
```

第一节 "立交桥式"人才培养模式的核心理念

21世纪，教育环境面临着诸多重大变革。国家要求小学科学教育领域的师范生不应再是简单的知识传授者，而是应更多地涉及实践操作、科研思维、跨学科整合和创新能力等诸多方面。这些变化的背后恰恰是"立交桥式"人才培养模式的基本理念——多元资源共享与综合能力培养在起作用。

一、多元资源共享的理念

多元资源共享的理念以资源整合和优化利用为目标，强调在不同的环境和场所进行教育活动，实现教育资源的最大化利用和优化配置。它提出的是一种全新的教育模式，这种模式以立交桥为象征，将高校、小学、科普馆、科学技术馆等多种资源有机融合，共同为师范生的成长提供支持。

高校作为师范生学习的主要场所，肩负着传授教育理论和提供实践机会的重要职责。师范生在高校中接受教育学、心理学等基础理论的学习，通过理论学习，他们可以了解科学教育的原理和方法，明确自身的教育理念和目标。同时，高校还可以为师范生提供各种实践机会，如教育实习、教育研究等，帮助其将理论知识转化为实践技能，提升其教育实践能力。

小学则是师范生实践教学的主战场，它是师范生运用和实践教育理论的重要平台。师范生可以在小学的教学活动中，运用所学的教育理论知识，积累教学经验，提升教学能力。与此同时，小学的实践教学也有助于师范生更深入地理解和把握科学教育的内涵，提高他们的教育敏感度和反思能力。

科普馆和科学技术馆则是师范生提升科学素养和探索科学教育方法的重要场所。在这里，师范生可以接触最新的科学知识和科技成果，提升自己的科学素养和科学教育能力。与此同时，科普馆和科学技术馆的丰富展览和活动可以为师范生提供一种生动、直观的科学教育方式，有助于师范生调整自己的教学方式，提高教学效果。

多元资源共享的理念通过整合和优化各种教育资源，为师范生提供了一个立体、全面的教育环境，为其提供了多样化的学习和实践机会。这种模式强调教育的开放性和整合性，使得教育不再局限于特定的场所，而是发生在多个环节和场所。这种模式使得师范生能够在各个环节得到全面发展，从而提高其教育效率和质量。

多元资源共享的理念为教育提供了一种新的视角和方法。它将教育看作一种资源共享的过程，强调通过资源整合和优化利用，提高教育的效率和质量。这种理念不仅对教育资源的使用提出了新的要求，也对教育的实践和研究提出了新的挑战。教师需要在实践中不断探索和实践这种理念，以实现教育的最大化利用及最大化效益。

二、综合能力培养的理念

"立交桥式"人才培养模式强调，教师不仅要掌握科学知识，更要有能力将科学知识转化为有效的教学，这就需要师范生具备一定的科研能力、创新思维、沟通协作等综合素质。由此可见，"立交桥式"人才培养模式关注的是师范生全面能力的培养，而不仅仅是知识的传授。

科研能力是师范生应该具备的一项重要能力。在教学过程中，师范生需要通过科研的方式解决实际教学中遇到的问题，从而提高教学效果。而科研能力的培养需要在实际科研活动中进行。"立交桥式"人才培养模式通过整合高校和小学的教育资源，为师范生提供了多样化的科研实践机会，有助于提高师范生的科研能力。

创新思维是师范生在 21 世纪教育环境中必须具备的一项核心素质。当面对快速发展的科技和复杂多变的教育环境时，师范生需要有能力进行创新思考，以应对各种挑战。"立交桥式"人才培养模式通过引导师范生参与科普馆和科学技术馆的活动，开展创新实践，有助于培养师范生的创新思维。

沟通协作是师范生在教学过程中必备的一项素质。在教学过程中，师范生需要与学生、家长、同事等进行有效沟通，以提高教学效果。同时，师范生也需要与他人合作，共同解决教学中的问题。"立交桥式"人才培养模式通过组织师范生参加各种团队活动，培养他们的沟通协作能力。

三、跨学科的整合理念

"立交桥式"人才培养模式中的跨学科整合理念是当今教育发展的重

要方向。其核心在于超越单一学科的边界，使各类学科的知识在一定的框架内相互交织和影响，从而实现知识的有机整合和最大化利用。

在当今社会，我们面临的问题日益复杂且多元化，简单的单学科知识已无法满足解决全部问题的需求。例如，环境科学的问题既需要地理、生物、化学等多方面的知识，还需要经济、政策等社会科学的分析。同样，工程设计既需要物理、数学的理论支撑，也需要美学、环境科学甚至商业运营的知识。这样的复杂问题需要我们综合运用多学科知识进行全面深入的思考，从而有效解决这些问题。

跨学科的整合可以提升我们对问题的全局视角，帮助我们更好地理解和处理复杂的现实问题。这种整合不仅可以拓宽我们的知识视野，增强我们对事物的理解和掌握，也能提升我们的创新能力，鼓励我们在多学科知识的交汇处寻找新的解决方案。

"立交桥式"人才培养模式强调的跨学科整合理念给教育实践提供了新的思路和方法。它告诉我们，教育不再是简单的知识传授，而是知识的整合和创新。在这种模式下，教师在设计教学活动时，如何让他们在实际问题中，自主地整合运用这些知识。

在这个过程中，学生不仅可以深化对专业知识的理解，也可以提升跨学科综合能力。他们需要学习如何从多角度看待问题、如何在不同学科的知识之间找到联系、如何在实践中融汇各学科知识，形成自己的解决方案。另外，这种跨学科的学习过程也能提高他们的批判性思维和创新能力，使他们在未来的生活和工作中具有更强的竞争力。

尽管跨学科整合理念在实践中有诸多挑战，如学科界限的划定、学科内容的整合以及教师的跨学科教学能力等，但只要我们能够克服这些困难，积极创新教学方法，改变教育思维，就一定可以成功实现这种整合，为我们的教育注入新的活力。

实现跨学科整合的首要任务是改变传统的教学观念，打破固有的学科壁垒，重视知识的内在联系和相互作用。在教学过程中，教师应注重各学科知识的融合和交叉，引导学生从多角度、多层次去理解和解决问题，从而使学生全面掌握知识，提高思维能力和实践能力。

对于学生来说，跨学科整合意味着需要具备更强的自主学习能力和综合运用知识的能力。在学习过程中，学生需要自主探索知识的内在联系，发现不同学科之间的相互作用，这对培养学生的主动学习精神和综合分析问题的能力具有重要意义。

同时，教师还需要建立有效的评价机制，对学生的跨学科整合能力进行评价。这种评价不仅需要考查学生的知识掌握程度，还需要考查他们如何运用所学知识去解决实际问题、如何在多个学科之间建立联系、如何创新思维，等等。

跨学科整合也可以在教学设计中得到体现。比如，教师在设计项目式学习、问题式学习等教学活动时，可以让学生在解决实际问题的过程中，自然地整合来自不同学科的知识和技能。

最后，要实现跨学科整合，还需要教育者的深入研究和不断探索。他们需要研究如何有效地整合各学科知识、如何设计出有利于跨学科整合的教学活动、如何评价学生的跨学科整合能力，等等。只有这样，教育行业才能真正实现"立交桥式"人才培养模式，培养出适应未来社会需要的复合型人才。

四、个性化教育理念

个性化教育理念在"立交桥式"人才培养模式中扮演着重要的角色。它强调的是以学生为中心、全面发展、因材施教的教育方式，以期提升每一个学生的个人成就。这种理念打破了传统的一视同仁、标准化教育模式，以一种更为人性化的方式，照顾到每一个学生的独特需要。

在个性化教育中，每个学生都被视为一个独特的个体，拥有独特的学习风格、兴趣和才能。这种教育方式尊重并鼓励学生的个性表达，引导他们根据自己的兴趣和能力来探索与学习。学生不再被动地接受知识，而是主动参与到学习过程中，成为学习的主体。

在实践中，个性化教育需要教师精心设计和引导。教师需要深入了解每一个学生的学习需求、兴趣和潜能，然后针对这些特性提供适合他们的学习资源和指导。这种方法可能会增加教师的工作量，但是可以帮助学生更好地理解和掌握知识，提高学生的学习效率和学习质量。

个性化教育也需要学生的主动参与和努力。学生需要对自己的学习负责，根据自己的兴趣和能力来规划学习路径，调整学习方法，以达到最佳的学习效果。

在个性化教育的框架下，学生的评价也应当实现全面化和个性化。除了学习成绩，学生的兴趣、创新能力、团队合作能力、自我调节能力等各种能力和素质也应当被纳入评价体系中，以全方位地评价学生的发展和进步。

与此同时，学校应当建立一种支持个性化学习的教育环境。这种环境应当能够支持学生的自主学习，允许学生根据自己的兴趣和能力来选择学习内容，同时为学生提供足够的学习资源和指导，帮助其实现学习目标。

五、实践和创新的培养理念

"立交桥式"人才培养模式坚信对知识的掌握并非只能通过传统的课堂教学，还需要借助实践活动来进行。通过实践，学生可以更深入、更直观地理解和掌握知识，并学会将理论知识应用于实际问题的解决中。这种方式既能使学生将知识转化为实践经验，也有助于培养他们的动手能力和解决实际问题的能力。

实践活动包括各种形式，如实验、实习、项目研究、社区服务等。在这些活动中，学生不仅能获得宝贵的实践经验，还能接触真实的社会问题，理解理论知识在解决实际问题中发挥的重要作用。此外，这些活动也有助于培养学生的团队协作能力和社会责任感。

除实践外，"立交桥式"人才培养模式还强调学生创新能力的培养。创新能力是指个体在解决问题、提出新思想或创作新作品时，能够运用新方法、新视角和新思维的能力。创新能力是现代社会对人才的要求，也是推动社会进步的关键因素。

在教学过程中，教师应鼓励学生挑战既定的思维模式，敢于对自己已具备的知识进行批判性思考。通过教师的引导，学生能学会提出有价值的问题，发现新的问题解决方案，并且在这个过程中发展创新思维和批判思维。

此外，学校和教师还应为学生提供一个鼓励创新的环境。这种环境应充满支持和包容，允许学生尝试新的方法，甚至允许他们犯错误。在这种环境中，学生可以安心地尝试、勇敢地面对失败和更好地学习，通过实践，不断提升自己的创新能力。

实践和创新能力的培养是"立交桥式"人才培养模式的重要组成部分。它强调通过实践活动来深化学生的学习，同时通过鼓励学生的创新思维，培养他们对未知的探索和挑战的能力。这不仅能让学生在学习过程中获得更深刻的理解和更宽广的视野，也能为他们未来的职业生涯和人生发展奠定坚实的基础。

在实践中，学生可以深入了解专业知识，把握技术的发展动态，同时锻炼解决实际问题的能力。这种从理论到实践，再从实践反馈到理论的循环使得学生能够在实践中提炼和升华知识，从而达到对知识的深化理解和应用。

创新要求我们不断地突破自我，挑战已有的知识和经验，勇于探索未知的领域。在这个过程中，我们需要具备批判性思维，敢于质疑、敢于否定、敢于创新；我们需要根据自己的思考，对已有的知识和经验进行批判性反思，不断寻求新的解决方案和创新路径。

实践和创新是"立交桥式"人才培养模式的两大支柱。实践让我们在行动中学习，在实际操作中理解和掌握知识；创新使我们在挑战和探索中成长，不断超越自我，追求卓越。实践和创新是相辅相成的，没有实践的支持，创新就无法落地；没有创新的驱动，实践就缺乏活力。

"立交桥式"人才培养模式强调，只有深度的实践和持续的创新，才能真正地掌握知识，才能培养出具备深厚专业素养、具有广阔视野、能够适应社会发展需求的优秀人才。这是"立交桥式"人才培养模式的核心理念，也是其成功的关键。

六、生涯发展的导向理念

在"立交桥式"人才培养模式下，生涯发展的导向理念是一个重要的组成部分。这种理念主张教育的目标不应局限于短期的学习成绩或学业证书，而是应看重对学生长期发展的影响和对他们未来职业生涯的启发。这就意味着教育不再是一种狭隘的、仅以考试成绩为导向的方式，而是以培养学生全面的能力和素质为目标，包括思维能力、沟通能力、解决问题的能力、适应社会变化的能力等。

为了实现这个目标，学校和教师应从学生的个人兴趣、优势和未来的发展目标出发，为他们提供个性化的学习路径和指导。这种方法不仅可以提高学生的学习动机和兴趣，还能帮助他们在学习过程中积累对未来职业生涯有益的知识和技能。此外，学校和教师还应关注学生的情感、价值观和社会责任感的培养，使他们成长为对社会有积极贡献的公民。

"立交桥式"人才培养模式也强调生涯规划教育的重要性。生涯规划教育是帮助学生了解自我、探索职业、制定目标和实施计划的过程，以便他们能够在未来的生活和工作中做出明智的选择。生涯规划教育可以让学生了解不同的职业领域，理解各种工作的性质和要求，同时帮助他们建立良好的职业观念，树立正确的生活和职业价值观。

生涯发展的导向理念使"立交桥式"人才培养模式更加关注学生的长远发展，而不只是短期的学习效果。它强调教育应培养学生的综合素质和生涯能力，使他们不仅在学校能取得成功，在未来的生活和工作中也能取得成功。这种教育理念更符合 21 世纪的社会需求，有助于学生适应不断变化的世界，为他们的未来发展奠定坚实的基础。

第二节 "立交桥式"人才培养模式的主要特征

一、结构特征：立体交织

一直以来，理论学习环节都是师范生培养的重要环节。在高校里，师范生通过学习科学教育理论、教学方法论、教育心理学等课程，了解科学教育的基本理念，掌握教学的基本方法，形成正确的教育观和教学观。然而，单一的理论学习往往无法满足现代师范生培养的需要。因此，"立交桥式"人才培养模式强调理论学习与其他环节的有机结合，促使师范生在理论学习的基础上，进行实践操作、科研实践、创新实践，使他们的知识结构更完善、能力素质更全面。

在"立交桥式"人才培养模式中，实践操作环节扮演着举足轻重的角色。实践操作既是理论学习的重要补充，也是培养师范生实践能力的有效手段。在实践操作环节，师范生不仅可以运用所学理论知识解决实际问题，还能在反复的实践中，发现理论的不足，进一步丰富和完善自己的理论知识。此外，实践操作还可以帮助师范生提高处理问题的能力，增强他们的实践经验，从而更好地适应未来的教学工作。

科普馆和科学技术馆的活动为师范生提供了丰富的科学知识和教育资源。科普馆和科学技术馆的展览、活动通常包含丰富的科学内容和教育元素，师范生参与其中时，既能增长科学知识，又能感受科学的魅力和趣味性。此外，这些活动还可以激发师范生的教育想象力，启发他们在未来的教学中能够运用科普资源，使教学更具有吸引力和教育效果。

科研实践环节是师范生培养中的又一重要环节。科研实践能够培养师范生的科研能力，提高他们的创新思维。通过科研实践，师范生可以了解科研过程，掌握科研方法，培养自己的科研兴趣。同时，科研实践也可以使师范生的理论学习更加深入、更加全面。

通过上述分析，我们可以看出，"立交桥式"人才培养模式的结构特征——立体交织为小学科学教育师范生的全面发展提供了有力保障。这种立体交织的结构使师范生在不同的环节能够充分吸收并整合各种教育资源，提升自己的综合素质，为将来成为优秀的小学科学教师打下坚实的基础。

二、功能特征：互补提升

"立交桥式"人才培养模式的功能特征体现在各个环节通过互补的方式实现师范生能力的提升。这种模式的实质是一种整合资源，优化教育过程，提升教育效果的策略。它将各个环节的优势进行有效结合，使得师范生在学习过程中能够全面发展，提升自身的综合素质。

（一）理论学习和实践操作的结合

理论学习和实践操作的结合是"立交桥式"人才培养模式的重要组成部分。理论学习是提升师范生专业素养的基础，而实践操作则是检验和提升理论学习成果的重要手段。在这种模式下，师范生在学习理论知识的同时，通过实践操作将理论知识应用于实际，使得理论知识得到深化和拓展。理论学习与实践操作的结合使得师范生在理解和掌握理论知识的同时，能够提升实践能力和创新能力。

（二）高校的教育训练和小学实践的结合

高校的教育训练和小学实践的结合是"立交桥式"人才培养模式的另一个重要特征。高校的教育训练为师范生提供了专业知识和技能的学习，而小学实践则为师范生提供了实际的教学环境，使得师范生能够在实际教学环境中检验和提升自己的能力。高校的教育训练与小学实践的结合使得师范生在学习专业知识和技能的同时，能够了解和适应实际的教学环境，从而提升教学能力。

（三）科普馆和科学技术馆的资源和活动的利用

科普馆和科学技术馆的资源和活动是"立交桥式"人才培养模式的

重要资源。其可以帮助师范生拓宽科学视野，提高科学素养。而对科普馆和科学技术馆的资源和活动的利用可以使师范生在学习专业知识和技能的同时，提升科学素养，提高科学教育能力。

通过这种互补提升，师范生的多元能力得到全面发展。他们不仅能够掌握专业知识和技能，提高教学能力，还能够培养创新思维和实践能力，提高解决问题的能力。"立交桥式"人才培养模式通过整合资源、优化教育过程，有效地促进了师范生的全面发展和综合素质的提升。

三、学习路径特征：灵活性

（一）自主选择的学习内容

在传统的教育模式中，教师通常会创设固定的课程内容和学习路径。然而，在"立交桥式"人才培养模式中，教师更加注重师范生的主体性，鼓励他们根据自己的兴趣和需求，自主选择学习内容。

这种自主选择学习内容的策略对于小学科学教育专业的师范生来说尤为重要。这是因为科学教育是一门涉及广泛知识领域的学科，不同的师范生对不同的科学领域有不同的兴趣和需求。比如，有些师范生对生物科学有浓厚的兴趣，而有些师范生则对物理或化学更感兴趣。

通过自主选择学习内容，师范生可以更深入地学习自己感兴趣的科学领域，这既能提高他们的学习兴趣和动力，也有利于他们在未来的教学实践中，更好地引导和激发学生对科学的兴趣和探索。

另外，这种自主选择学习内容的策略也有利于培养师范生的自主学习能力和创新思维。通过自我选择和规划学习内容，师范生可以学会如何自我学习、如何创新思考，这对于他们未来成为优秀的小学科学教师具有重要意义。

（二）自我调节的学习进度

传统的教学模式往往采取统一进度的方式进行，这种方式容易忽略学生的个体差异，有可能导致一部分学生难以跟上进度，而另一部分学生则感到过于轻松。然而，在"立交桥式"人才培养模式中，师范生可以根据自己的学习情况和需求，自我调节学习进度，这对保证学习效果具有重要的作用。

首先，自我调节的学习进度有助于提高学习效率。每个学生的学习速度和方式都有所不同，有的学生学习速度快，有的学生学习速度慢，有的学生适合通过阅读来学习，有的学生适合通过实践来学习。通过自我调节学习进度，师范生可以根据自己的实际情况，选择最适合自己的学习速度和方式，从而提高学习效率。

其次，自我调节的学习进度可以减小学习压力。在传统的教学模式中，由于需要跟上统一的学习进度，学生往往感到压力巨大。然而，在"立交桥式"人才培养模式中，师范生可以根据自己的情况，适当调整学习进度，从而减小学习压力，提高学习积极性。

最后，自我调节的学习进度也有助于培养师范生的自主学习能力。通过自我调节学习进度，师范生需要自己制订学习计划，自己解决学习中遇到的问题。这对于他们未来在小学科学教育工作中，灵活调整教学进度，以适应学生的学习情况具有重要作用。

在小学科学教育专业中，科学知识的学习和理解需要时间和努力，而且科学知识的掌握程度直接影响师范生未来的教学效果。因此，能够自我调节学习进度，根据自己的学习情况和需求，选择最适合自己的学习速度和方式无疑是小学科学教育专业的师范生在学习过程中需要具备的重要能力。只有这样，他们才能够在学习过程中，最大限度地提高学习的效率和效果，从而在未来的教学实践中，更好地为学生提供高质量的科学教育。

（三）自我评价的学习效果

"立交桥式"人才培养模式鼓励师范生进行自我评价，这是一种强调内在驱动力的学习方式。它不仅能提升师范生的自我认知，更有助于他们建立自我驱动的学习习惯，形成持续学习和自我提升的动力。

在小学科学教育专业人才培养中，自我评价的重要性不言而喻。科学教育往往需要培养学生的批判性思维、问题解决能力和实验技能，而这些能力的提升不能仅仅依赖他人评价，更需要学生自我评价和反思。在自我评价过程中，师范生可以更深入地理解和掌握科学知识，更准确地把握自己的学习状态，更有效地调整和改进学习策略。

自我评价也是自我反思的过程，师范生可以通过反思自己的学习过程，发现自己在学习过程中的问题，认识自己的学习弱点，从而有针对性地调整学习策略，改善学习效果。这种反思和调整的过程无疑对他们的专业发展具有积极的推动作用。

自我评价的过程实际上也是一种自我监控的过程，能够及时提醒师范生关注自己的学习进度，调整学习策略，这对于师范生保持学习的积极性和高效性，防止出现学习滞后现象具有重要意义。

在未来的教学实践中，能够进行自我评价的教师更可能理解和实施有效的教学评价。他们能够更客观地评价学生的学习，更有效地调整教学策略，更好地推动学生的学习进步。因此，在师范生的培养过程中，教师鼓励和引导他们进行自我评价无疑是非常重要的。

四、评价特征：多元化

（一）过程性评价的采用

"立交桥式"人才培养模式重视对教育过程的多元化评价，其中，过程性评价的采用是评价体系中的重要组成部分。传统的评价方式往往过于强调结果，忽视了学习过程的重要性。然而，小学科学教育专业的师范生需要掌握的不仅是科学知识，更是科学探究的过程。因此，评价的重心应当从单一的结果评价转向过程性评价。

过程性评价的采用可以有效地帮助师范生关注并反思自己的学习过程，从而提升其学习效率。这不仅能让自己了解自己在学习过程中的强项和弱点，还能帮助其建立正确的学习观念，认识到学习不仅是获取知识的过程，还是培养能力的过程，更是深度参与和思考的过程。

此外，过程性评价的采用也有助于教师对教学过程进行反思和改进。

通过观察和评价学生的学习过程，教师能够发现教学中的问题，及时调整教学策略，更好地促进学生的学习。这对于提升教学质量，实现教育教学目标具有重要的作用。

（二）综合性评价的应用

"立交桥式"人才培养模式强调评价的多元化，其中包括综合性评价的运用。在小学科学教育专业的师范生培养中，要求学生掌握的不仅是单一的知识和技能，还包括科学素养、创新思维、团队协作、情感态度等多个方面的全面发展。这种全面发展需要一种综合的评价方式去衡量和反馈。综合性评价就是这样一种全面的评价方式。它将知识理解、技能掌握、思维品质、实践能力、情感态度等多个方面纳入评价的范畴中，全面地反映学生的学习状况。对于师范生来说，综合性评价能够更真实地反映他们的学习成果，帮助他们了解自己的长处和短处，引导他们有针对性地学习和提升。

此外，综合性评价还有助于教师全面了解学生的学习状况，进而开展个性化教学。通过综合评价，教师可以了解学生的各项能力、兴趣和需要，据此调整教学内容和教学方法，满足学生的个性化需求。

（三）反馈性评价的实施

高等教育机构在实施"立交桥式"人才培养模式的过程中，注重引入反馈性评价，这一评价模式不仅可以及时反馈学生的学习进度和效果，还能使教师及时发现教学过程中的问题，有助于教师、学生以及教育组织对教学和学习过程进行持续的改善和优化。

在反馈性评价实施过程中，高校通常会将学生的学习表现、成绩和教学效果作为反馈的主要内容。学生通过这些反馈可以了解自己在小学科学教育专业学习中的强项和弱项，以便及时调整学习策略，促进自身的全面发展。同时，教师也可以从这些反馈中了解自己教学方法的优点和不足，根据学生的学习需要和反馈情况进行教学调整，从而提高教学效果。

更进一步来说，高校在实施反馈性评价时，也会借助先进的教育技术，如在线学习平台、大数据分析等工具，实现评价数据的实时收集、分析和反馈，以提高评价的效率和准确性。这些工具的应用使得反馈性评价可以更加细致、全面地捕捉学生的学习情况，为教学决策提供更精确的信息支持。

第三章　"立交桥式"人才培养模式的理论基础

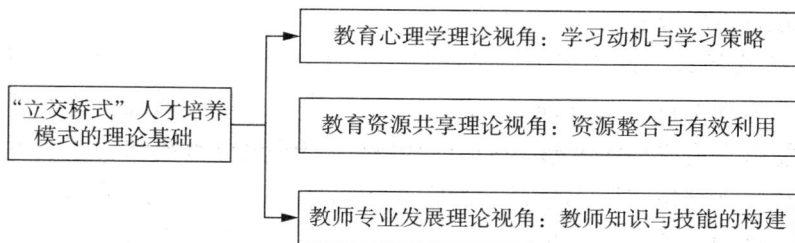

```
                    ┌─────────────────────────────────────┐
                ┌──▶│ 教育心理学理论视角：学习动机与学习策略 │
                │   └─────────────────────────────────────┘
┌──────────┐    │   ┌─────────────────────────────────────┐
│"立交桥式"人才培养│   │                                     │
│模式的理论基础    │──┼──▶│ 教育资源共享理论视角：资源整合与有效利用 │
└──────────┘    │   └─────────────────────────────────────┘
                │   ┌─────────────────────────────────────┐
                └──▶│ 教师专业发展理论视角：教师知识与技能的构建 │
                    └─────────────────────────────────────┘
```

第一节　教育心理学理论视角：学习动机与学习策略

教育心理学理论视角在"立交桥式"人才培养模式中具有重要意义。学习动机和学习策略是其中两个关键概念，它们对培养学生的科学素养和兴趣有着深远影响。

学习动机是学生参与学习活动的内在驱动力。在"立交桥式"人才培养模式中，激发学生的学习动机是至关重要的。通过跨学科的学习内容和问题导向的学习方法，学生能够体验学科知识的运用在解决实际问题中的作用，从而增强其学习动机和兴趣。研究表明，当学生能够看到学习的意义和实际应用时，他们更有可能投入学习中并取得最佳效果。

此外，学习策略在学生的学习过程中发挥着重要作用。学习策略是学生在获取、组织和应用知识时采取的认知和元认知活动。"立交桥式"人才培养模式倡导培养学生的学习策略，使他们有效地学习和掌握科学知识。通过引导学生运用合适的学习策略，如问题解决、合作学习和批判性思维等，"立交桥式"人才培养模式在促进学生的深度学习和创新思维能力的发展方面发挥着重要的作用。研究显示，学生掌握了有效的学习策略后，他们的学习效果更好，对学习内容的理解和应用更深入。

"立交桥式"人才培养模式中，教师在激发学生学习动机和培养学生学习策略方面扮演着重要角色。教师应该了解学生的学习需求和兴趣，设计适合跨学科学习的教学活动，并引导学生运用合适的学习策略。此外，教师还应注重学生的反馈和评价，帮助他们了解自己的学习进展，激励他们继续努力。

"立交桥式"人才培养模式强调学生的主动参与和深度学习，而教育心理学从理论视角为其提供了理论支持和指导。学习动机和学习策略的应用能够提高学生的兴趣和动力，培养他们的综合素质和创新能力。因此，在"立交桥式"小学科学教育人才培养中，教师应注重学习动机和学习策略的培养，为学生提供良好的学习环境和积极支持，推动他们全面发展并取得成功。

教育心理学理论视角下学习动机和学习策略的研究和应用可以为"立交桥式"小学科学教育人才培养模式提供更坚定的理论基础。进一步的研究可以探讨如何在不同年龄段和学科领域激发学生的学习动机，以及如何培养学生有效的学习策略。此外，还可以研究教师在"立交桥式"人才培养模式中扮演的角色和能力要求，为教师的专业发展提供指导和支持。

综上所述，教育心理学理论视角下的学习动机和学习策略对于"立交桥式"小学科学教育人才培养模式具有重要意义。它通过激发学生的学习动机和培养学生的学习策略，提高学生的兴趣和动力，培养他们的综合素质和创新能力。

第二节 教育资源共享理论视角：资源整合与有效利用

　　教育资源共享理论视角在"立交桥式"人才培养模式中扮演着重要角色。资源整合和有效利用是该模式的核心要素之一，通过整合并充分利用各种教育资源，可以为学生提供大量的学习机会，创造良好的学习环境。

　　在"立交桥式"人才培养模式中，教育资源的整合和共享是关键。这包括与师范院校、小学、科普教育基地、科学技术馆等各方的合作，以及跨学科学习的实施。通过与不同教育机构和资源提供者的合作，可以整合各种教育资源，如教学设备、实验室、图书馆、数字资源等，为学生提供多样化的学习机会。

　　资源整合的目的是丰富学生的学习体验以及为学生提供多样化的学习机会。通过整合不同学科领域的资源，学生可以获得跨学科的学习体验，促进对其综合素质的培养。例如，在科学学习中，可以整合生物学、化学、物理等多个学科的资源，让学生在实践中综合运用各学科知识，培养他们的科学思维和解决问题的能力。

　　有效利用教育资源是资源整合的关键环节。资源的有效利用需要教师发挥重要作用。教师应该根据学生的学习需求和目标，合理规划、组织和利用资源。教师可以设计富有挑战性和启发性的学习任务，引导学生运用资源进行探究和实践，培养他们主动学习的能力和自主解决问题的能力。此外，教师还可以利用技术手段和创新教学方法，为学生提供个性化的学习支持和辅导，使每个学生都能够充分利用教育资源取得成功。

　　资源整合和有效利用对"立交桥式"人才培养模式具有重要意义。它为学生提供了多样化的学习机会和实践环境，帮助他们形成了综合素质和解决问题的能力。此外，资源整合和有效利用也促进了教育资源的共享和合作，加强了不同教育机构之间的交流和互动，推动了教育的发展和改革。[1]

进一步的研究可以探讨如何更好地整合和利用教育资源，以满足不同学生的学习需求和培养目标。还可以研究教师在资源整合和利用中的角色和能力要求，为教师的专业发展提供指导和支持。此外，可以通过研究如何利用科技手段和创新教学方法，进一步拓展教育资源的利用方式，提供更加个性化和差异化的学习支持。

综上所述，教育资源共享理论视角下的资源整合和有效利用对于"立交桥式"人才培养模式具有重要意义。通过整合各种教育资源并充分利用，可以为学生提供多样化的学习机会和学习环境，促进学生综合素质和解决问题能力的培养。

第三节　教师专业发展理论视角：教师知识与技能的构建

教师专业发展理论视角对于"立交桥式"人才培养模式具有重要意义。该视角强调教师作为专业人士需要不断提升自身的知识和技能。在"立交桥式"人才培养模式中，教师扮演着重要角色，需要具备跨学科的知识和教学技能，能够引导学生进行跨学科学习和解决实际问题的实践。

教师在"立交桥式"人才培养模式中的角色至关重要。他们需要具备多学科知识的综合运用能力，能够将不同学科的知识进行整合，并将其应用到实际问题的解决中。这要求教师具备广泛而扎实的学科知识，能够理解不同学科之间的联系和相互作用。例如，在科学教育中，教师需要同时掌握生物学、化学、物理等多个学科的知识，并将它们有机结合，帮助学生理解科学现象和解决相关问题。

教师还需要具备科学实验和实践的技能，能够引导学生进行实际操

---

[1] 李继峰. 教师专业学术蓄养研究 [M]. 西安：陕西师范大学出版总社有限公司，2022：64.

作和实践探究。通过实践活动，学生可以亲身体验科学的乐趣，培养科学思维和解决问题的能力。教师需要具备设计和组织实践活动的能力，能够为学生提供有挑战性和启发性的学习任务，引导他们进行实践探究，并及时给予指导和反馈。[①]同时，教师还应具备科学实验操作和安全管理的技能，确保学生在实践中的安全与健康。

教师知识和技能的构建是一个持续的过程。他们需要不断学习和更新自己的知识，关注学科领域的最新研究和发展，不断提升自己的专业水平。这包括参加专业培训和学术研讨会、与同行进行交流和合作、深入研究教育理论和实践，以及反思和改进自己的教学实践。教师还可以通过参加教学团队和专业学习社区，分享经验和教学资源，相互促进和支持。

教师专业发展的重点不仅在于知识和技能的获取，还在于其应用和转化。教师需要将所学的知识和技能应用于实际教学中，不断探索、实践、创新教学方法和策略。他们应根据学生的需求和背景，设计和实施个性化和差异化的教学方案，激发学生的学习兴趣和主动性。教师还应关注学生的学习成果和发展，及时对其进行评估和反馈，从而调整和改进自己的教学方式。

综上所述，教师专业发展理论视角对于"立交桥式"人才培养模式具有重要意义。教师需要具备跨学科的知识和教学技能，能够引导学生进行跨学科学习和实际问题的解决。他们知识和技能的构建是一个持续的过程，需要不断学习、实践和反思。教师的专业发展不仅关系个人的成长，更关系学生的学习成果和发展。因此，为教师提供有效的专业发展支持和机会，促进其知识和技能的不断提升是"立交桥式"人才培养模式的关键所在。

---

① 董志芳，李亚娟.小学科学教师职前探究教学能力的培养[J].考试周刊，2015(A3)：177-178.

第四章 小学科学教育专业师范生 教学知识与能力培养

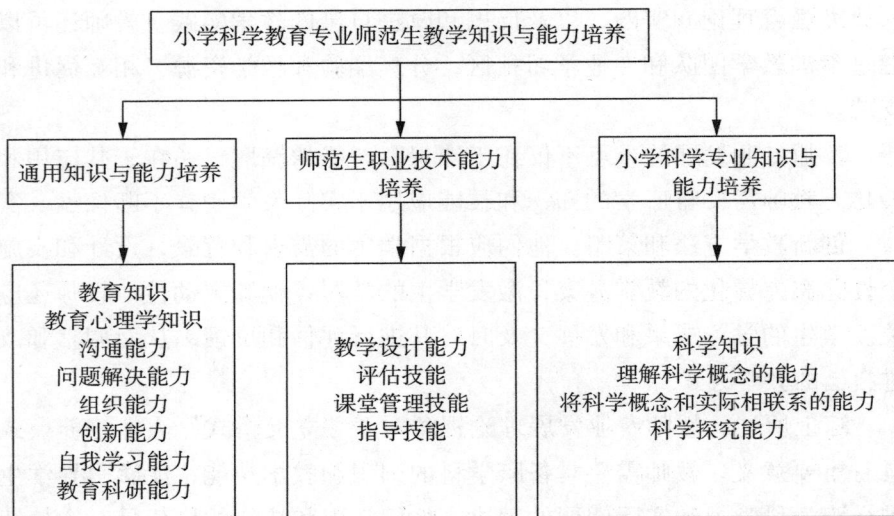

```
┌─────────────────────────────────────────────┐
│ 小学科学教育专业师范生教学知识与能力培养 │
└─────────────────────────────────────────────┘
```

```
┌──────────────┐   ┌──────────────┐   ┌──────────────┐
│ 通用知识与能力培养 │   │ 师范生职业技术能力 │   │ 小学科学专业知识与 │
│              │   │    培养      │   │    能力培养   │
└──────────────┘   └──────────────┘   └──────────────┘
```

```
┌──────────────┐   ┌──────────────┐   ┌──────────────────┐
│    教育知识   │   │              │   │                  │
│  教育心理学知识 │   │   教学设计能力 │   │     科学知识      │
│    沟通能力   │   │    评估技能   │   │  理解科学概念的能力  │
│   问题解决能力 │   │   课堂管理技能 │   │ 将科学概念和实际相联系的能力 │
│    组织能力   │   │    指导技能   │   │    科学探究能力    │
│    创新能力   │   │              │   │                  │
│   自我学习能力 │   │              │   │                  │
│   教育科研能力 │   │              │   │                  │
└──────────────┘   └──────────────┘   └──────────────────┘
```

第一节 通用知识与能力培养

小学科学教育专业师范生的教学能力培养是一个综合性过程，其中通用能力的培养对于师范生的整体发展和教学能力的提升至关重要。通用能力是指师范生在教学实践中所需的基本能力，包括教学设计能力、课堂管理能力、教学评估能力、沟通能力、问题解决能力等。通过系统的培养和训练，师范生能够全面提升教学素养，为未来的教学工作奠定坚实的基础。

一、教育知识

教育知识对于师范生来说是基本的要求。理解教育的基本理念和原则，掌握教育的基本方法和技术，这些不仅是师范生的学习目标，更是他们实现教育理想和使命的基本工具。

对于教育的基本理念和原则的理解是师范生进行教育实践的指导思想。这包括教育的目标是什么、教育应该如何进行、教育者应该具备什么样的素质、学生应该如何对待学习等问题的认识。这种理念和原则来源于教育哲学、教育心理学、教育社会学等学科的理论研究，以及教育实践的积累和反思。通过深入学习和理解这些理念和原则，师范生可以形成教育观念，明确教育目标，指导教育行为。

对于教育的基本方法和技术的掌握，是师范生进行有效教育的基本手段。这包括教学的设计和实施、课堂的管理和评估、学生的指导和咨询、教育的研究和创新等方面的方法和技术。这些方法和技术来源于教育科学的研究成果，以及教育实践的经验和智慧。通过系统学习和掌握这些方法和技术，师范生可以提升教育能力，优化教育效果，提升教育质量。

在学习和掌握教育知识的过程中，师范生需要将理论学习与实践活动相结合。一方面，他们需要在课堂教学、实习教学、教育研究等实践活动中，应用和验证所学的知识，提升自己的实践能力；另一方面，他们需要在实践活动中发现和提出问题，反思和改进自己的行为，深化自己的理论理解。只有将理论和实践相结合，才能真正理解和掌握教育知识，提升教育素质。

二、教育心理学知识

教育心理学知识对师范生来说至关重要。理解学生的学习动机、学习策略和学习难点，能够运用教育心理学的理论和方法指导学生的学习，这是教育者更好地理解和应对教育实践中的问题必须具备的素质。

理解学生的学习动机是师范生有效开展教学活动的基础。学习动机是驱使学生积极学习、主动参与教学活动的内在动力。师范生通过了解学生的兴趣爱好、期待目标、满足需求等动机因素，可以设计出更有吸引力的教学内容和活动，从而激发学生的学习兴趣，提高学生的学习动力。

理解学生的学习策略是师范生提高教学效果的关键。学习策略是学生在学习过程中使用的思维方法和行为技巧，包括记忆策略、理解策略、问题解决策略等。师范生通过了解学生的学习策略，可以为其提供更有效的学习指导，帮助其提高学习的效率和质量。

理解学生的学习难点是师范生进行个别化教学的依据。学习难点是学生在学习过程中遇到的问题和困难，包括知识理解、技能掌握、情感态度等。师范生通过了解学生的学习难点，可以为其提供个别化的教学支持，帮助学生克服困难，促进学生学习进步。

运用教育心理学的理论和方法是师范生实施教育活动的工具。教育心理学提供了对学生学习、教师教学、教育环境等问题的理论解释和研究方法，师范生通过运用这些理论和方法，可以更有效地理解和处理教育实践中遇到的问题，提高教育素质。

在学习和运用教育心理学知识的过程中，师范生需要将理论学习与实践活动相结合。通过实际教学、实习教学、教育研究等实践活动，应用和验证自己所学的知识，提升实践能力。同时，师范生通过在实践活动中发现和提出问题，从而反思和改进自己的行为，深化理论理解。

三、沟通能力

沟通能力对于师范生来说极为重要，因为作为未来的教师，他们需要与学生、家长、同事和其他教育工作者有效地进行沟通。沟通在教育中起着至关重要的作用，它有助于教师了解学生的需求，解决学生的问题，与家长建立合作关系，以及与同事共享教学经验和资源。

在教学过程中，师范生需要与学生进行多层次沟通。一方面，他们需要通过语言和非语言的方式向学生传达知识和技能，引导学生的学习。这就要求师范生具备良好的口头和书面表达能力，可以清晰、准确、生动地表达教学内容。另一方面，他们需要通过倾听和观察，了解学生的思想、情感和行为，以满足学生的学习需求，促进学生的个性化发展。这就要求师范生具备良好的倾听和观察能力，以更好地关注和理解学生的言语和非言语信息。

除与学生的沟通之外，师范生还需要与学生家长进行有效的沟通。家长是孩子的第一任教师，他们对孩子的行为、性格和学习状况比较了解。通过与家长的沟通，师范生可以了解学生在家庭和社会中的生活状况，以便更好地理解学生的行为和需求，进而为学生提供更有效的教学。此外，师范生还可以与家长建立合作关系，共同支持学生的学习和发展。

此外，师范生需要与同事进行积极的沟通。教育工作是一项团队工作，需要教师之间的合作和支持。通过与同事的沟通，师范生可以共享教学资源，交流教学经验，解决教学问题，进而提高教学的效果和质量。

在培养沟通能力时，师范生应注重语言表达的清晰度和准确性，学习和运用积极的沟通技巧。例如，如何有效地表达自己的想法、如何理解和尊重他人的观点、如何处理和解决沟通冲突等。同时，师范生也应注重情绪管理能力的培养，学习如何控制和调节自己的情绪、如何理解和接纳他人的情绪，以维护良好的人际关系。

四、问题解决能力

对师范生来说，问题解决能力是他们在教学实践中必须具备的关键能力之一。教育是一种复杂且充满挑战的活动，教师需要面对各种各样的问题，如学生行为问题、教学设计问题、教育政策问题等，能够有效地解决这些问题是教师提高教学效果、促进学生发展的重要保障。

问题解决能力是一种复杂的能力，主要体现在：一方面是思维能力。师范生需要具备较强的分析和综合思维能力，能够理解和分析问题的本质，找出问题的原因和解决方法。这就需要师范生对教育理论和实践有深入的了解，能够运用教育知识和技能处理实际问题。另一方面是创新能力。教育问题没有标准答案，需要教师根据具体情况进行创新和尝试。师范生要敢于尝试新的教学方法和策略，能够从实践中学习和反思，以找到最有效的解决方案。这就需要师范生具备开放的思维，勇于探索和创新。[①]

此外，问题解决能力还涉及团队合作能力。教育工作是一项团队活动，需要教师与学生、家长、同事等各方共同合作。师范生应有效地与他人沟通和协作，共同解决问题。这就需要师范生具备良好的沟通和协作能力，尊重和理解他人，共同寻求解决方案。

在培养问题解决能力时，师范生应注重培养综合思维和创新意识。这需要师范生深入学习教育理论和实践，提高教育知识和技能的掌握程度。另外，师范生还需要参加实际教学活动，通过实践来锻炼和提高问题解决能力。例如，师范生可以参与教学设计和实施，解决教学中的实际问题；可以参与教育研究项目，解决教育研究中的理论和方法问题。

五、组织能力

在教育领域，组织能力是师范生必备的基本技能之一，它既包括课堂组织能力，也包括教学活动和学生的组织能力。课堂组织能力是教师在教学中的基础技能，包括教学内容的安排和组织、教学活动的控制和管理，以及课堂纪律的维护等。而教学活动和学生的组织能力是教师在课堂之外的重要技能，包括对学生活动的组织和指导、对学生学习的监督和支持，以及对学生社团和项目的管理等。

在课堂教学中，师范生需要具备高效的课堂组织能力。他们不仅需要根据教学目标和学生需求，科学地安排和组织教学内容，合理地设计和实施教学活动，而且需要掌握和运用各种教学方法和技巧，激发学生的学习

---

① 远新蕾. 信息化时代小学科学课程教学策略研究 [M]. 北京：冶金工业出版社，2021：49.

兴趣，引导学生的学习思考，促进学生的学习参与。他们还需要对课堂进行有效的控制和管理，维护良好的课堂秩序，确保教学活动的顺利进行。

在课堂之外，师范生需要具备优秀的教学活动组织能力。他们需要对学生的学习进行个性化监督和支持，帮助学生制订和实施学习计划，解决学习问题，提高学习效率。他们需要组织和指导各种学生活动，如学科竞赛、学术研讨、社区服务等，为学生提供丰富的学习经验，培养学生的实践能力和社会责任感。他们还需要管理学生的社团和项目，如学生会、科技俱乐部、志愿者项目等，培养学生的领导力和团队精神。

培养组织能力的过程是一个不断学习和实践的过程。师范生需要深入学习教育理论和教学方法，了解并掌握组织能力的基本知识和技能。他们需要参与课堂教学和组织学生活动，通过实践来锻炼和提高其组织能力。他们还需要进行自我反思和自我评价，发现和解决组织过程中的问题，从而持续提升组织能力。

六、创新能力

在教育领域，创新能力是教师必须具备的一种重要素质。它要求师范生能够运用创新的教学方法和技术思考和解决教学问题，以激发学生的学习兴趣和潜能。师范生的创新能力不仅影响着教学效果和学生发展，还影响着教育的进步和社会的发展。

创新能力首先表现在教学方法上。师范生能够根据教学目标和学生需求，灵活运用和创新教学方法。这就需要师范生深入了解和掌握各种教学方法，如讲授法、讨论法、合作学习法等，并根据实际情况进行创新和改进。例如，师范生既可以运用信息技术进行网络教学，增强教学的互动性和实效性，又可以设计和实施项目学习，提高学生的探索性和主动性，还可以引入游戏和戏剧元素，提升学生的学习兴趣和参与度。

创新能力还表现在教学技术上。师范生能够熟练运用和掌握各种教学技术，如多媒体技术、网络技术、虚拟现实技术等，并结合教学需要进行创新应用。这就需要师范生不断学习和更新教学技术知识，跟上教育技术的发展步伐。例如，师范生既可以运用多媒体技术制作富有创意的教学资源，提升教学的吸引力和影响力，又可以利用网络技术开展在线教学和远程教育，扩大教学的范围和影响，还可以运用虚拟现实技术模拟真实情境，增强学生的学习体验和理解。

在培养创新能力时，师范生需要注重教育理论和实践相结合，通过深入学习和广泛实践，不断提高创新能力和教学质量。师范生既需要阅读和研究教育文献，获取和吸收新的教育理念和教学策略，又需要观摩和参与优秀的教学活动，借鉴和学习成功的教学实践，还需要反思和研究自己的教学过程，发现和解决教学中的问题，提出和实施创新的教学方案。

七、自我学习能力

在教育领域，自我学习能力是教师的一种核心素质。它要求师范生主动、持续地学习和提升专业知识和技能，以适应教育改革和发展的需求。

教育是一个持续发展和变革的领域，随着新的教育理念、教学方法和技术不断出现，教育改革和发展对教师的专业知识和技能提出了新的要求。师范生作为未来的教师，只有具备强烈的自我学习意愿和较强的能力，才能适应和满足教育改革和发展的需求。

自我学习能力要求师范生主动学习和获取新的知识和信息，包括教育理论、教学方法、教育技术等方面。他们需要利用各种方式和途径进行学习，如阅读专业书籍和期刊、参加教育讲座和研讨会、学习网络课程和教育视频等。他们需要具备批判性思维和分析能力，对所学知识进行深入理解和反思，形成自己的教育观念和教学策略。

自我学习能力也要求师范生持续提升专业技能，包括教学技能、管理技能、研究技能等。他们需要利用实际教学和教育实践进行技能训练和提升，如教学设计和实施、课堂管理和评估、教育研究和创新等。他们需要具备自我反思和自我评价的能力，对自己的专业技能持续改进和提高，从而提升教育实效和影响力。

在培养自我学习能力时，师范生需要形成良好的学习习惯和策略，激发学习兴趣和动力，建立积极的学习态度和信念。他们需要了解和掌握有效的学习方法和技巧，如时间管理、注记技巧、问题解决、创新思考等。他们需要利用反馈和评价进行自我调整和优化，形成有效的自我学习和发展的途径。

通过上述分析可知，通用能力的培养对于小学科学教育专业师范生教学能力的提升至关重要。这些通用能力的培养需要在理论学习的基础上，通过实践和反思不断提升和完善，为未来的教学工作打下坚实的基础。

八、教育科研能力

教育科研能力在培养教育人才中扮演着重要角色。它是指教师运用科学的方法和思维去探索、分析和解决教育问题的能力。对于师范生来说，教育科研能力的重要性不言而喻，他们需要不断提高教学效果，以适应教育领域的变化和发展。教育科研能力涵盖了从基本的研究技能到创新和批判性思考的各个方面。

为了在教育实践中寻找和定义问题，师范生需要具备敏锐的观察力和分析力。在复杂多变的教育环境中，他们需要观察学生的学习状况，了解教学现状，发现教育问题，然后对这些问题进行准确定义。在这个过程中，师范生要对教育实践有深入的理解，从中发现值得探索的问题，并且准确地定义这些问题，为后续的研究提供正确的方向。

在研究过程中，数据的收集和分析是至关重要的一环。师范生需要熟练掌握各种数据收集的方法，如观察、访谈、问卷调查等，并且能够运用合适的方法对收集的数据进行深入的分析和解读。数据分析方法包括定性分析和定量分析等，这种方法可以帮助师范生从数据中发现规律，理解现象，为解决教育问题提供依据。

设计和执行研究是师范生运用教育科研能力的重要体现。他们需要深入理解研究方法和技术，将理论知识转化为实践，设计出科学合理的研究方案。在设计研究方案时，师范生需要明确研究目标，选择合适的研究方法，并将其应用于实际的教育实践中。

解释和呈现研究结果是教育科研能力的一个重要组成部分。师范生应该具备将复杂的研究结果清晰、准确、有逻辑地呈现给他人的能力。他们需要以易于理解的方式解释自己的研究结果，使其他人能理解和利用这些研究成果，从而推动教育实践的进步和发展。

对于师范生来说，最重要的是培养创新和批判性思考的能力。教育科研的本质在于创新，即不断尝试新的研究方法和角度，以推动教育理论和实践的发展。师范生要具备开放的思维，对已有的理论和方法持有质疑和探索的态度。他们需要勇于挑战传统，打破常规，引领教育的创新和进步。

教育科研能力的培养是一个长期且复杂的过程，需要师范生在理论学习和实践中不断积累和提升。在这个过程中，教师的引导和帮助非常重要。教师不仅需要指导师范生掌握基础的研究技能，还需要引导他们进行创新思考，培养他们的研究精神和研究习惯。同时，学校和教育机构也应该为师范生提供良好的研究环境和资源，支持他们的研究活动。

教育科研能力是师范生成为优秀教师必备的重要素质，学校应该高度重视师范生教育科研能力的培养，通过全方位的培养和磨炼，帮助他们成为具有科学精神、教育热情和实践能力的优秀教师，促使其为教育事业的发展做出更大的贡献。

第二节　师范生职业技术能力培养

师范生职业技能能力培养是小学科学教育专业师范生教学能力培养的重要组成部分。师范生需要具备一定的职业技能，以应对教学实践中的各种挑战和需求。职业技能能力培养旨在提升师范生的实际教学能力，使其能够胜任小学科学教育的教学工作。

一、教学设计能力

教学设计能力是培养优秀教师不可或缺的一种核心素质。它要求将教师的知识、技能、情感和态度融合在一起。这种能力要求师范生将理论知识应用于教学实践中，设计出具有创新性的教学方案，以满足不同学生的学习需求。

在教学设计能力的培养中，师范生需要具备设计有效教学方案的能力。这包括根据课程的特点和学生的需求，确定教学目标、选择合适的教学内容、设计丰富多样的教学活动。此外，师范生还需要学习如何运用教育心理学、教育学原理等相关理论知识，理解和指导教学设计的全过程。

教学设计的核心目标是培养学生的科学思维和实践能力，激发学生的学习兴趣和主动性。教学设计不仅要关注知识的传授，更要关注学生的学习过程和学习结果，尊重学生的主体性，培养学生主动学习、探究学习和合作学习的能力。[①]

在培养师范生的教学设计能力时，理论与实践相结合的方法显得尤为重要。师范生不仅需要掌握丰富的教育教学理论知识，还需要具有丰富的实践经验。通过教学案例分析，师范生可以学到其他教师成功的教学设计经验，提高教学设计能力。同时，通过实际的教学实践，师范生可以将理论知识应用于实践中，检验和修正自己的教学设计方案，进一步提升教学设计水平。

教学设计能力的培养是一个持续的过程，需要师范生在教学实践中不断反思、探索和提升。在教学设计中，师范生既要注重教学内容的科学性，又要注重教学过程的合理性，更要注重教学效果的有效性。只有这样，师范生才能真正成为一名具有高度教学设计能力的优秀教师，为提升教育教学质量做出贡献。

二、评估技能

教学评估能力是教师教学工作中至关重要的能力之一，其核心目标

---

① 伍世亮，陈永流，梁泳文 . 小学科学教育技能训练 [M]. 广州：广东高等教育出版社，2012：95.

是通过一系列系统和科学的方法，准确地了解和评价学生的学习情况和进步程度。通过有效的教学评估，教师能够获取学生学习的反馈信息，为教学的调整和改进提供依据，进而提高教学的效果和质量。

在评估学生的学习情况时，教师需要运用多样化和综合性的评估方法。这是因为学生的学习不仅包括知识和技能的掌握，也包括思维能力、情感态度、学习习惯等多个维度。这就要求教师根据评估目的和内容，选择和设计合适的评估方法，如测试、观察、访谈、学生自评等，以全面了解学生的学习情况。

教学评估的方式主要分为形成性评估和终结性评估。形成性评估强调过程，主要通过日常的教学活动了解学生的学习进度和困难，及时给予其反馈和指导，帮助学生改进学习方法。终结性评估则强调结果，主要通过期末考试或项目完成等方式评价学生对学习内容的掌握程度和应用能力。

在培养教学评估能力时，师范生需要学习和掌握各种评估方法和工具。例如，如何设计和使用测试题、如何进行教学观察和分析、如何进行有效的反馈等。这就要求师范生具备扎实的教育测量和评价理论知识，能够熟练运用统计方法和计算机技术处理和分析评估数据。

此外，教学评估的结果不仅可以应用于评价学生的学习，也可以应用于指导教师的教学。师范生要根据评估结果，对教学进行反思和调整，如调整教学内容和方法、改进课堂教学和管理等。这就要求师范生具备较强的教学决策能力和教学改进意识。

三、课堂管理技能

课堂管理能力是教师必须具备的基本素养之一。它关乎教师能否有效地组织教学活动，营造积极的学习氛围，保障学生的学习秩序和安全，也是教师是否能够获得学生尊重和信任的重要因素。

课堂管理能力要求师范生有效地组织和管理课堂，要具备良好的组织和领导能力，通过合理的教学设计和组织，确保课堂的流程顺畅，学生的学习活动有序。同时，师范生也需要掌握一系列课堂管理的策略和技巧。例如，如何有效地引导学生参与教学活动、如何处理学生的问题和冲突、如何创造和保持积极的学习氛围等。

课堂管理能力还包括师范生的语言表达能力和情绪管理能力。语言是教师与学生沟通的主要工具，师范生需要通过清晰、准确、生动的语言表达，激发学生的学习兴趣，引导学生的学习活动。情绪管理能力则关乎师范生如何在课堂上处理自己和学生的情绪，保持积极、热情的教学态度，以促进学生的学习和发展。[1]

此外，课堂管理能力还包括师范生处理学生关系的能力。师范生需要具备较强的观察和判断能力，能够及时发现和解决学生之间的关系问题，维护课堂秩序的和谐。这就要求师范生对学生的行为心理有深入的了解，能够站在学生的角度去考虑问题，满足他们的需求和期望。

在培养课堂管理能力时，师范生应注重自身素养的提升，加强对学生行为心理的了解，学习和掌握有效的课堂管理策略和技巧。包括对教育心理学的学习、对教育管理理论的研究、对实际教学经验的反思等。同时，师范生也应该通过教学实践，检验和提升课堂管理能力。

四、指导技能

指导技能是教师的重要素质之一，这一技能使教师有能力引导学生进行科学实验和探究活动，从而培养他们的科学素养。在现代教育中，教师不仅仅是知识的传递者，更多的是学生的引导者、咨询者和协助者。

教师指导技能的表现形式多样。在科学实验和探究活动中，教师不仅需要向学生展示和讲解实验步骤、实验设备的使用方法，更重要的是引导学生理解实验背后的科学原理，激发他们的探究欲望。这需要教师具备丰富的专业知识，深入了解科学实验的各个环节，以便在学生遇到困惑时提供针对性解答。

指导技能表现为教师对学生进行科学思维的培养。教师通过引导学

---

① 陈素云．小学科学学科教育 [M]．北京：教育科学出版社，2016：93．

生提出问题，设计实验，收集和分析数据，得出结论，实现从问题到答案的全过程。在这一过程中，教师引导学生运用批判性思维、逻辑性思考，提出有深度的问题，进行系统分析，从而培养学生的科学素养。

此外，教师的指导技能还体现在能有效激发学生的兴趣、保持学生的专注度，以及激发学生的创新精神等方面。通过创设情境，关联生活，教师可以引导学生从日常生活中发现科学，从而激发他们对科学的兴趣。同时，教师还可以通过寓教于乐的方式，使得学生在轻松愉快的氛围中学习，提高他们的学习效率。教师还可以引导学生尝试不同的解决问题的方法，鼓励他们敢于创新，培养他们的创新精神。

第三节　小学科学专业知识与能力培养

小学科学专业知识能力的培养是小学科学教育专业师范生教学能力培养的核心内容之一。作为未来的小学科学教育教师，师范生需要全面掌握小学科学的学科知识，并且能将其运用于教学实践中，引导学生深入理解和掌握科学知识。

一、科学知识

科学知识是师范生的基础素养，他们需要掌握小学科学教育所需的基础科学知识，包括自然科学、生物科学、物理科学和化学科学等。科学知识涵盖了多个领域，掌握这些知识有助于师范生更好地进行科学教育。

（一）自然界与生物

深入理解植物的知识对于师范生至关重要。他们需要对植物的结构有清晰的认识，包括植物体的主要部分——根、茎、叶、花、果实和种子，以及它们各自的功能。了解植物生长和繁殖的方式有助于师范生指导学生去观察和体验生命的奇妙。植物的分类与特征知识是掌握生物多样性和生物分类的基础。

动物知识也是科学知识的重要组成部分。师范生需要熟悉动物的基本结构和生命活动，如呼吸、消化、循环、运动和繁衍等。了解各种动物的分类与特征有助于学生认识动物的多样性，理解生物的进化关系。

人体知识是科学教育的重要内容。掌握人体的基本结构，包括骨骼、肌肉、神经和内脏等，有助于师范生向学生传授健康知识，培养他们的健康习惯。

（二）物质与能量

在掌握基础科学知识的过程中，物质与能量是两个基本主题。作为未来的小学科学教育教师，师范生需要具备关于物质性质、简单机械、能量及能源的基础理论和实践知识。只有深入理解这些核心概念，师范生才能有效地引导学生探索科学的世界，培养他们的科学素养。[1]

物质是构成世界的基础，其状态与性质是科学教育的初始阶段。固体、液体和气体是物质的三种基本状态，每种状态都有其独特的性质和特点。固体具有确定的形状和体积，液体有固定的体积，但形状可变，而气体既无固定的形状，也无固定的体积。物质的状态变化——凝固、融化、蒸发、凝结是物质的性质之一，让学生亲自观察和实验，感受物质状态变化带来的奇妙是培养他们科学兴趣的关键。

简单机械的原理和应用是理解力和运动的桥梁。杠杆、轮轴和斜面等是我们在生活中常见的机械，它们虽然简单，但是包含了许多物理学的基本原理。杠杆原理让我们理解力的平衡和转移，轮轴则是减小摩擦、提高效率的典范，而斜面则让我们看到通过改变方向可以更轻松地移动物体。通过对这些简单机械的理解和实践，学生可以理解力和运动的基本规律，从而激发他们的探索欲望和创新思维。

能量与能源是科学教育中的核心主题。理解能量的种类、形式转化和能量守恒定律有助于学生理解自然界中的各种现象。能源的利用与保护不仅可以让学生认识到能源的重要性，还可以培养他们的环保意识和

① 孔繁成．新课程理念下的小学科学教育理论与实践[M]．沈阳：辽宁大学出版社，2008：34.

责任感。对于太阳能、风能、水能等可再生能源的了解可以引导学生关注环保问题，思考如何合理利用资源。

（三）地球与宇宙

理解我们的家园——地球，以及宇宙的奥秘是科学教育的重要部分。对地球的构造、地壳变化、地理环境与气候变化的深入了解可以帮助师范生引导学生对我们生存环境的理解和认识。同时，了解太阳系和宇宙的知识让我们认识到人类在宇宙中的地位，可以培养学生的科学素养和探索精神。

地球这颗蓝色星球是人类的摇篮。对地球构造，包括地壳、地幔和地核的构成和性质的了解是了解地球的基础。在地球上，我们可以看到大自然的力量和神奇。地壳的运动和变化造就了多样的地形和地貌，带给我们无尽的惊奇。地壳的移动形成了山脉和大洋，地壳的破裂创造了火山和地震。这些都是生命和地球历史的见证，也是科学探索的重要领域。

对地理环境与气候变化的知识可以帮助我们理解生活环境的变迁和气候的影响。地理环境决定了生物的分布和生活方式，而气候变化对地球生物和人类文明的影响也是显而易见的。理解这些内容可以培养学生的环境保护意识，让他们了解人类活动对环境的影响，从而采取行动保护我们的家园。

对太阳系的知识可以让我们了解地球在宇宙中的位置。太阳系由太阳和围绕其运动的行星、小行星、彗星和陨石等组成。每个天体都有其运动的轨道和规律，对这些基本知识的了解是科学教育的重要内容。通过望远镜，我们可以观察到这些天体，了解它们的运动和变化，感受宇宙的壮丽和神秘。

宇宙的知识，包括宇宙的起源、星系和星体的组成和特性，以及宇宙的探索和利用，让我们得以窥见宇宙的辽阔和深邃。对于宇宙起源的理解，需要学生掌握大爆炸理论的基本知识，了解宇宙的发展和演变。星系和星体的知识让我们了解到宇宙的多样性和复杂性，以及地球在其中的位置。宇宙的探索和利用让我们看到科学技术的发展和进步，感受到人类对未知的探索和追求。

二、理解科学概念的能力

在小学科学教育专业师范生的通用能力培养中，理解科学概念的能力被视为基础。该能力不仅包括理解科学的基本概念和理论，还包括将这些科学概念与实际生活相联系的能力。在此过程中，师范生需要学会运用自己的知识和经验，对科学概念进行深入、全面的理解和应用。

理解科学概念的能力对于师范生而言具有重要意义。首先，只有充分理解科学概念，师范生才能有效地将这些概念传递给学生，使学生在掌握科学知识的同时，对科学的本质和科学思维方式有所了解。其次，对科学概念的深入理解也有助于师范生在教学过程中灵活运用这些概念，提高教学效果。

然而，理解科学概念并非易事。尤其对于一些抽象的、难以直接观察到的科学概念，师范生需要运用科学的思维方式，通过逻辑推理、模型建立等方式理解和掌握这些概念。这就需要师范生具备较强的思维能力和科学素养。因此，学校对师范生的培养和教育应该更多地关注其思维能力和科学素养的提升，通过一系列教学和实践活动，培养师范生的科学思维方式，提高他们理解和运用科学概念的能力。

具体来说，师范生在理解科学概念的过程中，可以从以下几个方面入手：理解科学概念的本质，即科学概念的定义、来源和应用；理解科学概念与实际生活的关系，即如何将科学概念与日常生活相联系、如何运用科学概念解释和解决实际问题；理解科学概念的发展和变化，即科学概念是如何随着科学的发展而不断变化的。通过对这些方面的理解，师范生可以更深入、更全面地理解科学概念，提高教学能力。

三、将科学概念和实际相联系的能力

将科学概念与实际相联系的能力是科学教育的重要组成部分。这一能力的培养在于使学生不仅能够理解和掌握科学的概念和理论，更能够将这些理论应用于实践中，从而使科学知识变为解决实际问题的工具。

　　一门科学课程不仅要教授学生理论知识，更要教他们如何将这些知识应用于实际生活中。在教学过程中，教师应通过具体案例，将抽象的科学概念与学生的日常生活相结合，使学生更深刻地理解科学知识的实际意义和价值。比如，在讲解物质状态变化的时候，教师可以将理论与做饭、洗澡等日常生活场景相结合，帮助学生更好地理解和记忆。①

　　教师可以为学生设置一些需要运用科学概念去解决的实际问题，这有助于学生在实践中运用和体验科学概念，锻炼他们解决问题的能力。这些实际问题既可以来源于生活，也可以来源于科学实验，让学生在实际操作中理解科学原理，培养他们的科学思维和实验技能。

　　通过实地考察和社区服务，学生可以亲眼看到科学知识在社会生活中的广泛应用，从而增强他们将科学知识应用于实践的能力。比如，在社区服务中，学生可以利用所学科学知识帮助社区解决实际问题，如环保、垃圾分类等，这样既让学生感受到科学知识的实用性，又让他们认识到自己所学知识的社会价值。

　　这种能力的培养不仅能提升学生对科学概念的理解，也有助于培养他们的创新思维和解决问题的能力。在未来的教育工作中，他们能够将所学的科学知识与教学实践相结合，并灵活运用，有效地引导其掌握科学知识和技能。同时，这也符合当前的教育目标，即培养学生的综合素质，使他们在未来的生活和工作中，利用科学知识解决实际问题，促进社会的发展和进步。

四、科学探究能力

　　科学探究是一种探索自然现象的技能，其中包括提出问题、设计实验、数据分析、推理与解释、提出预测以及科学沟通。这六种能力是理解和发展科学思维的关键，下面逐一展开讨论。

　　第一，提出问题是科学探究的初始阶段。学会提出问题可以帮助我们针对自然现象去发现未知。它是我们的好奇心和探索欲望的体现，也

---

① 卢明强. 创新驱动小学科学教育新思路 [M]. 昆明：云南科技出版社，2021：49.

是学术追求的第一步。有效的问题将引导我们向深层次的理解和新知识的发现推进。

第二，设计实验是对提出问题进行验证和探索的手段。有效的实验设计应当包含变量的控制、观测和记录。其中，变量的控制可以使我们在一定程度上剔除无关因素的干扰，得到更清晰的实验结果；观测和记录则是收集实验数据的基础，是我们后续分析的重要依据。

第三，数据分析是科学探究的一个核心环节。在观察和记录实验数据后，我们需要对数据进行分析和比较。通过数据分析，我们可以从中发现规律，找出实验的结果与预期的差异，并寻找造成这些差异的原因。

第四，推理与解释是根据实验结果推导出科学的观点和结论。这一步需要我们运用已有的知识和理解，以及对实验结果的理解，形成科学的推理和解释。通过推理和解释，我们可以对实验结果进行深入理解，以便发现新的知识和理论。

第五，提出预测是根据已有的知识和观察，对未来的科学现象进行预测。预测是科学探究的一种重要手段，可以帮助我们预测未来可能出现的情况，为我们的研究和实验提供新的方向。

第六，科学沟通是向他人传达自己的科学观点和发现的过程。通过运用科学语言和图表，我们可以把自己的科学观点和发现传达给他人，让他人理解和接受我们的科学观点和发现。科学沟通是科学探究的终结阶段，也是科学知识传播和交流的关键。

以上这些探究能力并非孤立存在，而是相互关联，形成了科学探究的完整流程。从提出问题到设计实验，再到数据分析、推理与解释，最后提出预测并进行科学沟通，我们在整个过程中逐渐深化对科学问题的理解，生成新的知识，然后将这些知识通过科学沟通的方式传播出去，促进科学知识的交流和积累。

每一个阶段都有其独特的价值和重要性。对于学习者而言，这不仅有助于他们在理论学习中深入理解所学知识，也有助于他们在实践中运用这些技巧去解决实际问题。更重要的是，这六种探究能力的训练将对培养学习者的创新思维、批判思维和问题解决的能力产生深远影响。

在教育过程中，教师需要鼓励学习者在科学探究中积极参与，培养他们的科学素养和科学探究能力。教师应当指导学生理解这个过程，鼓励他们提出问题，设计实验，进行数据分析，然后基于实验结果推导出自己的观点和结论。在这个过程中，学生应当被鼓励分享他们的发现，接受他人的批评和反馈，以此提高思考能力和科学探究能力。

第五章　师范院校在小学科学教育专业人才培养中的关键行动

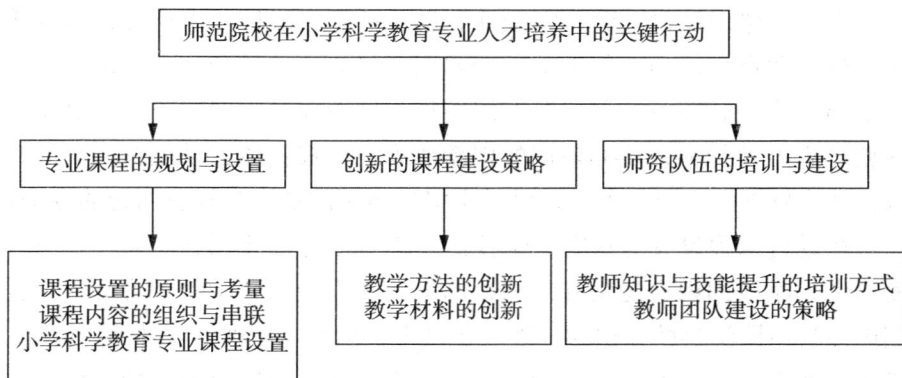

```
┌─────────────────────────────────────────────────┐
│   师范院校在小学科学教育专业人才培养中的关键行动    │
└─────────────────────────────────────────────────┘
         │
    ┌────────────────┬────────────────┬────────────────┐
┌──────────────┐ ┌──────────────┐ ┌──────────────┐
│专业课程的规划与设置│ │创新的课程建设策略│ │师资队伍的培训与建设│
└──────────────┘ └──────────────┘ └──────────────┘
    │                │                │
┌──────────────────┐ ┌──────────────┐ ┌──────────────────┐
│课程设置的原则与考量│ │教学方法的创新  │ │教师知识与技能提升的培训方式│
│课程内容的组织与串联│ │教学材料的创新  │ │教师团队建设的策略        │
│小学科学教育专业课程设置│ └──────────────┘ └──────────────────┘
└──────────────────┘
```

第一节　专业课程的规划与设置

一、课程设置的原则与考量

（一）课程设置的原则

在"立交桥式"人才培养模式中，课程设置扮演着至关重要的角色。它直接影响着教育质量和学生的学习效果。因此，学校需要遵循一些基本原则，并对课程设置进行思考。

首要原则是以学生为中心。这意味着学校需要从学生的需求和兴趣出发，以培养学生的综合素质和能力为目标。为了实现这一目标，学校必须深入了解学生的学习需求，关注他们的学习兴趣，并且尊重他们的学习差异。只有这样，学校才能充分激发学生学习的积极性和主动性。

其次，课程设置应坚持科学性和前瞻性。科学性要求课程设置符合教育学和心理学的基本规律，以及学生和学科的发展趋势。学校应该注重基础学科的教学，同时关注交叉学科的融合，培养学生的综合能力。此外，课程设置还需要具有前瞻性，紧跟时代步伐，反映社会需求，并且能预见未来的发展趋势，以培养学生应对未来社会挑战的能力。

最后，课程设置应坚持实践性和创新性。实践性要求课程设置注重学生的实践操作能力，帮助他们积累实践经验，并培养其实践能力。这可以通过实验、实习、项目等方式实现。创新性要求课程设置鼓励学生的创新思维和行为，培养他们的创新能力。学校应该为学生提供具有挑战性和启发性的学习任务，鼓励学生提出新颖的观点和解决问题的方法。

在进行课程设置考量时，学校需要综合考虑多个因素。第一，学校需要考虑学科的内在逻辑和结构，确保课程设置的科学性和合理性。我们应该将不同学科的知识和技能有机结合，形成完整的学习体系。第二，学校需要考虑学生的学习基础和学习能力，确保课程设置的适应性和有效性。第三，学校应该根据学生的已有知识和能力水平，有针对性地设计教学内容和学习活动。第四，学校要考虑教师的教学能力和教学条件，确保课程设置的可行性和实施性。第五，学校需要为教师提供培训和支持，使其具备教授课程的能力。第六，学校需要考虑社会的需求和期望，确保课程设置的社会性和价值性。课程设置应该能培养符合社会需求的人才，使其具备解决现实问题的能力。

总之，课程设置是"立交桥式"人才培养模式中不可或缺的组成部分。学校应该以学生为中心，坚持科学性和前瞻性，注重实践性和创新性。在进行课程设置时，学校需要综合考虑学科的内在逻辑和结构、学生的学习基础和能力、教师的教学能力和教学条件，以及社会的需求和期望。只有这样，学校才能设计出合理有效的课程，培养出适应社会发展需要的人才。

（二）考量一：前沿科学知识与理论的融入

21 世纪，面对科技快速发展的新形势，"立交桥式"人才培养模式强调在课程设置中充分融入前沿科学知识与理论，确保学生能够紧跟科学的最新发展，理解并掌握最新的科学知识和理论。融入前沿科学知识与理论的过程不仅仅是课程内容的更新，更是教育方式和评价体系的革新。

关注各个学科领域的最新研究成果和发展趋势是此过程的起始点。如何做到这一点？学术期刊、学术会议和同行专家的交流是重要途径。定期查阅相关的学术期刊可以让我们了解各个领域的最新研究成果，参加学术会议，可以让我们了解各个领域的发展趋势和热点问题，与同行专家进行交流可以让我们了解专家们在研究中遇到的问题和解决问题的方法。这些活动有助于我们保持对前沿科学知识的敏感性和理解力。

有了对前沿科学知识与理论的了解和理解，接下来就是将这些知识和理论融入课程内容中。进行课程设计时，我们需要将这些知识和理论作为重要的学习内容。这可以通过各种教学方法来实现，比如讲解、讨论、实验、项目等。其中，讲解可以让学生了解知识的基本内容，讨论可以让学生理解知识的内涵和外延，实验可以让学生体验知识的应用，项目可以让学生掌握知识的创新。这些教学方法都有助于学生理解和掌握前沿科学知识与理论。

除了融入课程内容，前沿科学知识与理论还需要融入学生的学习活动中。这需要教师在组织学生的学习活动时，引导学生运用这些知识和理论。例如，在研究项目、实验设计、论文写作等活动中，教师可以引导学生运用前沿科学知识与理论解决实际问题。这不仅可以提高学生的科学研究能力，还可以培养学生的创新能力。

最后，将前沿科学知识与理论融入学生的评价体系中。在设计学生的评价标准和方法时，教师需要将对前沿科学知识和理论的理解和掌握作为重要的评价内容。这可以激励学生积极学习前沿科学知识和理论。

前沿科学知识与理论的融入是"立交桥式"人才培养模式应对 21 世纪科技快速发展的重要策略。它要求教师关注学科领域的最新研究成果和发展趋势，将前沿科学知识与理论融入课程内容和学生的学习活动中，并将其作为评价学生的重要内容。这样，教师不仅可以帮助学生理解和掌握前沿科学知识与理论，还可以提高学生的科学研究能力和创新能力，为他们未来的学习和发展打下坚实的基础。

（三）考量二：教育教学理论与方法的培养

在"立交桥式"人才培养模式中，教育教学理论与方法的培养是课程设置的核心环节。这一环节的目标是确保学生能够理解并掌握教育教学的基本理论，熟练运用各种教学方法，提高教学效果。

教育教学理论是指导教学活动的基本理论，包括学习理论、教学理论、课程理论、评价理论等。这些理论是教师进行有效教学的基础，对教师的教学设计、教学实施、教学评价等活动具有重要的指导作用。因此，教师需要在课程设置中，将这些教育教学理论作为重要的学习内容，通过各种教学方法，如讲解、讨论、案例分析等，帮助学生理解并掌握这些理论。

教育教学方法是教师进行教学活动的具体手段，包括讲授法、讨论法、实验法、案例法、项目法等。这些方法是教师实现教学目标，提高教学效果的重要工具。因此，教师需要在课程设置中，将这些教育教学方法作为重要的学习内容，通过各种教学活动，如模拟教学、教学设计、教学实习等，帮助学生熟练掌握并灵活运用这些方法。

在教育教学理论与方法的培养中，教师还需要将理论与实践相结合。这需要教师在教学过程中，不仅让学生学习理论，还要让学生参与实践活动，如教学设计、教学实习、教学研究等，让学生在实践中理解和掌握理论，在理论中指导和反思实践，以提高学生的教学能力。

二、课程内容的组织与串联

（一）课程内容的模块化设计

在"立交桥式"人才培养模式中，课程内容的模块化设计是一种重要的课程组织方式。模块化设计是将课程内容按照一定的逻辑和结构划分为一个个相互独立又相互关联的模块，每个模块都有明确的学习目标、内容和评价方式。

模块化设计的优点在于它可以使课程内容更清晰、更结构化，有利于学生的学习和理解。同时，模块化设计也有利于教师的教学管理，使教师可以根据学生的学习进度和学习效果灵活调整教学计划和教学策略。

在进行模块化设计时，教师需要遵循以下原则：

（1）符合教育教学目标。每个模块的设计都应该服务教育教学的总体目标，反映教育教学的重难点。

（2）体现学科特性。每个模块的设计都应该体现学科的特性，反映学科的基本概念、基本理论和基本方法。

（3）注重知识的系统性和连贯性。每个模块不仅要有其独立性，也要有关联性，要体现知识的系统性和连贯性。

（4）注重理论与实践相结合。每个模块的设计都应该注重理论与实践相结合，既要有理论学习，也要有实践活动。

在模块化设计的基础上，教师还需要进行课程内容的串联，使各个模块之间形成有机联系，构建完整的知识体系。这需要教师在教学过程中，引导学生进行跨模块学习，通过比较、归纳、综合等思维活动，帮助学生建立对知识的整体理解和深入理解。

（二）课程内容的跨学科整合

在"立交桥式"人才培养模式中，课程内容的跨学科整合是一种重要的课程设计策略。跨学科整合是指在课程设计和教学过程中，将不同学科的知识和方法有机结合，形成一个整体的学习体验。这种整合不仅有助于学生建立对知识的全面和深入理解，也可以提高学生的学习兴趣和学习效果。

跨学科整合的实施需要遵循以下原则：

（1）以学生的学习需求为出发点。跨学科整合的目标是提高学生的学习效果，因此，教师需要从学生的学习需求出发，选择适合学生的跨学科主题和内容。

（2）以问题和项目为载体。跨学科整合通常以问题或项目为载体，通过解决实际问题或完成实际项目，让学生在实践中学习和应用不同学科的知识和方法。

（3）以协作和交流为手段。跨学科整合需要学生进行协作和交流，通过团队合作和交流讨论，促进学生社会技能和沟通技能的发展。

在实施跨学科整合时，教师需要注意以下问题：

（1）教师的角色转变。在跨学科整合教学过程中，教师的角色需要从传统的知识传授者转变为学习的指导者和协作者。

（2）教学评价的改革。跨学科整合的教学评价需要从单一的知识测试转变为多元的能力评价，包括学生的问题解决能力、创新能力、协作能力等。

（3）教学资源的开发和利用。跨学科整合需要大量的教学资源，包括跨学科的教学材料、实践活动、案例研究等，这需要教师在教学设计和教学实施过程中，充分开发和利用各种教学资源。

三、小学科学教育专业课程设置

（一）通识课程

在教育的世界里，通识课程以全方位和跨学科视角塑造了我们的理解和认知方式。其核心目标是通过对各学科的介绍和探索，提高学生的批判性思维、创新能力、道德理解、全球视野和多元文化适应能力。通识课程的宽广性和深度旨在培养一种通识精神，使学生们能够理解和评估从多元文化、多学科的视角中呈现的复杂问题。

作为教育的核心，通识课程糅合了各种学科的知识元素。文学、哲学、社会科学、自然科学甚至艺术和技术，这些学科的理论和实践知识在通识课程中交织在一起。它们并非孤立存在的，而是相互关联，共同构建了我们对世界的认知。课程并不强调记忆和重复，而是鼓励学生对观念的探索和理解，以及对知识的创新性应用。

通识课程的开设不仅仅是为了让学生掌握各类基础知识，更重要的是让他们学习如何思考、如何解决问题、如何有效地沟通以及如何以独立和批判的态度看待世界。因此，通识教育鼓励并促进学生跨越学科的边界，掌握多元化的知识体系，培养世界观和价值观。它打破了传统的教育模式，挑战了只重视专业知识的观念，提出了全面、协调、和谐的发展观。①

此外，在通识教育中，他们通过设计有深度和广度的课程内容，引导学生思考，鼓励他们表达自己的观点，培养他们的批判性思维和解决问题的能力。在这种环境中，学生不仅能够获得知识，而且能够树立信心，培养个性和才能。

（二）学科专业课程

科学课程展现出卓越的综合性，其涵盖了一系列多元化的学科领域。除了基础的自然科学课程，如生物、化学、物理和地理等，它还要求学生探索科学研究方法，研究科技与社会的相互作用和影响。这种跨学科和交叉学科的课程设计不仅强调了学科间的交融和渗透，还强化了科学课程的整合性。

这个课程架构特别关注科学史、科学哲学和科学方法论等课程的开设，以促进学生对科学的深度理解。

科学史是关于科学发展历程的研究，是我们理解科学如何成为今天这个样子的重要途径。在科学史的课程中，学生们将研究科学思想的起源和发展、科学发展的历史阶段和变迁，以及重要科学事件和科学家的贡献。通过对这些内容的研究，学生们将了解科学是如何从早期的哲学思想和实验观察逐步发展成为现代科学体系的。它让我们明白科学不仅仅是一种理论和方法，更是一种文化和价值观的体现。

科学哲学是研究科学本质、科学方法和科学知识有效性、可靠性的

---

① 刘兰. 面向科学教师培养的通识教育课程体系的构建研究 [D]. 成都：四川师范大学，2006：86.

一门学问。它考察科学的基础，包括假设、理论、证据、解释和预测等，同时探讨科学的伦理和价值问题。在科学哲学课程中，学生们将理解科学如何定义事实、科学方法论的重要性，以及科学知识如何影响我们的世界观。这样的理解使得学生能够对科学的真实性和可靠性有深入的认知，同时提高了他们对科学的批判性思维。

科学社会学则关注科学如何影响社会，以及社会如何影响科学的过程。它研究科学如何在社会中实践、科学技术如何影响社会结构、科学的权力和权威性，以及科学的伦理和政策问题。在科学社会学课程中，学生们将了解科学与社会的相互作用。

（三）教育专业课程

教育专业课程是师范教育的核心课程，它与其他学科教育存在显著区别。这些课程遵循教育的基本原则，引导教师理解并实践有效的教育方法，进而达成优质教育的目标。

教和学的过程各有其内在规律，不同学科也各有其特性和规律。只有教师遵循教育的基本原则，才能进行有效的教育。教育专业课程的设计充分反映了教师专业的特性，包括科学教育学、心理学、科学教材与教法、科学教育研究方法等课程。[①]

科学教育学是以科学的视角研究教育，使得教师理解并实践科学教育的方法。心理学则关注学生的发展和学习过程，帮助教师理解学生的思想和行为，从而设计出更有效的教学方法。科学教材与教法课程则帮助教师理解如何有效使用教材，并设计出符合学生需要的教学方法。科学教育研究方法课程则帮助教师进行教育研究，以改善教学效果。

这些课程不仅让教师理解了教育的本质，也让教师理解了教育、社会和个人的关系，还让教师理解了教育的目标、内容、实施途径、方法、形式以及它们之间的关系。同时，教师也会对教育过程、教育主体、教育制度、教育管理、教育理论以及教育实践等问题有更深的理解。

小学科学教师是一位实践者，他们需要将学科知识和教育理论知识

---

① 王刚. 小学科学教师专业化培养策略研究 [D]. 南京：南京师范大学，2004：15.

应用于教学实践中，协调各种因素，使它们发挥出最佳效果，形成高质量的教学活动。教育专业课程的设计和实施就是为了实现这个目标，为教师提供深厚的知识基础和专业的技能训练，以帮助他们完成教育使命。

（四）科学教育教学实习

教育实习是未来教师职业发展的重要阶段，让师范生有机会实地体验各种类型的小学教育与教学工作，从而积累教学实践经验，促进职业素养和教学技能的提升。对于小学科学教育实习而言，它提供了一个真实的环境让师范生将理论知识转化为实践能力，这对于提升他们的自信心与胜任力、发展其成为合格小学教师的能力至关重要。

中国的教师教育实习制度在教师职业素养的培养方面起到了重要作用。通过实习，师范生能够直接到教育教学第一线了解教学实践，培养教育教学能力，同时有机会了解和适应教育教学环境。

中国的实习制度在一定程度上保证了实习生的教育质量。尽管实习时间较短，但在实习期间，实习生会接受严格的评估和指导。这种评估和指导在提高教师教育质量方面发挥了重要作用。

实习制度为师范生提供了一个宝贵的实践平台，使得理论知识和实践技能得以紧密结合。在实习期间，师范生可以将在校期间学习的理论知识应用于实际教学中进行实践操作，从而提升教学技能。

实习制度也为师范生提供了一个早期熟悉和融入教育教学环境的机会。他们可以提前适应教师的工作节奏和工作压力，对自身的职业规划和发展有更清晰的认识。①

然而，中国的教师教育实习制度与国外的一些制度相比，仍然存在一些问题，如实习时间短、实习内容单一、形式固定等。对于这种情况，我们应该高度重视，并采取有效措施加以改善。例如，重构教育实习模式，延长实习时间，从教案设计、教学观摩、说课试讲、听课评课、案例分析等方面进行训练，注重学生的经验积累，促进实习学生和指导教

---

① 黄淑珍.职前职后教师专业发展互动的教育实习实践研究 [J].教育理论与实践，2009，29（9）：42-44.

师的双向发展。通过这种方式，教师可以更好地培养学生的教学能力和研究能力，为他们未来的教育生涯打下坚实的基础。

第二节　创新的课程建设策略

一、教学方法的创新

（一）探索性学习与合作学习的方法应用

在小学科学教育中，探索性学习与合作学习的方法应用是一种重要的教学策略。这种策略强调学生的主动性和合作性，以促进学生的深度学习和全面发展。

探索性学习是一种以学生为中心的教学方法，强调学生通过自我探索和实践来获取知识与技能。在小学科学教育中，教师可以设计各种探索性学习活动，如实验、观察、调查等，让学生在实践中发现科学规律，从而解决实际问题。这种教学方法可以激发学生的学习兴趣和好奇心，培养学生的科学思维和创新能力。

合作学习则是一种以小组为单位的教学方法，它强调学生之间的互助和合作，以共同完成学习任务。在小学科学教育中，教师可以组织各种合作学习活动，如小组讨论、项目合作等，让学生在合作中学习、在学习中合作。这种教学方法可以培养学生的团队合作能力和社交能力，同时提高学生的学习效率和学习深度。

然而，探索性学习与合作学习的方法应用在实践中也存在一些挑战。例如，如何设计有效的探索性学习活动、如何管理和指导合作学习、如何评估学生的学习效果等。因此，教师需要不断学习和研究，提高教学能力，以更好地实施这些教学策略。

（二）利用信息技术支持的教学策略

在现代教育环境中，信息技术已经成为教学的重要工具和支持。利用信息技术支持的教学策略可以有效地提高教学效率，丰富教学手段，提升学生的学习体验，培养学生的信息素养。

信息技术可以用于支持各种教学活动。例如，教师可以使用电子教学平台进行课程管理、发布教学资源、组织在线讨论、进行在线评估等。教师还可以使用多媒体技术制作丰富多样的教学资源，如动画、视频、模拟实验等，以吸引学生的注意力，激发学生的学习兴趣。此外，教师还可以使用网络技术开展远程教学，打破时间和空间的限制，满足学生的个性化学习需求。

信息技术还可以用于支持学生的自主学习。例如，学生可以使用搜索引擎查找学习资料、使用在线课程进行自我学习、使用学习软件进行知识复习和能力训练等。学生还可以使用社交媒体进行学习交流、分享学习心得、解决学习问题。

然而，利用信息技术支持的教学策略在实施过程中也存在一些问题和挑战。例如，如何选择和使用合适的教学技术、如何保证教学质量、如何处理技术故障、如何保护学生的网络安全等。因此，教师需要不断学习和研究，提高信息素养，以更好地利用信息技术进行教学。

二、教学材料的创新

（一）多样化教材资源的选取与开发

在小学科学教育专业人才培养中，多样化教材资源的选取与开发是一项关键行动。这不仅可以丰富教学内容，提高教学效果，也可以培养学生的多元化思维，提升学生的学习兴趣。

多样化教材资源的选取是根据教学目标和学生特点，从丰富多样的教材资源中选择合适的教材。这些教材资源既包括传统的纸质教材，又包括电子教材、网络教材、多媒体教材等。在选择教材时，教师需要考虑教材的科学性、适用性、趣味性等因素，还需要关注教材的更新，及时引入最新的科学知识和教育理念。

多样化教材资源的开发是根据教学需要，创新设计和制作教材资源。这包括开发新的教学案例、设计新的教学活动、制作新的教学工具等。在开发教材时，教师需要注重教材的实用性和创新性，以满足不同学生的学习需求，同时关注教材的可持续性，考虑教材的更新和维护。

在师范院校中，教师可以通过教学实践，探索和总结多样化教材资源的选取与开发的有效策略。同时通过研究项目，深入研究多样化教材资源的理论和方法。此外，教师还可以通过教学改革，推动多样化教材资源的应用和推广。

（二）教材内容的创新与更新

在小学科学教育专业人才培养中，教材内容的创新与更新是一项至关重要的任务，它既是教学的基础，也是教育创新的源泉。教材的内容不仅决定了学生所学习的知识和技能，还影响着学生学习兴趣和创新思维的培养。因此，教师需要在教材设计和编写过程中，融入新的教育理念，采用新的教学方法，设计新的教学活动，使得教材的内容更加符合学生的学习需求和兴趣。

教材内容的创新需要教师具有较强的教育研究能力和创新意识。教师要深入理解学生的特点和需要，结合当前的教育理念和教学方法，设计出富有创新性的教材内容。例如，教师可以在教材中增加更多的实验活动和探究任务，让学生通过动手操作和实际探究，亲身体验科学的魅力；另外，教师还可以在教材中融入更多的问题情境和项目任务，让学生在解决实际问题的过程中，提升科学素养和创新能力。

教师也需要定期对教材内容进行修订和完善，以保持教材内容的时效性。这包括引入最新的科学知识、更新教学案例、改进教学方法等。教师需要具有较强的学术研究能力和教育敏感性，能够及时捕捉教育领域的新动态，将最新的教育研究成果应用于教材内容的更新中。例如，教师既可以定期参加学术研讨会，阅读专业期刊，了解科学和教育领域的新发展，又可以根据自己的教学实践，反思和总结教学经验，优化和完善教材内容。

　　在师范院校中，教师可以通过教学实践，探索和总结教材内容的创新与更新的有效策略；同时可以通过研究项目，深入研究教材内容的创新与更新的理论和方法。此外，还可以通过教学改革，推动教材内容的创新与更新的应用和推广。

第三节　师资队伍的培训与建设

一、教师知识与技能提升的培训方式

（一）继续教育培训的组织与安排

　　继续教育培训在小学科学教育专业人才培养中占据着至关重要的位置。对于师范院校来说，关键任务之一就是精心组织和安排教师的继续教育培训。这不仅有助于教师提升专业知识和教学技能，提高教学质量，培养学生的科学素养，还有助于推动教育改革，以适应时代的发展需求。

　　在这个过程中，教师需要关注的不仅是培训内容的设计，还包括培训方式的选择、培训时间的安排，以及培训效果的评估。培训内容应该根据教师的专业发展需要和教育改革的要求来设计，以帮助他们更新专业知识，提升教学技能，转变教育理念。同时，为满足不同教师的学习需求，高校还需要提供多元化的培训内容，以兼顾教师的个体差异。

　　当然，内容的设计只是继续教育培训的一部分。另一部分就是如何选择合适的培训方式。这应该根据培训内容和教师的学习特点来决定，可以选择讲座、研讨、案例分析、实践操作等各种教学方法，还可以利用信息技术开展在线培训，从而提高培训的效率和便利性。

　　在开展培训时，学校需要尽量考虑教师的工作和生活安排，避免影响他们的正常教学和休息；同时要保证培训的连续性和系统性，确保教师能够获得深入和全面的学习。

最后，培训的效果评估是确保继续教育培训质量的重要环节。学校可以通过观察和评估教师的学习成果与教学行为，了解培训效果，为进一步改进培训内容和方式提供依据。

（二）教师专业知识更新的途径与方法

在科学教育领域，知识的更新速度非常快，新的科研成果、科技应用和教育理念不断出现。这就要求小学科学教育专业的师资队伍不仅具备扎实的专业知识基础，还具备快速获取和掌握新知识的能力，这样才能为学生提供与时俱进的教育。因此，师资队伍的专业知识更新是师范院校在小学科学教育专业人才培养中的关键任务之一。

在实践中，师范院校可以通过多种途径和方法来实现教师专业知识的更新。例如，师范院校可以通过开展定期的教师培训，引导教师主动学习新的教育理念和教学方法，以提高教学能力。此外，师范院校还可以为学科专家和教育研究者举办讲座或研讨会，让教师直接接触学科前沿和教育实践的最新动态。同时，师范院校也可以鼓励教师参与科研项目，通过解决实际问题来深化对专业知识的理解和应用。

互联网时代，网络资源也是师范院校教师专业知识更新的重要途径。教师可以利用网络平台参与在线研讨会、观看 MOOC 课程、阅读电子期刊等，以获取最新的学科知识和教育信息。网络资源的便利性和丰富性为教师提供了广阔的自主学习空间，可以让教师根据自己的兴趣和需求进行灵活学习。

但是，只有途径和方法是不够的，师范院校还需要构建支持教师专业知识更新的环境和制度。例如，师范院校可以在教师评价体系中增加对教师专业知识更新的考核，以激励教师学习的积极性。此外，师范院校还可以为教师提供足够的学习时间和资源，如设置专门的学习日、提供学习资料等，以确保教师有充分的条件进行专业知识的更新。

总之，小学科学教育专业人才培养中，教师专业知识更新的途径和方法应该是多元的，最关键的是要构建支持教师持续学习和发展的教育环境和制度，以确保师资队伍的专业素质和教学能力能够与时俱进。

二、教师团队建设的策略

（一）团队合作与协同学习的促进

师范院校在小学科学教育专业人才培养中，应高度重视团队合作与协同学习的促进。团队合作和协同学习是教师教学能力提升和教育质量提高的关键环节。它们能帮助师范生构建互助共享的学习社区，增强他们的教学效能，并加强对教育教学的理解与把握。

团队合作是提升教师团队效能、提高教学质量的重要途径。团队合作让每一个师范生都有机会参与教学过程，通过互相合作，不断提升教学能力。在小学科学教育专业人才培养中，师范生可通过合作备课、共同研究教学案例、集体探讨教学难题等形式相互学习、相互借鉴，共享教育教学的资源与智慧。这不仅可以激发师范生的学习热情，而且可以使他们在合作交流中提升教学实践能力，增强团队协作精神。

协同学习是一种强调学生之间相互合作，共同完成学习任务的教学模式。这种模式对于小学科学教育专业的师范生具有重要指导意义。协同学习强调学生的主体性和互动性，让学生在相互合作中共享信息、资源和经验，激发他们的思维活力，提高他们解决问题的能力。在协同学习的过程中，师范生可以深化对科学知识和教学方法的理解，提升团队合作和解决问题的能力，为他们日后的教学实践打下坚实的基础。

师范院校应构建一个能够提供充分团队合作与协同学习机会的学习环境。这种环境应鼓励师范生积极参与教学研讨，提倡他们集体备课，设立相应的奖励机制，让师范生在合作中体验学习的快乐，从而主动地、积极地投入到学习中。

同时，教师培养机构还应充分利用网络技术搭建线上教研平台，使师范生能够在课堂之外进行深入的交流与合作。他们可以在此平台上分享自己的教学设计、教案、教学反思等，实现教学资源的共享与利用。

此外，师范院校还可以通过引入团队教学、协同授课等新型教学模式，使师范生在实际教学过程中体验团队合作与协同学习带来的益处，让他们更好地认识到团队合作与协同学习对于提高教学质量的重要性。

（二）专业发展支持体系的构建与运行

在小学科学教育专业人才培养中，专业发展支持体系的构建与运行是一项重要任务。这是因为一个健全的专业发展支持体系能够为师范生的学习和成长提供持续、深入、个性化支持，有利于他们更好地提升专业技能和教学能力，从而提高教育教学质量。

构建专业发展支持体系，首先需要师范院校通过设立专业发展课程、提供专业指导等方式，为师范生打开通向科学教育知识和技能的大门。这些专业发展课程和指导应以提高师范生的教育教学实践能力为核心，以培养他们的专业素养和教育责任感为目标。

专业发展课程应涵盖科学教育的基础理论、教学方法、教育评价等内容，以帮助师范生全面系统地掌握科学教育的专业知识。此外，通过模拟教学、微课设计、教案撰写等实践活动可以帮助师范生把理论知识应用于实际教学中，从而提高他们的实践能力。

专业指导是指由有丰富教学经验的教师对师范生进行个别指导和辅导。他们可以帮助师范生理解和解决在学习和教学过程中遇到的问题，为其提供有关科学教育的最新动态和发展趋势，激发师范生对科学教育的热情和探索精神。

构建专业发展支持体系的另一个关键环节就是充分利用师范院校的资源，包括师资力量、实验设施、教学平台等。例如，学校可以提供一些先进的科学教育实验设施和设备，让师范生在实践中学习和研究科学教育的方法与技巧。通过参与实验设计和操作，师范生可以增强实践能力，增加对科学教育的理解和体验。

师范院校的教师在构建和运行专业发展支持体系中也发挥着至关重要的作用。他们不仅是传授专业知识的人，更是师范生学习的引路人和助手。他们可以通过一对一的指导和辅导，帮助师范生解决在学习和教学过程中遇到的各种困难与挑战，推动他们的专业发展。

第六章 小学科学教育"立交桥式"联合培养体系的构建

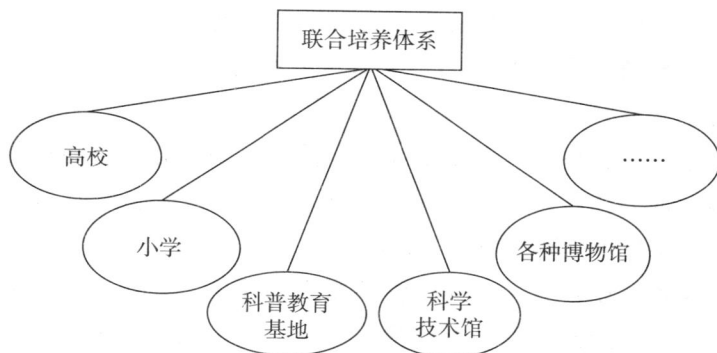

第一节 高校、小学、科普教育基地与科学技术馆等的联合培养体系

一、联合培养体系的构建原则

（一）共享资源原则

在"立交桥式"人才培养模式中，共享资源原则是关键，它贯穿高校、小学、科普教育基地以及科学技术馆等组织，有助于实现教育资源的有效整合，提高教育资源的利用效率，最终达到共赢的效果。其实质

在于通过优化资源配置，降低单一资源的稀缺程度，达到资源利用最大化，同时为实现教育资源的多元化提供更多可能性。

在现实的教育环境中，各种教育资源的不足是普遍存在的问题，尤其在科学教育领域，诸如实验设备、实践场地、科普知识资源等是缺口较大的部分。而在联合培养体系的构建原则中，共享资源理念恰恰为解决这个问题提供了可能性。它允许各教育机构优化自身的资源配置，通过共享降低单一资源的稀缺程度，这无疑是解决资源稀缺问题的有效途径。

同时，共享资源原则为实现教育资源的多元化提供了便利。各个教育机构在教育资源的类型、质量、数量上都有自己特点和优势。例如，高校拥有丰富的科研资源和高级教育资源，小学拥有广大的学生群体和一线的教学资源，科普教育基地和科学技术馆则拥有丰富的科普知识资源和实践场地。倘若将这些资源进行整合，就可以使得教育资源更加丰富和多元，满足小学科学教育人才培养的多元需求。①

在推动教育创新方面，共享资源原则发挥了关键作用。在传统的教育模式下，各个组织常常各自为战，资源的利用和开发也相对封闭，这在一定程度上限制了教育的创新空间。然而，资源共享原则却为各组织间教育资源的交流和碰撞提供了可能性，从而激发出新的教育思想和教育模式，推动教育的创新发展。

资源共享原则在"立交桥式"人才培养模式中，体现了教育资源整合的需求，为教育资源不足的问题提供了解决途径，推动了教育资源的多元化发展，为教育创新提供了机会。只有在这个原则的指导下，各教育机构才能在资源的整合和利用上达成共识，实现资源的最大化利用，进一步推动小学科学教育人才的培养，使每一名学生都能在更加丰富、多元的学习环境中，充分发挥自己的潜力，实现自我价值。

（二）相互支持原则

在小学科学教育"立交桥式"联合培养体系中，相互支持原则起着

---

① 赵书栋.小学科学教师培养模式探索[J].肇庆学院学报，2011，32（4）：77-79.

决定性作用。这一原则要求各参与单位在资源共享的同时，坚持各自的使命、愿景和目标，寻求双方或多方利益的最大化。只有当各参与单位都感到自己从联合体系中受益，联合体系才能长期稳定运行，这是相互支持原则的实质。

实施相互支持原则的关键在于建立一个公正、公平、互惠互利的体系。在这个体系中，高校、小学、科普教育基地和科学技术馆等各组织应当在互相尊重的基础上，寻找并发挥各自的优势，克服各自的劣势，提供自己所能提供的支持，获取所需的帮助。例如，高校可以提供理论教学和科研资源，小学可以提供实践场所和一线的教学反馈，科普教育基地和科学技术馆可以提供科普知识和实践活动的资源。这种资源的交换既可以降低各组织单独运行的成本，也可以提高整个体系的运行效率。

在实施过程中，相互支持原则需要各组织深度理解和坚决执行。之所以需要高度的理解，是因为这个原则的实施可能涉及资源的分配、权力的划分、责任的承担等问题，这都需要各组织有深度的理解和广阔的视野。

相互支持原则是一个动态的、持续的过程，需要各组织持续关注和不断调整。在整个过程中，可能出现各种问题，如资源的不对等、权力的不平等、责任的不明确等。对于这些问题，各组织需要以开放的心态和协商的方式，互相理解，互相支持，共同解决。只有这样，联合培养体系才能够持续稳定运行，发挥最大效益。

（三）共同发展原则

在小学科学教育"立交桥式"联合培养体系中，共同发展原则被视为最重要的组织原则之一。共同发展原则的核心意涵在于，无论是高校、小学，还是科普教育基地和科学技术馆，都在各自独特的角色和责任中共享合作成果，共同为提升小学科学教育水平做出贡献。

实施共同发展原则需要每个参与实体都有高度的责任感和合作精神。这要求高校、小学、科普教育基地和科学技术馆等各方在参与联合培养体系的过程中，不仅应关注各自的利益，还应注重整个体系的整体利益。

也就是说，各方应当深入理解和坚持共同发展的理念，使之成为行动指南，以实现整个体系的持续健康发展。

在共同发展的过程中，各参与单位需积极寻找和建立长期合作机制。例如，高校可以通过提供专业知识和理论支持，帮助小学、科普教育基地和科学技术馆提升教育教学质量，小学、科普教育基地和科学技术馆则可以提供实践平台和丰富的实践资源，帮助高校更好地完成人才培养任务。这种互补性的合作既可以使各参与单位实现自身的发展，也有利于推动整个体系的进步。

共同发展原则的实施还需要各参与单位有足够的包容心态和合作精神。因为在具体实施过程中，可能遇到很多困难和挑战，如意见分歧、利益冲突等。对于这些问题，各参与单位需要以开放和包容的态度进行充分的沟通和协商，共同找到最优的解决方案。只有这样，才能真正实现共同发展，使整个体系在面对挑战时更具有韧性和适应性。

二、联合培养体系的管理与运行

（一）体系管理结构与机制

在任何教育体系中，特别是在涉及多个参与单位的小学科学教育"立交桥式"联合培养体系中，管理结构与机制的构建显得尤为重要。这不仅涉及教育质量和效果，也涉及资源分配、决策、规划等诸多方面。其中，领导与协调机构、联合培养委员会、资源管理与共享机制、教学与实践指导机制以及评估与质量监控机制等部分是这个体系管理结构与机制的核心组成部分。①

领导与协调机构的建立是为了实现整体的协调与管理。在这个机构的指导下，体系内的参与单位可以实现合作与协作。领导与协调机构的任务包括确定体系的发展目标、制定实施方案、协调资源分配、评估体系运行情况等。因此，这个机构应由教育部门、高校、科普教育机构等

---

① 涂桂庆．小学科学教育策略研究［M］．北京：文化艺术出版社，2009：49.

相关单位共同组成，并设立专门的管理团队负责体系运行。这样可以保证体系运行顺畅，以及在发现问题时能够予以及时的调整和修正。

联合培养委员会主要负责制定联合培养体系的规划和政策，并监督实施过程中的质量和效果。委员会成员来自高校、小学、科普教育基地、科学技术馆等单位，他们在教育和科学教育领域具有丰富的经验和专业知识，具备良好的决策和协调能力。他们的工作是确保联合培养体系的规划和政策能够得到有效实施，并对实施过程进行监督，确保质量和效果。

资源管理与共享机制的建立是为了实现体系内各单位之间的资源共享与合作。通过建立资源共享平台、制定资源共享规则和机制，可以实现教育资源、师资力量、实践平台等的有效整合和共享。这样不仅可以提高资源的利用效率，还能丰富师范生的培养环境，促进教育教学质量的提升。这个机制的重要性在于它可以避免资源的浪费和重复，同时使更多学生受益。

教学与实践指导机制的设立是为了确保师范生在联合培养体系中的教学与实践过程得到充分的指导和支持。这需要高校教师、小学教师和科普教育基地的专业人员齐心协力，组成教学与实践指导团队，共同为师范生提供教学指导、课程设计、实践指导等全方位支持。这种机制不仅可以确保师范生的教学与实践能力得到全面培养，还有助于提高他们的专业素养和教学水平，这对于培养高质量的小学科学教育人才至关重要。

最后一个组成部分是评估与质量监控机制，这是为了评估和提升联合培养体系的质量和效果而设置的。通过建立评估指标体系、开展评估工作以及定期监控体系运行情况，评估与质量监控机制可以实时监控体系的运行效果，从而及时发现和解决问题，不断优化体系运行状态。同时，这个机制也可以通过信息反馈，提升联合培养体系质量，促进其可持续发展。

以上五大机制相辅相成、相互联系，共同构成了一个强大而高效的联合培养体系管理结构。领导与协调机构起着决策和协调作用，联合培养委员会制定和监督方案执行，资源管理与共享机制实现了资源的最大化利用，教学与实践指导机制保证了教学质量，评估与质量监控机制则保障了整个体系的持续改进和优化。每一个环节都是必不可少的，它们只有共同作用，才能确保联合培养体系的有效运行，从而为小学科学教育事业培养出更多优秀人才。

（二）体系运行模式与效果

对于小学科学教育"立交桥式"联合培养体系而言，体系运行模式与效果无疑是其中的关键要素。能否建立有效的跨机构合作模式、能否形成高效的教师团队协作模式、能否实施实践导向的教学模式、能否建立健全的反思与改进机制、能否进行准确的效果评估与监测直接决定着这一培养体系是否能够成功运行并达到预期效果。

跨机构合作模式的构建依赖高校、小学、科普教育基地和科学技术馆等机构之间的紧密合作。这种合作关系应是长期稳定的，涵盖了共同制订教学计划、开展实践活动、分享教学资源等各个方面。只有通过这种跨机构合作模式，才能真正实现资源的共享与整合，从而提升教学的质量和效果。相较于传统的单一机构教育模式，跨机构合作模式能够最大限度地调动各个机构的优势资源，更好地运用各种资源为师范生的培养服务。

教师团队协作模式的形成是依靠高校教师、小学教师和科普教育基地的专业人员之间的协同合作。他们组成的教师团队可以共同承担师范生的培养任务，实现教学经验和专业知识的交流与共享，进而提高师范生的教学能力和专业素养。教师团队协作模式的好处在于它可以打破传统单一的教师教学模式，将各方面的专业知识和教学经验进行融合，以此提高教学效果。

实践导向的教学模式是联合培养体系的另一个重要组成部分。这一模式强调的是师范生应在实际教学环境中进行教学实践，比如在小学进行教学实习、在科普教育基地或科学技术馆进行实践活动。这一种教学模式能够让师范生将所学的理论知识与实际教学环境相结合，从而大幅提高教学效果和专业素养。

反思与改进机制是为了使联合培养体系更好地进行自我修正和发展。这种机制要求对体系的运行情况进行定期评估与反馈，这个过程应该由师范生、教师团队和相关机构共同参与，共同评估体系的运行情况，发现存在的问题，并及时采取改进措施。只有在持续的反思和改进中，体系运行模式才能不断优化，师范生的培养效果才会随之提高。

效果评估与监测是保证体系运行有效性的重要手段。这需要制定评估指标体系、开展教学质量评估和师范生能力测试等，从而全面了解体系运行的效果和师范生的学习成果。这些评估结果对于体系的持续改进具有重要的参考价值，可以为进一步优化体系运行模式提供数据支持，从而推动体系的持续发展。

体系运行模式与效果的核心目标是确保师范生在联合培养体系中全面发展和提高教育教学能力。跨机构合作模式使资源得到最大化利用，教师团队协作模式使教学经验和专业知识得到共享，实践导向教学模式使理论与实践得到完美的结合，反思与改进机制可以及时发现和改正出现的问题，效果评估与监测使体系的优化有据可依。这五个方面相互支持，共同为师范生教育教学能力的培养提供了支持，使得体系运行模式不断完善。最终，这种体系运行模式可以促进师范生综合素质的发展，培养出优秀的小学科学教育教师，实现联合培养体系的最终目标。

（三）体系的持续优化与更新

在小学科学教育"立交桥式"联合培养体系中，持续优化与更新是至关重要的过程。它保证了体系的活力，适应了不断演变的教育环境和需求，并且推动了师范生的教育质量和效果不断提高。

一个绝对不可忽视的要素就是紧密关联教育政策和发展趋势。教育环境是一个永恒变化的生态系统，教育政策的出台、教学方法的改进、科技在教育中的应用，以及教育改革的方向和目标都将对此产生深远影响。这种关联性不仅需要教育工作者持续观察和研究，还需要他们理解和接纳变化，使培养体系适应并引领新的教育潮流。

有效的反馈与评估机制是优化和更新的关键一环。收集和分析师范生、教师团队和相关机构的意见和建议，以此对体系的运行进行持续监控和反思。定期举办满意度调查，让师范生和教师表达对体系运行的意见和建议。开展教学质量评估、师范生能力测试等活动，评估体系的效果，及时发现问题并妥善改进。此外，反馈也可以作为一种激励，鼓励师范生和教师团队对教学质量和效果的改进提出创新性建议。

对教学计划与课程设置的不断优化和更新至关重要。我们需要理解教育并非一成不变，教学计划和课程设置必须随着教育环境的变化和师范生需求的变化而进行调整。对课程内容进行实时更新，将新的教学资源和方法融入教学中，增强课程的针对性和实用性。

随着教育技术的飞速发展，教育技术和教学资源的更新成为必然趋势。充分利用在线教学平台、虚拟实验室、多媒体资源等，可以大大丰富教学方式，提高教学质量。这些新技术和教学资源的应用不仅提升了教学效果，也激发了学生的热情，从而更好地激发他们的学习动力和兴趣。

对师资队伍的培训和发展是体系优化的重要一环。为了保证教学质量的提高和创新能力的增强，师范院校必须重视教师团队的专业成长。通过举办专业培训、学术交流和研讨活动，提升教师团队的教学能力和专业素养。同时，鼓励他们参与教育研究和创新实践，以推动教育教学的进步。

建立合作与交流的平台可以促进师范生、教师团队和相关机构之间的互动与合作，这也是体系持续优化和更新的重要步骤。这种平台既可以是学术研讨会、教学研讨会，也可以是更为实际的教学示范活动。它为师范生、教师团队提供了共享经验和资源、交流思想和意见的机会，可以激发他们的教学创新和教学方法改进的动力。

小学科学教育"立交桥式"联合培养体系的持续优化和更新需要深度的理解教育政策和发展趋势，有效的反馈和评估机制，持续优化教学计划和课程设置，及时更新教育技术和教学资源，注重对师资队伍的培训和发展，建立合作与交流的平台。这些元素相互关联，共同促进了教育体系的不断改进和完善，进一步提高了师范生的教育质量和效果。在这个过程中，我们可以看到，教育并非一成不变，而是一个持续发展和优化的过程，需要我们以开放和创新的心态去面对。

第二节 联合培养体系中资源的共享策略

一、教育资源的共享策略

（一）教育资源的分类与整合

教育资源的共享策略是小学科学教育"立交桥式"联合培养体系中的关键要素。在这一体系中，教育资源的分类与整合起着重要的作用。通过将不同类型的教育资源进行分类和整合，学校可以实现资源的共享和优化利用，进而提高教学质量和学生的学习效果。

教学资源的分类与整合是教育资源共享的核心。教学资源包括教材、教具、实验设备、多媒体资料等。为了实现资源的高效共享，学校可以将这些教学资源进行分类，例如可以将其分为基础知识教材、实验教具、科学游戏和互动软件等。通过对不同来源的教学资源进行整合，学校可以建立一个统一的资源库，使师范生和教师团队能够根据实际的教学需求选择和应用资源。

教育科研资源的分类与整合也是资源共享的重要策略。教育科研资源包括科研文献、研究报告、教育研究机构的成果等。为了方便师范生和教师团队获取和利用这些资源，学校可以将其按照主题或领域进行分类，例如可以将其分为小学科学教育的教学方法、学生发展等。通过将这些教育科研资源整合到一个共享平台上，学校可以促进教学和研究的交流与合作，进而提升教学和研究的质量。

此外，实践资源的分类与整合也是资源共享的重要环节。实践资源包括教学实习基地、科普教育基地、科学技术馆等。为了充分利用这些实践资源，学校可以将它们按照类型和特点进行分类，例如可以将其分为实习基地的实际教学环境、科普教育基地的科普展览和活动等。通过建立一个实践资源共享平台，师范生可以在实践中获取丰富的教学经验和实践机会，而教师团队则可以分享实践资源，促进实践教学的创新和提升。

通过对教育资源的分类与整合，不同来源和类型的资源可以有机结合，形成一个统一的资源库。师范生和教师团队可以根据自身的需求和教学目标，灵活选择和利用这些资源，提高教学的质量和效果。此外，为了确保资源的有效性和适用性，学校还需要定期更新和维护资源库，并及时反馈和更新教育资源。

教育资源的共享策略在小学科学教育"立交桥式"联合培养体系中具有重要意义。通过对教学资源、教育科研资源和实践资源的分类与整合，学校可以实现资源的高效共享和优化利用，从而提升教学质量和学生的学习效果。这种资源共享的策略为师范生和教师团队提供了丰富的教学经验和实践机会，促进了教学和研究的创新与发展。

（二）教育资源的开放与流通

教育资源的开放与流通是小学科学教育"立交桥式"联合培养体系中的关键策略之一。通过开放和共享教育资源，学校可以提高教育质量，提供丰富多样的教学资源，激发教师的创新能力，提升学生的学习效果。以下是教育资源开放与流通的重要方面和具体做法：

1. 资源开放与共享平台

该平台应具备便捷的资源上传、下载和分享功能，以便师范生和教师团队能够自由地获取和共享教育资源。平台应提供友好的用户界面和高效的搜索功能，帮助用户快速找到所需资源。此外，平台应支持用户之间的交流和互动，以便教师们可以分享教学经验、讨论教学问题，进一步促进资源的共享与流通。

2. 资源共享协议与授权机制

制定资源共享协议和授权机制，明确资源的使用规则和权限。这样可以保护资源的知识产权，促进资源的合法使用和共享。协议和授权机制主要包括许可证、版权声明、引用标准等内容，确保资源的开放与流通在法律和伦理的范围内进行。

3.教育资源的交流与合作

鼓励师范生和教师团队之间的资源交流与合作。可以组织教学研讨会、学术研讨会、教学示范活动等形式的交流，为其提供交流与分享的机会。借此机会，师范生和教师可以分享自己的教学资源和教学经验，互相借鉴和学习，共同提高教学的质量和效果。

4.跨机构资源流通机制

建立跨机构资源流通机制，促进资源在不同机构之间的共享与流通。例如，高校可以向小学提供教学资源和师资支持，小学可以向高校提供实践基地和实际教学环境。科普教育基地和科学技术馆等机构也可以开放资源，与高校和小学进行资源的交流与合作。这种跨机构的资源流通机制可以丰富教育资源的来源，提供多元化和质量高的资源供师范生和教师使用。

通过教育资源的开放与流通，可以实现资源的广泛共享和利用。师范生和教师团队可以通过开放的资源平台获取所需的教育资源，从而提高教学和研究的质量。同时，资源的开放与流通也可以促进师范生和教师之间的交流与合作，激发教学创新与改进的动力。这样的开放与流通机制将进一步推动小学科学教育"立交桥式"联合培养体系的发展和进步。

（三）教育资源的反馈与更新

在小学科学教育"立交桥式"联合培养体系中，教育资源的反馈与更新是实现资源优化与发展的重要策略之一。以下是教育资源的反馈与更新的关键因素：

1.教学资源的反馈与评估

建立教学资源的反馈与评估机制，收集师范生和教师团队对教学资源的反馈和评价。可以通过定期的教学反馈调查、教学质量评估、课程评价等方式，了解教学资源在实际教学中的使用情况和效果。根据反馈和评估结果，及时调整和更新教学资源，提高其针对性和实用性。

2.更新教育科研资源

教育科研资源应与教育研究的最新成果和发展保持同步。定期更新教育科研资源，包括教育研究报告、教育期刊、研究机构的成果等。可以通过与教育研究机构的合作、参与教育研究项目等方式获取最新的研究成果，并将其纳入资源库，供师范生和教师参考和使用。

3.师资培训与专业发展

提供师范生和教师团队的师资培训和专业发展机会，更新他们的教育理念和教学方法。通过组织教育研讨会、教学研修班、学术交流等活动，引入新的教学理念和方法，更新教师的专业知识和技能。这样可以推动教学资源的更新与改进，提高教学的质量和效果。

4.学生和家长的反馈

重视学生和家长对教学资源的反馈意见，定期通过学生评价和家长问卷调查等方式了解他们对教学资源的使用情况和真实体验。根据学生和家长的反馈意见，进行资源的改进和优化，提供更符合学生和家长需求的教学资源。

5.资源更新与维护

建立资源更新与维护机制，定期审查和更新资源库中的教学资源。删除过时、不适用或低质量的资源，更新更具价值和有效性的教学资源。同时，加强资源的维护与管理，确保资源的可访问性和实用性。

通过教育资源的反馈与更新，可以保持教学资源的活力和有效性。不断更新和优化教育资源，根据实际需求和反馈意见进行调整和改进，提高教学质量和师范生的教育教学能力。这将进一步推动小学科学教育"立交桥式"联合培养体系的发展和创新，为未来的小学科学教育做出积极贡献。

二、专业人才的共享策略

（一）专业人才的流动与交流

在小学科学教育"立交桥式"联合培养体系中，专业人才的流动与交流是实现资源共享和优势互补的重要策略之一。以下是专业人才的流动与交流的主要方法：

1. 建立人才流动渠道

为了促进专业人才的流动与交流，可以建立人才流动渠道和机制。例如，与高校建立人才交流合作协议，为师范生提供参观、实习和交流的机会。同时，与其他教育机构、科普教育基地、科学技术馆等建立合作关系，推动专业人才的流动与交流。

2. 实施师资交流计划

通过师资交流计划，安排师范生和教师团队在不同机构间进行交流与学习。例如，师范生可以到高校进行教学实习，接受高校教师的指导和培训；教师团队可以到科普教育基地和科学技术馆等进行教学实践，了解最新的科学教育展示和活动方式。这样的交流计划可以拓宽专业人才的视野，丰富其教学经验和教学能力。

3. 学术交流与研讨活动

组织学术交流与研讨活动，为专业人才提供交流和学习的平台。可以定期举办教育研讨会、学术研讨会、教学示范活动等，邀请专家、学者和教育实践者进行分享和探讨。师范生和教师团队可以通过参加这些活动，了解最新的教学理念、研究成果和教学实践，从而提高自身的专业素养和教学水平。

4. 跨机构合作项目

推动跨机构合作项目，促进专业人才的合作与交流。例如，可以开展联合教研项目、教学合作项目等，师范生和教师团队共同参与和合作，分享经验和资源，提升教学质量和教育成果。

5. 跨地域交流与合作

推动跨地域的交流与合作，促进专业人才的流动与交流。例如，可以组织师范生和教师团队进行跨地域的教学实习，了解不同地区的教育实践和教学特点。通过跨地域的交流与合作，可以拓宽专业人才的视野，促进教学方法的交流与创新。

通过专业人才的流动与交流，可以促进资源的共享与互补，提高教学质量和教育教学能力。师范生和教师团队可以通过与不同机构的交流与学习，汲取教学经验、学习教学方法，不断提升自身的专业素养和教学水平。这将进一步推动小学科学教育"立交桥式"联合培养体系的发展和创新，为未来的小学科学教育做出积极贡献。

（二）专业人才的培养与合作

在小学科学教育"立交桥式"联合培养体系中，专业人才的培养与合作是实现教育资源共享和专业发展的重要策略之一。以下是专业人才的培养与合作的具体内容：

1. 专业课程的整合与优化

联合培养体系中的高校和小学可以共同制定和优化专业课程，确保课程的连贯性和适应性。高校为小学专业人才提供科学教育理论和实践的基础知识，小学则提供实际教学的场景和案例，以此来加强实践教学环节。通过整合不同层次和专业的课程，培养出既有理论素养又有实践能力的专业人才。

2. 师范生的实习与实践

在联合培养体系中，师范生可以参与小学的教学实习和实践，与小学教师密切合作。通过实践，师范生可以深入了解小学的教育环境和教学实际，掌握教学技巧和策略。小学教师可以为师范生提供指导和支持，分享自己的教学经验和教育理念。这样的实习与实践机会促进了师范生与小学教师之间的合作与交流，为专业人才的培养打下了坚实的基础。

3. 教师团队的合作与共同研究

联合培养体系中的高校教师和小学教师可以进行合作研究和共同探讨，组织教研活动、教学讨论会、教学研讨会等，让教师团队共同研究教学问题、交流教学经验和探索教育创新。高校教师可以为小学教师提供教学研究的理论支持和指导，小学教师可以向高校教师分享实际教学的情境和案例，这样互相启发和借鉴，能够提高教学质量和教育成果。

4. 专业导师的指导与支持

为师范生提供专业导师的指导与支持，帮助他们规划个人发展和职业规划。专业导师可以与师范生定期进行交流与讨论，了解其学习和实践情况，为其提供指导和建议。专业导师还可以帮助师范生发掘个人潜力和指明发展方向，促进其专业素养和教学能力的全面发展。

通过专业人才的培养与合作，可以促进教育资源的共享与协同发展。高校与小学的合作与交流、师范生与小学教师的合作与互动、教师团队的合作与共同研究都将为小学科学教育的专业人才培养提供更广阔的视野和更丰富的经验。这将进一步推动小学科学教育"立交桥式"联合培养体系的发展和创新，为未来的小学科学教育做出积极贡献。

（三）专业人才的评价与激励

在小学科学教育"立交桥式"联合培养体系中，专业人才的评价与激励是确保人才培养质量和激发潜力的重要环节。以下是专业人才的评价与激励的主要内容：

1. 多维度的评价指标

专业人才的评价应该从多维度进行，综合考量其学术能力、实践能力、教学能力和创新能力等。可以利用综合评价体系，包括学业成绩、教学实习表现、科研成果、教学反馈、专业能力评估等。借助这样的评价指标可以全面了解专业人才的优势和不足，为进一步的发展提供指导和支持。

2. 定期的评估和反馈机制

建立定期的评估和反馈机制，为专业人才提供及时的评估结果和反馈意见。可以定期进行个人评估和绩效评估，为师范生和教师团队提供评估报告和绩效反馈。这样的机制有助于专业人才了解自己在教学实践中的表现和发展方向，激励其进一步提高教学质量和专业能力。

3. 激励机制与奖励措施

为优秀的专业人才提供激励机制和奖励措施，鼓励其积极参与教学研究和专业发展。可以设立奖学金、优秀教师奖、教学创新奖等奖励机制，以表彰和激励在教学实践中表现出色的师范生和教师团队，同时提供专业发展的培训机会和晋升通道，使专业人才有更广阔的发展空间和更美好的职业前景。

4.反馈与改进的机制

建立专业人才的反馈与改进机制，鼓励他们积极参与教学评估和改进工作。可以定期组织教学评估和教学反馈会议，让师范生和教师团队分享其教学经验和反思教学实践。根据反馈意见，开展专业发展的培训和指导，帮助专业人才不断改进教学方法和提升教学效果。

通过专业人才的评价与激励，不断激发其学习和创新意识，提高教学质量和教育成果。这将进一步推动小学科学教育"立交桥式"联合培养体系的发展和创新，培养出更多优秀的小学科学教育教师，为未来的小学科学教育做出积极贡献。

三、实践平台的共享策略

（一）实践平台的设立与运行

在小学科学教育"立交桥式"联合培养体系中，实践平台的设立与运行是提供实际教学环境和实践机会的重要组成部分。以下是实践平台的设立与运行的主要内容：

1.平台设立的合作与整合

实践平台的设立需要各方合作与整合资源。可以通过与科普教育基地、科学技术馆、实验室等机构合作，共同设立实践平台。这些合作伙伴可以提供先进的设施和实验设备，为师范生和教师团队提供先进的设施和实验设备以及实践场所和资源支持。

2.实践课程的规划与设计

实践平台的运行需要有针对性的实践课程的规划与设计。根据小学科学教育的需求和目标，制定实践课程的内容和目标。这些课程包括实验教学、观察实践、科学探究等，旨在培养师范生和教师团队的实践能力和科学素养。

3.导师和指导教师的指导与支持

在实践平台上，为师范生和教师团队配备导师和指导教师，为其提供专业的指导与支持。导师和指导教师可以指导实践活动的进行，解答问题，帮助师范生和教师团队分析实践情境，并提供相关的教学方法和策略。

4.实践成果的评估与反馈

建立实践成果的评估与反馈机制，对师范生和教师团队的实践成果进行评估与反馈。通过实践成果的评估，可以了解实践的质量和效果，并提供针对性的反馈意见，帮助师范生和教师团队提高实践能力和教学水平。

5.实践平台的持续改进与更新

实践平台的设立与运行应该是一个持续改进和更新的过程。根据实践需求和教育发展的趋势，不断改进实践平台的设施和设备，丰富实践课程的内容和形式。同时，关注师范生和教师团队的反馈意见，根据实际情况进行调整和改进，确保实践平台的持续发展和优化。

通过实践平台的设立与运行，师范生和教师团队可以在真实的教学环境中进行实践活动，从而提高教学能力和专业素养。实践平台的设立与运行为小学科学教育"立交桥式"联合培养体系提供了实践基础和实践支持，促进了教学实践与理论学习的有机结合，为未来的小学科学教育人才培养做出了积极贡献。

（二）实践平台的开放与服务

实践平台的开放与服务是小学科学教育"立交桥式"联合培养体系的重要组成部分。通过开放和提供服务，实践平台能够更好地满足师范生和教师团队的需求，并促进教学实践和专业发展。以下是实践平台的开放与服务的主要内容：

1.开放的资源与设施

实践平台应该开放其资源和设施，为师范生和教师团队提供必要的实践条件和环境。包括实验室设备、实践工具、教学材料等。平台管理方应确保资源的充分供应和设施的正常运行，为师范生和教师团队提供优质的实践环境。

2.服务的支持与指导

实践平台应提供专业的服务支持和指导，帮助师范生和教师团队顺利开展实践活动。包括提供实践活动的指导方案、实验操作手册、实践指导教师的支持等。平台管理方还可以组织培训活动和研讨会，提供专业知识和技能的培训，帮助师范生和教师团队提高实践能力和教学水平。

3. 合作与交流机会

实践平台应该促进师范生和教师团队之间的合作与交流。实践平台可以组织教学研讨会、专题讲座等活动，为师范生和教师团队提供交流与分享的平台。此外，实践平台还可以与其他机构合作，举办教学比赛、科研项目等，促进师范生和教师团队的专业合作与创新。

4. 教学资源的共享与开放

实践平台可以开放和共享教学资源，使师范生和教师团队能够获取丰富的教学资料和教学工具。实践平台可以建立教学资源库，收集和整理优质的教学资源，并提供给师范生和教师团队使用。同时，鼓励师范生和教师团队将优秀的教学资源贡献给平台，实现资源的共享和互助。

通过实践平台的开放与服务，师范生和教师团队能够充分利用平台提供的资源和支持进行教学实践和专业发展。实践平台的开放与服务能够提供更多的教学机会和更好的学习环境，促进师范生和教师团队的成长与提升。同时，实践平台的开放与服务也为小学科学教育"立交桥式"联合培养体系的发展和创新提供了有力的支持。

（三）实践平台的更新与扩充

实践平台的更新与扩充是小学科学教育"立交桥式"联合培养体系的重要任务，旨在不断提升实践平台的功能和效益，满足不断变化的教学需求和发展趋势。以下是实践平台的更新与扩充的主要内容：

1. 跟进教育发展趋势

实践平台应密切关注教育发展的最新趋势和需求，及时更新和扩充平台的教学资源和设施。这包括引入先进的教学技术、设备和工具，以及开展新的实践课程和活动，以适应新的教学理念和方法。

2. 优化实践课程

实践平台可以通过优化实践课程的内容和形式来提高教学效果。根据师范生和教师团队的反馈和需求，评估和调整实践课程的设置和安排，确保其与时俱进，紧密贴合小学科学教育的实际需求。

3. 扩大资源共享范围

实践平台可以扩大资源共享范围，与更多的教育机构、科研机构和行业企业建立合作关系。通过与外部机构的合作，实践平台可以获取更丰富的教学资源和更多的实践机会，为师范生和教师团队提供多样化的选择。

4. 强化师资队伍建设

实践平台应注重师资队伍的建设与培养。培养具有实践经验和教育专长的导师和指导教师，为师范生和教师团队提供专业的指导和支持。同时，实践平台可以开展师资培训和专业发展活动，以此提高师资队伍的教学水平和专业素养。

5. 引入创新实践手段

实践平台可以引入创新的实践手段和教学工具，如虚拟实验室、在线教学平台、科学探究工具等。这些创新实践手段可以增强实践的灵活性和多样性，丰富师范生和教师团队的教学体验，并培养他们的科学创新能力。

实践平台的不断更新与扩充可以提供更丰富的实践资源和优质的实践环境，在一定程度上促进师范生和教师团队的专业发展和教学创新。实践平台的更新与扩充将进一步提高小学科学教育"立交桥式"联合培养体系的实践能力和教学质量，为未来的小学科学教育做出积极贡献。

第三节 联合培养体系中的角色定位与责任分析

一、高校在联合培养体系中的角色定位

（一）高校的角色特性

高校在小学科学教育"立交桥式"联合培养体系中的角色，从其独特的定位和特性来看，主要表现为以下三个方面：

1. 深化科学教育理论研究的引领者

高校作为具有雄厚的科学研究实力的代表，在小学科学教育"立交桥式"联合培养体系中扮演着重要角色，成为深化科学教育理论研究的引领者。高校具有丰富的教育资源和专业的教师团队，致力于推动科学教育理论的创新与发展，为小学科学教育的提升提供理论支持和指导。

高校在科学教育领域具有雄厚的科研实力。作为教育研究的重要场所，高校拥有众多的教育研究机构和科研团队，这些团队专注科学教育的理论研究和实践探索。通过深入的研究和探讨，高校能够提出新的理论观点和方法，推动科学教育理论的不断发展和演进。

高校具备丰富的教育资源和学术交流平台。高校内部拥有丰富的教学资源和实验设备，这为科学教育的研究和实践打下了坚实的基础。同时，高校也是学术交流与合作的重要平台，通过学术会议、研讨会等形式，学者们可以互相交流研究成果、分享教学经验，以促进科学教育理论的交流与合作。

高校还拥有优秀的教师队伍和培训体系。教师作为科学教育的实施者，承担着培养学生科学素养和能力的重要任务。高校可以通过教师培训和专业发展机制，提高教师的科学教育理论水平和教学能力，培养出更多具有科学教育专业知识和实践经验的优秀教师，为小学科学教育"立交桥式"联合培养体系提供有力的支持。

2. 专业科学教育人才的培养基地

高校作为专业科学教育人才的培养基地，在小学科学教育"立交桥式"联合培养体系中发挥着核心作用。高校通过提供全面的科学知识和专业的技能培训，以及丰富的实践机会，致力于培养具有专业素养和实践能力的小学科学教育人才，以满足小学科学教育的人才需求。

高校为小学科学教育人才提供了系统的学科知识培养。通过开设与科学教育相关的课程，如科学原理、科学方法与实践、课程设计与教学策略等，高校为学生打下了坚实的科学理论知识基础。学生将通过系统的学习，掌握科学教育的基本理论和方法，培养对科学的深刻理解和科学思维能力。

高校注重培养学生的实践能力。通过实验课程、实践教学、科研项目等方式，高校为学生提供了丰富的实践机会。学生可以参与科学实验和教学实习，亲身体验科学探究的过程，以此提高科学实验和教学设计的能力。这样的实践经验使学生能够更好地应对实际教学环境中的挑战，培养出优秀的小学科学教育人才。

此外，高校通过导师制和教师培训可以提供个性化的指导和支持。学生可以得到导师的专业指导和教育教学经验的分享，从而帮助他们更好地理解和掌握科学教育的核心内容和方法。同时，高校还可以开展教师培训、制订专业发展计划，提供教学技能的培训和提升，使学生成为具备教育专业知识和实践经验的优秀教师。

除了知识和技能培养，高校还注重培养学生的创新能力和团队合作精神。通过科研项目、学术交流和合作实践等形式，学生将接触到前沿的科学研究和创新成果，培养出对科学问题的独立思考和解决能力。同时，团队合作的学习环境和项目实践将使学生懂得协作与沟通，培养良好的团队合作精神，为未来的小学科学教育工作打下坚实的基础。

3. 科学教育资源的提供者和创新者

高校作为科学教育资源的提供者和创新者，在小学科学教育"立交桥式"联合培养体系中扮演着重要角色。首先，高校拥有丰富的教学资源，可以为小学科学教育提供高质量的教材、教具、实验设备和多媒体资料等。这些资源不仅能够满足师范生和教师在教学过程中的需求，还能够丰富学生的学习体验，提升他们对科学的兴趣和理解。

高校在科学教育领域拥有雄厚的科研实力和专业知识，可以为小学科学教育提供最新的教学理论和研究成果。通过深入的科学教育研究，高校能够不断创新教学方法和策略，探索适合小学生的科学教育模式，提供有效的教学指导。这些研究成果可以通过学术论文、研究报告和教育研究机构的成果来进行分享和传播，从而促进小学科学教育的不断发展和进步。

高校还能够通过教学实践和教学示范来创新科学教育。通过开展教学实验和教学研讨活动，高校能够不断探索和改进教学方法，挖掘和发展具有针对性的教学策略。高校还可以组织教学示范活动，向小学教师展示优秀的科学教学实践，激发其创新思维和教学能力。这种教学实践和示范不仅能够提高小学科学教育的教学质量，也能够为其他学校和教师提供借鉴和启示。

（二）高校的主要责任

在联合培养体系中，高校作为重要的教育组织，肩负着一系列重要责任。特别是在小学科学教育人才培养过程中，高校需要贯彻执行以下主要职责：

1. 推动科学教育理论研究的深入

高校通过研究科学教育的理论、方法和技术，不断推动科学教育的进步，为小学科学教育的发展提供理论和实践的支持。高校的科研团队要积极参与科学教育的相关研究，通过创新的研究成果，解决小学科学教育面临的问题，推动科学教育的理论创新。

2. 培养高质量的科学教育人才

高校需要针对小学科学教育的特点和需求，设计和实施科学教育专业课程，培养具有专业素养和实践能力的科学教育人才。这不仅包括对学生进行科学知识和技能的训练，还包括对学生进行实践能力和创新思维的培养，使他们能够在小学科学教育的工作中发挥积极作用。

3. 提供和创新科学教育资源

高校需要利用丰富的教育和科研资源，为小学科学教育提供高质量的科学教育资源，如科学教育理论、教学方法、教学设备和科研设施等。同时，高校还需要通过科研和教学实践，创新科学教育方法和技术，以提高科学教育的质量和效果。

4. 建立和维护良好的合作关系

高校需要与小学、科普教育基地和科学技术馆等合作伙伴建立与维护良好的合作关系，以实现资源共享，促进各方共同发展。包括定期组织联合会议、共同规划和执行科学教育项目，以及共享科学教育资源等。

（三）高校的发展定位

在联合培养体系中，高校需要确立清晰的发展定位，从而更好地履行职责、优化资源配置，推动整个体系的健康发展。以下是高校在小学科学教育人才培养联合体系中的核心发展定位：

1. 知识创新中心

高校是知识创新和科学研究的重要基地。在这个角色定位下，高校应积极推动科学教育领域的理论研究和方法创新，通过科研成果转化，为小学科学教育提供更新、更科学的教育理论和教学方法。

2. 人才培养高地

在联合培养体系中，高校是培养专业人才的重要阵地。因此，高校应从小学科学教育的需要出发，设计并实施相应的培养方案，包括基础理论教学、实践技能训练、实习实践环节等，培养出既懂理论又善实践的专业人才。

3. 教育资源库

高校拥有丰富的教育资源，包括教师资源、科研资源、教育设施资源等，应充分利用这些资源，为小学科学教育提供多元、优质的教育资源，满足其多样化的教育需求。

4. 合作平台

高校需要建立一个开放、包容的平台，促进高校、小学、科普教育基地和科学技术馆等各方的交流和合作。通过协同合作，实现资源共享，共同推动小学科学教育的发展。

以上四个发展定位并不是孤立的，而是相互关联、相互影响的。高校需要全面考虑和平衡各个方面的需求，结合自身的优势和条件，确定适合自己的发展策略，以实现在联合培养体系中的最大价值。

二、小学在联合培养体系中的角色定位

（一）小学的角色特性

小学在联合培养体系中扮演着重要角色，其特性和功能对于整个体系的顺利运行和学生的全面发展至关重要。以下是小学在联合培养体系中的主要角色定位：

1. 小学是前线教育的实施者

作为儿童科学教育的第一线，小学教师直接面对学生，负责进行科学教育的实施和引导。他们需要掌握并应用科学教育的理论与方法，以引导学生发现和探索科学，激发学生对科学的热情和好奇心。小学教师的专业素养和教育能力对于学生科学素养的培养至关重要。

2. 小学是需求反馈的提供者

作为教育实践的一线，小学教师能够直接了解学生的学习需求、教学方法的效果、教材的适应性等。他们能够提供实时的反馈信息，帮助高校和科普教育基地更好地了解教学实践的需求，及时调整和优化培养方案。小学教师的反馈和意见能够促进教育体系的不断改进和发展。

3. 小学是实践教学的场所

小学不仅是科学教育的实施场所，也是高校科学教育专业学生的实践教学场所。高校学生可以在小学进行教学实践，了解并熟悉实际的教学环境和教学工作，从而提高教学能力。小学为高校学生提供了实践的机会，使他们能够将理论知识与实际教学相结合，促进专业能力的提升。

4. 小学具备社区科学普及的功能

小学在社区中占有重要地位，可以通过开展科普活动来提高社区居民特别是儿童的科学素养，推动社区的科学教育事业发展。小学可以成为社区科学普及的中心，组织科学展览、科学讲座和科学实验等活动，使学生和社区居民亲身体验科学，增强对科学的兴趣和认识。

（二）小学的主要责任

在联合培养体系中，对于小学的主要责任可以从以下几个方面加以理解：

第一，创设科学学习环境。小学是学生们接受初级科学教育的关键阶段，其首要任务是为学生们创设一个充满探索和发现的科学学习环境。这一环境需要包含丰富的学习资源，如教材、实验设备、图书等，还需要为学生提供多元化的学习活动，让学生们在实践中探索科学，体验科学的魅力和乐趣。

第二，有效实施科学教育。作为科学教育的实施者，小学需要负责有效的科学教学活动。包括制定和实施科学课程，组织科学实验和活动，运用多元化的教学方法，满足不同学生的学习需求和兴趣，提高他们的科学素养。

第三，反馈教学实践信息。在联合培养体系中，小学需要负责将教学实践的情况反馈给高校和科普教育基地。这些反馈信息可以帮助其他单位了解学生的学习需求，评估和优化教学方案，从而更好地实现科学教育目标。

第四，提供教学实践机会。小学需要为高校科学教育专业的学生提供教学实践的机会，使他们可以在实际教学环境中锻炼教学能力，积累教学经验。

第五，服务社区科学普及。小学需要承担服务社区科学普及的责任，利用学校的资源和影响力开展科普活动，提高社区居民特别是学生们的科学素养，推动科学教育事业的发展。

由此可见，小学在联合培养体系中的责任是至关重要的，既包括为学生提供优质的科学教育，也包括与其他单位合作，共同推动科学教育事业的发展。

（三）小学的发展定位

在联合培养体系中，对于小学的发展定位可以从以下几个角度来考虑：

第一，科学教育质量提升的中心。在联合培养体系中，小学的核心定位应是科学教育质量提升的中心。这一定位明确了小学应以提升学生的科学素养、加强科学教育的实效性和实践性为目标。小学应注重从日常教育实践中发现问题，探究问题，并及时通过反馈机制，与高校及科普教育基地共同找寻问题的解决方案。

第二，实践教育场所。作为联合培养体系的一环，小学应充分利用其在科学教育实践中的优势，成为高校学生实习、实践的重要场所。通过深度参与小学的科学教育实践，高校学生能够更好地理解和把握科学教育的真实需求，提升教育实践能力。

第三，科学普及的重要力量。小学在社区中有广泛的影响力，因此，小学应定位为科学普及的重要力量。通过开展丰富多样的科普活动，小学可以帮助社区居民特别是孩子们提高科学素养，进一步推广科学知识和科学精神。

第四，科学教育创新实验基地。小学应积极与高校、科普教育基地等单位合作，共同建设科学教育创新实验基地。利用这个平台，可以在小学中尝试新的科学教育理念、方法和技术，推动科学教育的创新和发展。

三、科普教育基地与科学技术馆在联合培养体系中的角色定位

（一）科普教育基地与科学技术馆的角色特性

科普教育基地与科学技术馆在联合培养体系中扮演着特殊且关键的角色。它们不仅是学术研究的重要场所，也是广大师生进行科学探究和实践的重要平台。以下是科普教育基地与科学技术馆在联合培养体系中的角色特性：

1. 实践教学的活动场所

科普教育基地与科学技术馆的最大特点是拥有丰富的实物资源和科普展览，这为师生提供了宝贵的实践教学机会。在这里，学生可以通过观看科学影片、参观科普展览、动手操作科学仪器、参与科学实验等形式，直观、生动地理解科学原理，体验科学探索的乐趣，提高科学素养。

2.学术研究的交流平台

科普教育基地与科学技术馆承担着学术研究成果的展示和交流工作，经常举办各种科普讲座、学术报告、研讨会等活动。这既为高校教师提供了开展科学研究、交流学术成果的平台，也为学生提供了了解最新科研成果、拓宽科学视野的机会。

3.社区科普的重要载体

科普教育基地与科学技术馆位于社区的核心位置，承担着普及科学知识、传播科学精神、营造科学文化氛围的任务。它们通过举办科普日活动、开展科普下乡行动等方式，向社会公众展示科学的魅力，引导社会公众理解、热爱、参与科学。

科普教育基地与科学技术馆通过上述三种角色，极大地丰富了联合培养体系的教学内容和形式，提高了教学实效性。同时，它们也在培养学生的科学素养、促进学术交流、推广科学文化等方面发挥着不可替代的作用。

（二）科普教育基地与科学技术馆的主要责任

科普教育基地与科学技术馆在联合培养体系中承担着一系列重要的责任。主要包括以下几个方面：

1.提供实践教学平台

科普教育基地与科学技术馆应积极建设和提供实践教学设施，包括科普展览、实验室、科学影院等，为学生提供开展科学探究和实践活动的场所。同时，它们还需要开展各种科学实践活动，如科普夏令营、科学实验竞赛等，为学生提供动手实践、深入探究科学原理的机会。

2.举办学术交流活动

科普教育基地与科学技术馆应定期举办各种学术交流活动，如学术报告、研讨会等，为高校教师提供交流学术研究成果、开展合作研究的平台。同时，它们还需要邀请科研机构的研究人员和科普专家为学生开展科普讲座，拓宽学生的科学视野，引领学生了解科研前沿。

3.承担科普普及任务

科普教育基地与科学技术馆应承担科普普及的重要任务。它们需要通过举办科普日活动、制作科普展板、发行科普刊物等方式，向公众传播科学知识、普及科学思维方法，提高公众的科学素养。同时，它们还应积极响应国家和地方的科普政策，参加科普下乡、科普进校等公益活动，将科普教育延伸至城乡的各个角落。

4. 保障教学质量

科普教育基地与科学技术馆作为联合培养体系的重要组成部分，需要严格把控教学质量，定期对实践教学和科普活动进行评估和反馈，对教学设施和教学资源进行更新和优化，确保教学活动可以高质量进行。

通过履行上述职责，科普教育基地与科学技术馆在联合培养体系中起到了桥梁和纽带的作用，联结了学校、社区和科研机构，为小学科学教育人才的培养提供了强有力的支持。

（三）科普教育基地与科学技术馆的发展定位

在联合培养体系中，科普教育基地与科学技术馆的发展定位是多元的，可从以下几个方面进行阐述：

1. 实践教学基地

科普教育基地与科学技术馆首先是实践教学基地，通过提供丰富的科学教学设施和科普活动，能够使学生在其中体验科学研究的乐趣，从而鼓励他们对科学产生持续的兴趣和积极的态度。这不仅能帮助学生将理论知识应用于实践中，还能通过实践增强他们解决问题的能力和创新思维。

2. 学术交流中心

科普教育基地与科学技术馆也是学术交流中心，它们定期举办学术研讨会、专题讲座等活动，为教师和学生提供了平台，他们可以通过这个平台了解科研前沿，交流学术观点，深化专业理解，拓宽知识视野。

3. 社区科普中心

科普教育基地与科学技术馆作为社区的科普中心，承担着将科学知识普及到社区，提高公众科学素养的任务。它们通过举办科普日活动、制作科普展板、发行科普刊物等方式，将科学知识以生动、有趣的形式传递给社区居民。

4. 教学质量保障中心

科普教育基地与科学技术馆作为教学质量保障中心，定期对实践教学和科普活动进行评估，为教学活动提供及时反馈，确保教学活动的高质量进行。

以上定位使科普教育基地与科学技术馆在联合培养体系中起到了关键的作用。在未来的发展中，它们不仅需要继续深化在实践教学、学术交流、社区科普和教学质量保障方面的工作，还需要根据社会发展和教育改革的需求，不断创新工作的方式和方法，提高服务的质量和效果，为小学科学教育人才的培养做出更大的贡献。

第七章　小学科学教育专业与小学科学课程的共建共享

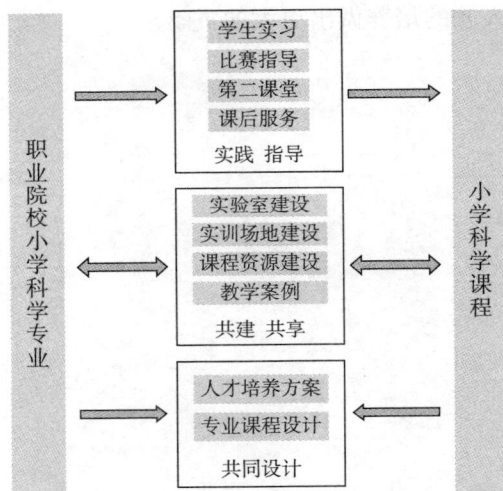

第一节　人才培养方案与专业课程的共建

一、分析人才培养方案的关键要素

（一）知识与技能的培养

在小学科学教育人才培养方案中，知识与技能的培养起到核心的作用。这一点既体现在培养学生对科学知识的基本理解和掌握方面，又体现在提升学生运用科学知识解决问题的实践技能方面。

　　知识的培养主要关注科学知识的广度和深度。在广度上，应保证学生对各个科学领域有一定的涉猎，形成全面的科学知识结构。这既包括自然科学的各个分支，如物理、化学、生物、地理等，也包括科学思维方法和科学精神的内涵。在深度上，对于小学阶段的重点科学知识和技能，如观察、描述、分类、测量、推理等，应使学生达到较高的掌握程度。

　　技能的培养更加注重实践，目标是使学生能够运用科学知识解决实际问题。这主要涉及两个方面：一方面，科学实验技能，包括实验设计、操作、数据处理和结果解读等；另一方面，科学思维技能，如观察、推理、批判和创新等。这些技能的培养需要在实践中进行，因此，实验教学和问题导向学习等教学方式应被广泛采用。

　　（二）思维与价值观的塑造

　　在小学科学教育中，教师不仅要注重学生的知识积累和技能掌握，更要关注他们的思维方式和价值观的塑造。教师希望培养出的学生能够拥有科学的思维方式和正确的价值观，因为这不仅会影响他们对科学知识的理解和掌握，也会影响他们未来的学习和生活。

　　观察和描述是科学思维的基石。科学探索总是从对自然现象的观察开始，对观察结果的准确描述是获取科学信息的基础。对于小学生来说，这种观察和描述能力的培养既可以帮助他们关注环境，敏锐捕捉细节，也能够帮助他们准确全面地描述所观察到的现象。在这个过程中，他们学会了如何细心地看、如何准确地说，这是他们认识世界的开始，也是他们科学探索的第一步。

　　学会提出科学问题是科学思维的重要环节。提出问题需要学生具有好奇心和探索精神，敢于对未知表示怀疑，敢于对现象提出自己的解释。这不仅需要他们敢于表达自己的想法，也需要他们具有足够的知识储备，能够提出有意义的问题。培养这种能力既能激发他们的好奇心，也能让他们掌握科学的提问方法。更重要的是，他们在提问中能寻找答案，发现新的问题，从而激发持续探索的热情。

在科学思维中，实证思考是核心。科学是基于证据的，科学的理论和结论都是基于实证的观察和实验得出的。学生需要学习如何收集和分析数据，如何根据数据推理和论证，如何做到公正、客观、理性地对待每一份证据。这种实证思考的能力不仅是科学思维的核心，也是学生做人做事的基本素养。它让学生在面对问题时，有理有据，有据可依，从而让他们的思考更深入、更有说服力。

建立模型是科学思维的一种重要方式。通过构建和使用模型，学生可以更好地理解和解释自然现象，预测未来。

对于小学生来说，模型既可以是简单的图示，又可以是具体的实物，抑可以是抽象的理论。无论是什么样的模型，都可以帮助他们更直观、更深入地理解科学知识；同时，也可以培养他们的抽象思维和创新思维。通过模型，他们可以看到科学知识的内在联系和逻辑结构，发现科学的美，看到科学的力量。这种通过模型进行科学思考的能力，对他们的科学学习和科学研究具有重要的指导作用。

反思和批判是科学思维的精髓。科学不仅需要发现新知，更需要对已有的知识进行反思和批判，以推动科学的进步。在这个过程中，学生不仅要学会反思自己的思考过程，识别自己的偏见和错误，还要学会批判性地看待他人的观点，做到不盲从、不偏执。这种反思和批判的能力有助于他们保持开放的心态，对待科学和学习保持独立和自主的思考。这对他们的个人成长和对科学认识的发展具有深远的影响。

科学价值观的塑造是科学教育的重要目标。科学不仅是知识，更是一种价值观、一种生活态度。在科学教育中，我们希望学生能够理解和尊重科学，理解科学是基于证据而追求真理的过程，尊重科学家的努力和贡献，以及科学的道德和伦理原则。这种对科学的尊重不仅能让学生更好地学习科学知识，还能让他们形成正确的人生观和价值观，并且能让他们对社会和生活有更深刻的理解和更高的追求。

积极参与是学习科学的重要态度。我们希望学生不仅要在课堂上听，

100

更要在课堂外做，要参与到科学的学习和实践中来。通过积极参与，他们可以更直观、更深入地体验科学的魅力，更直接、更真实地感受科学的乐趣；同时，也能在参与的过程中，形成良好的学习习惯和积极的态度，这对他们未来的学习和生活都具有积极的作用。承认不确定性是科学价值观的重要一环。科学知识是不断发展和变化的，有时候是充满不确定性的。面对这种不确定性，我们希望学生能够保持开放和灵活的态度，积极接受新的证据和观点，而不是固执己见。这种承认不确定性的态度既是科学的本质要求，也是学生成长的必要条件，会让他们更好地适应复杂多变的世界，更好地面对未来的挑战。

公正和公平是科学价值观的基础。科学要求我们公正和公平地对待所有的观点和证据，不受个人偏好和先入为主的观念所影响。对于学生来说，这种公正和公平的态度可以让他们学习如何公正地评估证据，如何公平地对待他人，如何在个人与公共、自我与他人之间找到平衡与和谐。这种公正和公平的价值观对他们的个人成长和社会发展具有深远的影响。

科学思维和科学价值观的塑造是科学教育的核心任务，是我们培养学生的重要目标。通过科学教育，我们希望能够帮助学生形成科学的思维方式和正确的价值观，让学生在科学的探索中找到知识的乐趣，在科学的学习中找到人生的价值，在科学的实践中找到生活的意义。我们相信，这种科学的思维方式和正确的价值观不仅会让学生在科学学习上取得更好的成绩，也会让他们在人生的道路上走得更远、走得更好。

（三）创新与实践的能力

现代科技发展日新月异，创新与实践成为推动社会发展的重要动力。在小学科学教育中，我们应将重点放在学生创新与实践能力的培养上。这既可以增强学生对科学知识的理解和应用，也有助于他们形成积极的学习态度和行为，从而更好地适应未来社会的需求。

在创新能力的培养中，提出新问题是最初的步骤，是创新的启动器。学生应从观察和学习中，发现并提出新的、有价值的问题，这需要教师培养他们的好奇心和探究精神。这种提出新问题的能力不仅是他们学习科学的驱动力，也是他们发展创新思维的基础。对于教师来说，可以通过设计各种活动和讨论，鼓励学生提问，引导他们挖掘问题、发现问题、质疑问题，以此激发他们的好奇心，培养他们的探究精神。

创新性解决问题是创新的核心，是创新的实现。学生应对问题提出新的解决方案或理论模型，这需要教师培养他们独立思考和创新思维的能力。这种创新性解决问题的能力既是他们学习科学的关键，也是他们发展创新能力的重要途径。对于教师来说，应鼓励学生大胆思考，自由发挥，不拘泥已有的答案和方式，尽量创造一种宽松、开放的学习环境，让他们敢于尝试，敢于创新。①

反思和改进是创新的保障，是创新的持续。创新过程并不总是一帆风顺的，失败和挫折往往是常态。但是，只有从失败中学习、从挫折中成长，才能真正实现创新。这就需要教师培养学生的反思和改进能力，让他们从错误中发现问题、从失败中找到原因、从挫折中吸取教训，不断调整和优化自己的思考和行为。对于教师来说，应为学生提供一个安全、宽松的学习环境，让他们不怕失败，敢于尝试，敢于改变。这需要我们敢于承认错误并明白失败的价值，让学生明白失败是学习和成长的重要组成部分，是无法避免的，不应该恐惧。通过这种方式，我们可以帮助学生形成一种积极的学习态度和行为，使他们在失败和挫折中找到动力，进一步发展他们的创新能力。

在实践能力的培养中，实地操作是一个关键步骤。科学教育应注重实践，通过实地操作，学生能够将理论知识转化为实际技能。这种转化过程既可以增强学生对科学知识的理解和应用，也有助于他们发展实践技能，形成一种科学实践的习惯和态度。因此，教师要为学生提供充足的实验设备和场所，让他们亲身体验科学实验，实际操作，自主探索。

实践性项目是实践能力培养的又一个重要环节。学生应积极主动参与实践性项目，如科学研究、科学竞赛等。这些项目不仅有助于学生深入理解和掌握科学知识，而且可以提高他们的实践技能，为他们提供实

---

① 刘亚平.小学科学教育师资培养路径探析 [J].戏剧之家，2016（03）：145-146.

际操作和应用科学知识的机会。同时，这些项目也可以激发学生的学习兴趣，培养他们的团队合作和沟通能力，使他们在实践中发展和提升自己。

实践反思是实践能力培养的关键环节。在实践活动中，学生应反思实践的过程和结果，以提高实践能力。这就需要教师培养他们的反思和批判思维，让他们从实践中发现问题、从结果中分析原因、从过程中提炼经验，从而进一步改进实践方案。教师应引导学生分析成功和失败的原因，让学生学习如何改进实践方案，培养他们解决问题的能力和决策能力。

总的来说，创新与实践能力的培养是小学科学教育的重要任务。这不仅可以帮助学生深入理解和掌握科学知识，发展科学技能，而且可以培养他们的创新思维和实践精神，形成一种积极的学习态度和行为。同时，这也可以为他们的个人发展和未来社会生活提供重要支持。教育的目标不仅仅是传授知识，更重要的是培养学生的能力和品格，帮助他们形成一种对社会有用、对个人有益的生活方式和态度。在这个意义上，我们必须重视学生创新与实践能力的培养，将其作为小学科学教育的重要组成部分。

但我们必须明白，创新与实践能力的培养是一个长期、复杂的过程，需要我们不断努力。这不仅需要教师具备专业的知识和技能，而且需要他们具备敬业的精神和爱心，去关心每一个学生，理解他们的需求，引导他们的发展。同时，这也需要学生具备积极的学习态度和行为，主动探索，勇敢尝试，不断努力。只有这样，教师才能真正培养出具有创新与实践能力的学生，为社会的发展和进步做出贡献。

创新与实践能力的培养也需要整个社会的支持和参与。家庭、学校、社区、政府和社会各界都应该为学生的成长提供一个良好的环境，为他们的学习提供必要的资源，为他们的发展提供充足的机会。我们应该共同努力，携手合作，共同推动小学科学教育的改革和发展，培养出更多具有创新精神与实践能力的人才，以应对未来社会的挑战。

二、指导专业课程设置的原则

（一）以人才培养方案为导向

在小学科学教育过程中，以人才培养方案为导向是极其重要的。这一方向旨在确保所有的课程设计、教学活动和评估标准都紧密围绕培养学生的知识技能、思维方式、价值观念和创新实践能力。人才培养方案作为教育活动的灵魂和指南，引导着教师如何开展教学工作，实现预期的教育目标。

以人才培养方案为导向的教学强调在学生的学习过程中，关注和引导他们全面发展，而不仅仅是在某个或某些方面的发展。这包括对学生的知识和技能、思考和判断、价值观和态度，以及实践和创新能力等方面的全面关注和培养。

科学教育应注重培养学生的批判性思维、逻辑推理、实证分析等能力，让他们在掌握科学知识的同时，能理解和把握科学的思维方式和精神实质。这需要教师在课程设置和教学过程中，注重启发和引导，让学生通过实际操作和实践活动，体验科学探究的过程，感受科学的魅力。

教师也要引导学生形成正确的价值观，明确科学的社会功能和责任，关心科学与社会、科学与自然的关系，对科学和科学技术发展的影响有深刻理解和独立思考。这要求教师在教学活动中，注意培养学生的社会责任感，让他们在学习科学的同时，能理解和把握科学的社会价值和影响。

创新和实践是科学的生命，教师应通过多样化的教学手段和活动，激发学生的创新思维，培养他们解决问题和实践探究的能力。这不仅包括实验操作、科研项目等硬性实践活动，还包括思想讨论、案例分析、问题解决等软性实践活动。

（二）突出专业特色与实践性

在小学科学教育中，专业特色和实践性是两个必须强调和突出的重要方向。专业特色体现了学校或者专业对于科学教育的独特理解和实践，是教育活动中个性化和创新性的体现，也是吸引和培养学生的重要手段。实践性则凸显了科学教育的核心精神和价值，能够有效地帮助学生理解和掌握科学知识，培养他们的科学素养和能力。

专业特色的构建首先需要明确我们对于科学教育的理念和目标，这是指导和塑造特色的根本。在这个基础上，我们需要结合学校的资源条件、教师团队的特点和优势、学生的需求和期待等多方面因素，设计出符合情境、有特色、富有创意的课程体系和教学活动。同时，我们也要注重评价和反馈，持续优化和改进，使专业特色在实践中得到发展和深化。

实践性是科学教育的生命，应该在教学活动中充分体现和强化。这包括以实践活动为主体的教学设计，让学生有足够的机会参与到实验操作、科学探究、问题解决等实践过程中；包括以实践体验为依托的知识教学，让学生在实践中理解和掌握科学知识，体验科学的精神和乐趣；也包括以实践效果为标准的教学评价，关注学生的实践能力和素养，而不仅仅是关注他们的知识掌握程度。

（三）注重课程质量与效果

在开展小学科学教育时，课程质量和效果的重要性不言而喻。课程质量直接影响教学的有效性和学生的学习效果，是衡量教育质量的重要指标。而课程效果则是对课程实施结果的评价，是判断课程是否达成预期目标的关键。

课程质量的提高需围绕课程的目标、内容、教学方法、评价方式等诸多方面进行。目标明确是指对学生应达到的知识、技能、情感态度和价值观有清晰明确的要求。内容丰富是指课程涵盖科学教育所需的基础知识和核心概念，同时注重实际情境的联结，从而提升学生的实践应用能力。教学方法活化是指采用适合学生认知发展和学习需求的教学方法，促进学生的主动学习和深度学习。评价方式科学是指构建立体化、多元化的评价体系，既能有效反映学生的知识掌握程度，也能全面评价学生的技能、态度和价值观。

课程效果的关注则需要构建有效的评价体系和反馈机制。评价体系要以学生的实际学习效果为依据，充分考虑学生的知识掌握、技能运用、情感态度和价值观的变化，形成对学生全面、科学的评价。反馈机制要及时有效，能够为教师提供教学反馈，帮助他们理解学生的学习情况，调整教学策略，以促进课程的持续改进和学生的持续进步。

三、实施专业课程与人才培养方案的协同培养

（一）建立协同培养的机制

协同培养机制在小学科学教育专业人才培养中起着至关重要的作用。该机制使教学、实践与研究形成有机联结，既满足了学生的个性化学习需求，又有效提高了教育质量。当我们谈论协同培养机制的建立时，必须关注几个核心环节。

一个成功的协同培养机制需要积极推动教学资源的整合与共享。对此，构建专业课程库是一个有效的方法，通过整合各类课程的教学资源，使学生能够根据自身的学习需求和兴趣挑选适宜的课程。同时，为了充分利用现有资源并减少其浪费，我们还可以建立一个课程资源共享平台，使各类教学资源得到最大限度的利用。

为了提高教育质量，我们必须关注师生之间的互动与交流。定期举办学术研讨会和学习分享会是一种有效的方式，它能够强化师生间的互动，从而提升教学效果。同时，鼓励学生建立学习社群和进行合作学习也是促进师生交流的重要途径，它可以激发学生的主动性，提高学习效率。

实践活动是人才培养的关键环节，我们需要关注校内外实践活动的结合。校企合作可以为学生提供实习实训的机会，让学生有机会将所学知识应用于实践中，提高实践技能。同时，鼓励学生参与科研项目，进行创新研究也是一种重要的方法，它能有效提升学生的研究能力。

评价与反馈机制是协同培养机制的重要组成部分。我们需要构建全面、科学的评价体系，对学生的学习过程和学习成果进行评价，这样才能为教学改进提供有价值的反馈。另外，教师教学的评价同样重要，它可以激励教师不断提高教学质量，进而提高教育质量。

（二）实施协同培养的具体步骤

在小学科学教育中，我们追求的是如何更有效地为社会培养具备科学知识储备、批判性思维和创新实践能力的小学科学教育人才。为实现这一目标，实施协同培养策略是一个必然选择。协同培养是一个多元化，涵盖教学、研究和实践等多个层面的培养策略，它需要我们构建一种能够促进各方力量整合、调动多方资源、实现教育最大效益的环境。

明确目标是实施协同培养的基础。我们的目标是基于人才培养方案的要求，培养学生的科学知识储备、批判性思维和创新实践能力。明确的目标能为我们在协同培养过程中提供了方向和依据。

为了实现这一目标，我们需要构建一个协同培养的组织架构。该架构包括学院、课程组、科研团队等校内方面，以及校外的实习基地等。每个参与方都有自己的角色和职责，需要根据人才培养方案的要求制定相应的职责和工作计划。通过明确各方在协同培养中的角色和职责，每个人都明白自己要做什么，以及如何做，从而更好地推进协同培养工作。

教学资源的整合是实施协同培养的关键一环。我们可以通过建立课程库、教案库、案例库等方式，将现有的教学资源进行整合，以方便学生和教师查阅和使用。另外，随着互联网和数字化技术的发展，我们还可以通过建立线上学习平台，使学生随时随地进行学习。

协同教学是实施协同培养的核心环节。我们可以通过小组讨论、案例分析、模拟实验、实地实习等多种教学方法，使学生在不同的教学环境中获得全面的学习体验。同时，我们需要鼓励师生间的交流和互动，以提高教学效果。

实践活动的组织也是协同培养的一个重要环节。我们可以通过校企合作、课题研究等形式，提供丰富的实践机会，让学生有机会把课堂上学习的理论知识付诸实践，真正做到学以致用。除了校企合作、课题研究，我们也鼓励学生参与社区服务、科学普及等活动，让他们在实践中增强社会责任感，提高解决实际问题的能力。

评价与反馈是实施协同培养的最后一环，也是非常重要的一环。我们需要建立一个全面、科学的评价体系，通过多元化的评价方式，如考试、报告、实践成果、教师评价、同行评价等，全面评价学生的学习效果。这样不仅可以让学生知道自己的学习效果，也可以为我们提供教学改进的依据。

实施协同培养是一个系统的过程，包括目标的确立、组织架构的构建、教学资源的整合、协同教学的开展、实践活动的组织和评价与反馈等多个环节。每个环节都是相互关联、相互影响的，只有做好每个环节，才能真正实现协同培养的目标，为社会培养出更多优秀的小学科学教育人才。

实施协同培养既是一项重要的任务，也是一项严峻的挑战。我们需要明确目标，构建合理的组织架构，合理利用和整合教学资源，开展有效的协同教学，组织有意义的实践活动，建立科学的评价与反馈机制，只有这样，我们才能成功地实施协同培养，为社会培养出更多优秀的小学科学教育人才。

（三）评价协同培养的效果

评价协同培养的效果实质是评估整个协同培养体系是否达成预期的人才培养目标，包括培养学生的科学知识、技能、价值观、创新和实践能力等各方面目标。这一过程需要考虑的主要内容有协同培养体系的结构性能、功能性能和过程性能。

结构性能评价主要是对协同培养体系的组成要素，如协同培养的各方参与者、教学资源、课程体系等的评价。评价的指标包括协同培养参与者的数量、资质、活动的参与度等，教学资源的丰富程度、更新速度、利用率等，课程体系的结构合理性、覆盖面、针对性等。

功能性能评价主要是对协同培养体系的功能实现程度的评价，如培养目标的实现程度、教学效果、学生满意度等。评价的指标包括学生的学习成绩、技能掌握程度、创新成果、就业情况等，教学效果的反馈、教学满意度等。

过程性能评价主要是对协同培养体系的运行过程的评价，如协同培养的实施方案、实施过程、反馈机制等的评价。评价的指标包括实施方案的科学性、合理性、执行情况等，实施过程的平稳性、合作程度、问题解决能力等，反馈机制的及时性、有效性、改进作用等。

评价协同培养的效果不仅需要量化的指标评价，也需要定性的评价方法，如教师和学生的访谈、问卷调查等，以获取更全面、更深入的评价结果。同时，还需要建立持续的评价机制，定期进行评价，根据评价结果调整和改进协同培养的方案和实施过程，保证协同培养的持续有效性。

评价协同培养的效果旨在对教学行为、教学过程以及教学成果进行综合、多元化考察，进而为提高教育质量提供反馈和指导。具体来看，评价的内容应涵盖以下几个方面：

第一，对学生知识技能的掌握程度进行评价。具体来说，包括学生对小学科学知识的理解、应用以及科学思维能力的提升等。通过测试、问卷、面试、报告等方式收集数据，全面、准确地了解学生知识技能的掌握情况。

第二，对学生核心素养的提升进行评价。这主要指的是学生的科学素养、批判性思维、创新能力、实践能力等，可以通过观察、记录、访谈等形式，细致了解学生在这些方面的进步和变化。

第三，对协同教学活动的参与度和满意度进行评价。这需要通过问卷调查、访谈等方式，了解学生对各项教学活动的参与情况和满意程度，以此评估教学活动的实施效果。

第四，对教学环境和教学资源的利用情况进行评价。例如，可通过数据统计、观察记录等方式，评价课程资源、实验室设备、实训场地等教学资源的使用效率和使用效果。

第五，对协同培养模式的有效性进行评价。这主要依赖以上几个方面的综合评价，结合学生的学业成绩、升学情况、就业情况等具体数据，对协同培养模式的有效性进行评价。

第二节　实验室建设、实训场地建设的共享

一、实验室的规划与建设

（一）实验室的功能定位

实验室是小学科学教育中的重要环节，它为学生提供了观察现象、开展实验、获得数据、验证理论的场所。实验室的设立旨在通过亲身体验、实践操作，让学生更直观地理解和掌握科学知识。因此，实验室的功能定位包括学习空间、教学工具、科研场所和社会服务四个方面，应该贯穿教学、研究和社会服务中，以达到最优的教育效果。

实验室首先是一种学习空间，是引导学生接触科学、喜爱科学的环境。这个空间不仅为学生提供了丰富的学习资源，也是他们实践探索的场地。学生可以通过操作各种科学仪器，直观感受科学的魅力，满足他们对未知世界的好奇心。在这个过程中，学生可以加深对科学理论的理解，提高解决问题的能力，锻炼团队协作能力。

实验室也是教师进行教学的工具。教师可以运用实验室的设备和资源设计各种实验教学活动，如模拟实验、探究性实验等，让学生在动手操作中体验学习的乐趣，培养他们的观察力、思考力、创新力。另外，教师还可以借助实验室进行教学研究，探索更有效的教学方法，提高教学质量。

实验室还是学校进行科研活动的场所。通过各种科研项目，学校可以开展科学研究，推动科学发展。同时，学生也可以参与到科研活动中，实践科学方法，提高科研能力。实验室是联结学校与社会的桥梁，通过举办各种科普活动，可以向社区、家长等展示学生的学习成果，宣传科学知识，提高公众的科学素养。

实验室在功能定位上还需要考虑其可持续发展。一方面,要保持设备的更新,满足教学和科研的需求;另一方面,要注重实验室的管理,确保其安全、有效运行,为学生提供优质的学习环境。

（二）实验室的设备配置

实验室的设备配置直接影响实验室的功能发挥和教学效果。一套科学、合理的设备配置方案不仅可以满足学生的学习需求,帮助学生提升学习效果,还可以为教师的教学提供便利,帮助教师提高教学效率。

科学实验室的设备配置首先要根据教学目标和实验需求来确定。每一门科学课程都有其特定的实验内容和教学目标,设备的配置应以满足教学需求为前提。在具体配置时,要充分考虑学生的年龄特性和学习需求,选择合适的设备,以确保学生可以在安全、舒适的环境中进行实验学习。

实验室的设备配置除了要满足实验的基本需求,还应考虑实验室的整体规划和布局。合理的设备布局可以提高实验室的空间利用率,使实验操作更加流畅,同时有助于保障实验安全。例如,易燃易爆的实验物品应存放在安全的地方,易腐蚀的化学品应储存在通风、干燥的环境中,电源插座、消防设备等应设置在便于使用的位置。

科学实验室的设备配置也要考虑设备的易用性和维护性。设备尽可能简单易用,方便学生和教师操作。同时,设备也应易于维护和修理,以减少设备故障对教学的影响。

科学教育实验室在进行设备配置时,还需要考虑技术的更新和进步。科技发展日新月异,许多新的实验设备和技术不断涌现。因此,实验室在进行设备配置时,应有一定的前瞻性,及时更新和升级设备,做到与时俱进。

另外,实验室的设备配置还要符合节能环保的理念。要尽可能选择节能、环保的设备。使用设备时,也要注重节能环保,合理使用资源。

最后,实验室设备的配置还要考虑成本效益。在保证实验室功能和教学质量的前提下,要尽可能选择性价比高的设备,实现教育投入的最大化效益。

（三）实验室的管理与运行

实验室的管理与运行是实现教育目标的重要保障。实验室的管理与运行涉及实验室的人员管理、设备管理、实验教学管理以及实验室的安全等多个方面。实验室的良好管理和运行能够为实验教学提供有力的保障，从而提高实验教学效果，促进学生的学习进步，实现实验教育目标。

在人员管理方面，实验室应明确实验室人员的岗位职责，包括实验室主任、实验员、助教等各类人员的职责。实验室主任主要负责实验室的总体工作，实验员负责具体的实验工作，助教则主要协助教师进行教学工作。同时，实验室也要对实验室人员定期进行培训和考核，以提高实验室人员的业务能力和服务质量。

在设备管理方面，实验室要建立完善的设备管理制度，确保实验室设备的正常运行和使用寿命。这包括设备的采购、验收、保养、维修以及报废等各个环节。同时，实验室还要对实验设备定期进行检查和保养，及时发现和解决设备的问题。

在实验教学管理方面，实验室要制订科学的实验教学计划，安排合理的实验教学时间，以满足学生的学习需求。同时，实验室还要建立有效的实验教学质量监控机制，定期对实验教学进行评估和反馈，以提高实验教学质量。

在实验室安全方面，实验室要建立健全的安全管理制度，对实验室人员进行安全教育和培训，提高实验室人员的安全意识和安全操作技能。同时，实验室还要配备必要的安全设备，包括消防设备、急救设备等，并定期进行安全检查和演练，以确保实验室的安全。

此外，实验室的管理与运行还包括实验室的清洁、照明、通风等，以创造良好的实验环境。实验室还应定期开展实验室文化活动，以此增强实验室的凝聚力和向心力。

二、实训场地的规划与建设

（一）实训场地的功能定位

实训场地是进行实践性教学和研究的关键环节，它的功能定位直接影响教育活动的效果和质量。实训场地的功能定位应紧密结合教育目标，满足不同类型学生的学习需求，为学生提供多样化、立体化的学习体验。

实训场地应作为实践性学习的主要场所，使学生在实际环境中深入理解理论知识，并将其转化为实际操作能力。这是因为通过实际操作，学生可以更直观、更深刻地理解和掌握理论知识；同时，实际操作也可以锻炼学生的动手能力，培养学生的实践技能。

实训场地应作为培养学生创新精神和实践能力的重要平台。在实训场地中，学生可以开展各种科研活动，如科研项目、创新实验、设计比赛等，这些活动不仅能锻炼学生独立思考的能力、解决问题的能力，还能培养其创新精神和团队协作精神。

实训场地还应具备一定的开放性和灵活性，以便适应不断变化的教学需求和学生的学习需求。实训场地应具有多功能性，既能满足普通的教学需求，又能满足各种特殊的教学需求，如项目实践、竞赛训练等。此外，实训场地的设备和设施应具备一定的可更新性和可扩展性，以便适应新的教学技术和教学方法。

除此之外，实训场地还应成为推动校企合作、促进教学研究和社会服务相结合的重要场所。学校可以通过与企业的合作，将实训场地打造成校企共建的实践教学基地，引入企业的先进技术和设备，使学生在接触行业前沿的同时，提升技能水平。

（二）实训场地的设备配置

实训场地的设备配置是构建高质量实践教学环境的关键。实训场地的设备配置是一个需要综合考虑教学目标、学生需求、科技发展、操作安全等多个因素的过程。配置的设备需要支持各种教学活动，并且能够提供丰富、有挑战性的实践机会，以便学生理解和掌握关键科学概念，提高解决问题的技能。在配置过程中，教育者需要关注设备的质量和功能，以提供一个能够支持多元化、深度化、前沿化的实践学习环境。

实训场地的设备配置应以科学教育目标为指导。对于小学科学教育，实训场地应能激发学生对科学的兴趣，培养其探究精神，发展其批判性思考能力，增进团队合作技能等。因此，设备的选择应尽可能多样化、实用性强，以满足学生不同的学习需求。例如，实训场地应配置能够展示科学原理、鼓励学生自我探究的实验设备，以及能够支持学生进行团队合作、独立思考的科学实验材料和工具。

此外，设备的配置还需要考虑不断变化的科技环境和教育需求。为了保持教学内容的前沿性和教学方法的现代性，实训场地的设备应具有一定的可扩展性和可更新性。当新的科学概念或新的教学技术出现时，应及时更新或增加相应的设备。例如，将虚拟现实（VR）、增强现实（AR）等新技术引入实训场地，为学生提供更生动、更贴近现实的学习体验。

同时，实训场地的设备配置还需要考虑操作的安全性和易用性。对于小学生来说，安全性是必须考虑的要素。实训所选用的设备应在保证教学效果的同时，尽可能地简单、易操作、安全。此外，为了确保设备的正常运行和长期使用，还需要配置相应的维护和管理设备，如定期清理和维修设备的工具。

（三）实训场地的管理与运行

实训场地的管理与运行是确保设备有效使用、维护教学质量、保障学生安全的关键环节。在这一过程中，需要考虑教育目标、场地的设备特性、学生的需求、安全规则等多个因素。

对于小学科学教育，实训场地不仅是进行科学实验和探究的场所，也是培养学生团队协作、批判性思维、解决问题能力的平台。因此，实训场地的管理与运行应以支持学生学习和发展为核心，为其提供适宜、有挑战性的学习环境。为了实现这一目标，教育者可以设计一系列有序、灵活的教学活动，如自我探究、小组讨论、实验演示等，并根据学生的反馈和学习进度，调整教学活动的内容和形式。

　　另外，实训场地的设备管理至关重要。考虑到小学科学教育的特点，设备的管理应注重安全性和易用性。对于各种设备，应定期进行检查、维护和更新，以保证设备的正常运行。同时，需要确保学生在使用设备时，了解和遵守相应的操作规则和安全规范，防止安全事故的发生。

　　实训场地的管理还涉及资源的有效利用和公平分配。实训场地的资源包括设备、时间、教师等，管理者需要在保证教学质量的同时，尽可能地满足不同学生和教师的需求。为了实现这一目标，可以制定明确、公正、灵活的资源分配规则，比如根据学生的学习进度和兴趣，合理安排实验设备和时间。

三、实验室与实训场地的共享策略

（一）共享原则与机制

　　实验室与实训场地的共享策略是有效利用教学资源的重要手段。通过共享可以实现资源的最大化利用，提高教学效率，同时有助于培养学生合作与共享的精神。实验室与实训场地的共享策略涉及共享原则与机制，以下将对这两个方面进行详细阐述：

　　共享原则是指导共享活动的基本准则。在实验室与实训场地的共享中，应遵循以下几个主要原则：

　　第一，公平性原则。所有的学生和教师都应有公平的机会使用实验室和实训场地。无论是基于教学需求的设备使用，还是基于兴趣的自主探索，都应在确保公平的前提下进行。

　　第二，安全性原则。实验室与实训场地内存在许多安全隐患，在共享过程中，必须始终保证学生和教师的安全。这包括但不限于规定和执行严格的安全规定、提供必要的安全设备和培训、及时维护和检查设备等。

　　第三，高效性原则。实验室与实训场地的共享应以提高使用效率为目标。这要求相关人员合理安排设备和场地的使用时间，避免资源的浪费，同时避免过度使用导致设备疲劳或损坏。

至于共享机制，是为了实现共享原则而设立的具体运行规则和制度。在实验室与实训场地的共享中，主要包括预约制度、使用登记、时间分配规则、安全培训、设备维护规定等。共享机制的设计和执行既需要教育者的深思熟虑和刻意管理，又需要学生和教师的配合和支持。在实际操作中，应灵活调整和改进共享机制，以适应教学需求和实际情况。

（二）共享实施的方法

在实施实验室与实训场地共享策略时，我们需要将理论与实践相结合，设计和执行一套适合自身条件、满足教学需求的共享方法。以下几点可供参考：

1. 制定明确的使用规则

所有实验室与实训场地的使用者应清楚地了解场地设备的使用规则。这些规则应包括但不限于设备操作方法、安全注意事项、预约使用程序、设备保养和清理规定等。每个使用者都应接受规则培训，并在每次使用前进行复查。

2. 实施预约制度

通过电子预约系统，教师和学生可以提前预约实验室和实训场地。这样既可以有效地管理和分配场地资源，避免产生使用冲突，又可以让使用者根据自身的教学或学习计划提前做好准备。

3. 建立反馈机制

实验室与实训场地的管理者应定期收集教师和学生的使用反馈，以便了解设备使用情况、检查设备性能，发现并解决问题。反馈信息可以通过电子邮件、调查问卷、面对面讨论等方式收集。

4. 搭建共享平台

借助现代信息技术，搭建一个共享平台，实时更新设备和场地的使用情况，提供预约服务，发布相关信息和通知，收集反馈意见。这样不仅方便了教师和学生的使用，也为实验室与实训场地的管理提供了有效的工具。

5. 提供专业指导

对于复杂的设备或特殊的实验操作，需要有专业人员提供现场指导和帮助。通过专业指导，确保设备的正常使用，提高实验的效率和质量，同时防止由于操作不当导致设备损坏或安全事故发生。

6. 创新共享方式

除了传统的实验室与实训场地共享，还可以尝试其他共享方式。例如，搭建虚拟实验室，通过网络使更多学生参与实验；或者建立校际合作机制，实现学校间的实验室与实训场地共享。

（三）共享效果的评估

评估实验室与实训场地共享策略的效果是持续改进和提升共享效率的关键。评估不仅能够揭示共享策略的优点和局限性，还能为进一步优化提供依据。以下提供了一个详细的评估方法：

共享效果的评估首先应基于明确的评估指标。这些指标包括但不限于设备的使用率、使用者满意度、实验完成质量、预约及使用流程的便捷程度、设备故障的处理效率等。这些指标应反映出实验室和实训场地共享策略的实际运行状况和效果。

对于设备使用率，可以通过设备的使用记录进行统计。如果设备使用率较高，则说明共享策略正在发挥作用；反之，则可能需要进一步分析原因并调整共享策略。使用者满意度可以通过问卷调查或面对面采访等方式获取，从使用者的角度反映共享策略的优劣。

实验完成质量的评估需要结合实际的实验结果。这一指标既可以反映出设备的性能和使用条件，也可以反映出学生的实验技能和能力。预约及使用流程的便捷程度通过用户反馈或者管理员的实地考察来获取，这一指标反映了共享系统的用户友好性。设备故障的处理效率则涉及设备的维护管理，这一指标可以通过设备维修记录进行分析。

在评估指标的基础上，还需要设计具体的评估方法。比如，定期进行评估，如每学期或每年一次；通过独立的评估团队进行评估，以保证评估的公正性和准确性；采用定性和定量相结合的方法进行评估，既考虑数据分析的结果，也注重用户的主观感受。

评估结果可以用于指导共享策略的改进。根据评估结果，我们找出共享策略的短板，有针对性地进行改进。如果发现预约流程不够便捷，可以优化预约系统；如果发现某些设备使用率低，可以分析原因并进行相应的调整。

第三节　课程资源建设与教学案例的共享

一、课程资源建设

（一）课程资源的类型与特性

课程资源建设是为了提供学生丰富、多元、高质量的学习资源，以提高课程的吸引力和教学效果。了解和考虑课程资源的类型与特性对于有效的资源建设至关重要。

文本资源是一类重要的课程资源。教科书、参考书、论文和研究报告等文字材料可以提供系统和深入的知识，帮助学生理解和掌握课程内容。文字材料应当清晰准确，语言简明易懂，能够引导学生进行深入思考和分析。

图像资源在课程资源中具有重要作用。图片、图表和图解等图像资源通过视觉元素直观地呈现知识，帮助学生更好地理解抽象概念和关系。图像资源应当清晰明了，信息准确，能够激发学生的兴趣和好奇心。

音频资源是另一类有益的课程资源。音频讲座、音乐和语音讲解等资源通过声音传递知识，适合学生进行听觉学习和倾听。音频资源应当清晰可辨，语速适中，内容丰富有趣，能够引起学生的思考和共鸣。

视频资源则具有很强的直观性和互动性。视频讲座、实验演示和动画等资源通过视听元素展示知识，能够更好地吸引学生的注意力和参与度。视频资源应当内容精彩生动，制作精良，符合学生的视听习惯和喜好。

此外，互动资源对学生的参与和互动至关重要。在线讨论、问答和测验等互动资源可以激发学生的思维，帮助他们巩固和应用所学知识。互动资源应当设置合适的问题和挑战，鼓励学生积极参与，并表达自己的理解和思考。

课程资源的特性应予以重视。丰富性是指课程资源应涵盖课程内容的各个方面，形式多样，以满足不同学生的学习需求和偏好；可访问性是指资源应便于学生获取和使用，包括提供便捷的访问渠道和适应不同设备和网络条件的资源格式；可理解性要求资源符合学生的认知水平和理解能力，讲解详细，例证生动，容易理解；更新性要求资源跟随课程内容和学科发展的步伐进行更新，保持知识的时效性；可评价性是指资源应有利于教师评价学生的学习效果，如提供测验题目、收集学生反馈等。

（二）开发教学资料

开发教学资料是教学活动中的重要步骤，其目的是提供高质量的学习内容，辅助教师教学，促进学生学习。开发教学资料需要基于对课程目标、教学内容、教学方法、学生特性的深入理解，通过设计、开发、评估等环节，整理出能满足教学需求的资料。

在课程教学过程中，教学资料的开发需要明确资料的功能和目标。教学资料既可以作为教学内容的载体，为学生提供学习的内容，也可以作为教学活动的工具，辅助教师进行教学设计、组织教学活动、评价学生的学习效果。

具体来说，开发教学资料的步骤和要点主要包括以下几个方面：

（1）明确教学内容。根据课程目标和教学大纲，明确教学资料需要包含的知识点和学习内容，考虑知识点的逻辑关系和层次结构，确定内容的排布和顺序。

（2）选择合适的媒体。根据教学内容和学生特性，选择合适的媒体形式，如文本、图像、音频、视频、动画等，以此为基础进行教学资料的设计和开发。

（3）设计教学活动。根据教学内容和教学方法，设计相关的教学活动，如讲解、示范、讨论、实验、练习等，并将这些活动融入教学资料中，以引导和激发学生的学习兴趣与积极性。

（4）开发教学资料。根据上述步骤，具体开发教学资料。在开发过程中，需要注意资料的可理解性、可操作性和吸引力，使之既能清晰地传递教学内容，又能吸引学生的注意力，激发学生的学习兴趣。

（5）评估和反馈。开发完成后，对教学资料进行评估，检查资料的质量和效果，收集教师和学生的反馈意见，以便对资料进行修订和改进。

（三）制作多媒体教学资源

制作多媒体教学资源是教学资源开发的重要环节，利用多媒体技术可以充分发挥教学资源的丰富性和动态性，提高教学的效果和质量。

制作多媒体教学资源的关键在于整合不同类型的媒体（包括文本、图像、声音、视频和动画等），以创建高质量的教学材料。这些材料不仅能增强学生的学习兴趣，还能满足他们的个性化学习需求，从而提升学习效果。

多媒体教学资源的创建应注重以下几个方面：

（1）内容的专业性和准确性。内容是多媒体教学资源的核心，首先应保证内容的专业性和准确性。教学资源的制作应基于严谨的学科知识，以确保学生获取的信息是准确无误的。

（2）媒体选择与设计。不同类型的媒体有各自的优势和适用范围。例如，图像可以清晰直观地展示事物的形态和结构，声音可以形象地展示语言和音乐的特点，动画可以动态地展示过程和变化，而文本可以详细地解释和描述知识与信息。因此，制作多媒体教学资源时，应根据教学内容的特性和学生的学习需求，合理选择和设计媒体。

（3）互动性设计。互动性是多媒体教学资源的重要特性之一。通过设置互动环节，如问答、讨论、实验、游戏等，可以激发学生的学习兴趣，提高他们的学习动机，促进他们主动学习。

（4）技术的应用。在制作多媒体教学资源时，需要运用相关的技术，如图像处理、音频编辑、视频剪辑、动画制作、编程等。这些技术能提高教学资源的质量和效果，但同时需要具备一定的技术知识和技能。

（5）效果的评价。制作完成后，需要对多媒体教学资源进行评价，检查其质量和效果，如内容的准确性和适宜性、媒体的有效性和吸引力、互动的合理性和有效性等。评价结果可以为教学资源的修订和改进提供依据。

（6）反思与改进。在使用多媒体教学资源过程中，应进行反思，收集教师和学生的反馈，根据实际效果对教学资源进行调整和改进，使之更好地服务教学。

通过制作多媒体教学资源，我们可以将复杂的学科知识转化为生动有趣的学习材料，为学生提供丰富、多样、具有高度互动性的学习环境，帮助他们更好地理解和掌握知识，提高他们的学习效果和兴趣。

（四）创建在线学习平台

在21世纪的教育环境中，科技的应用为教育实践带来了新的可能性。其中，网络技术的发展尤为重要，它使教育活动的地域限制得以突破，提供了异步学习的可能，为个性化教育的实施开启了新篇章。在这个背景下，在线学习平台的创建显得尤为重要。尤其对小学科学教育这样富含实验操作与观察探究的学科，提供一个科技化、便利化的环境对人才的培养有着深远影响。

创建在线学习平台的首要工作就是明确平台的目标与功能定位。以小学科学教育为例，我们要关注的核心包括：①提供一个方便学生自我学习、探究、交流的环境；②提供一个便于教师教学设计、课程实施、教学反馈的工具；③提供一个丰富科学教育资源、促进教学共享的平台。明确了功能定位，就明确了技术需求，包括平台的交互设计、数据库建设、用户权限设计等。

然而，一个成功的在线学习平台并不仅仅是技术的堆砌，更重要的是用户体验与使用需求。因此，创建在线学习平台的过程需要深度参与用户，聆听他们的声音，理解他们的需求，尽可能地减小使用难度，提高使用效果。在使用过程中，持续收集用户反馈，对平台进行优化迭代，使其能够更好地服务小学科学教育人才培养。

在线学习平台的创建还需要考虑教学活动的多元性。教学活动不仅仅是知识的传递，更是教师与学生、学生与学生之间交流互动的过程，是学生思考、探究、实践的过程。因此，平台需要提供多种交流互动工具，支持多种教学设计，提供多种评价方式，从而满足教学活动的多元性。

最后，我们还需要思考如何将科技与教育深度融合，利用科技提高教育的效果与质量。例如，通过大数据技术，我们可以对学生的学习数据进行深度挖掘，以此了解学生的学习情况，优化教学设计；通过人工智能技术，我们可以开发个性化学习推荐系统，提高学生的学习效果；通过区块链技术，我们可以建立学习成果的认证体系，提升教育的公平性与公正性。

（五）课程资源的评价与更新

在小学科学教育人才培养中，课程资源是重要的组成部分，包括教材、教学设计、学习活动、教学工具等。这些资源为教学活动提供了基础的素材和工具，决定了教学活动的开展和效果。因此，对课程资源的评价与更新是保障教育质量的重要环节。

评价课程资源需要明确评价的指标与方法。评价指标可以从课程资源的内容质量、形式创新、适用性等方面考虑。内容质量包括知识的科学性、时效性、全面性等；形式创新包括设计的新颖性、互动性、趣味性等；适用性包括资源的可用性、灵活性、普遍性等。评价方法则可采取专家评审、用户反馈、数据分析等方式进行多元化、全面性评价。

课程资源的更新是一个持续性过程，需要结合教育实践、科学研究、技术发展等因素进行。其中，教育实践提供了对课程资源效果的直接反馈，可以指导课程资源的修改与优化；科学研究提供了对课程资源理论基础的新的认识，可以指导课程资源的深度改造；技术发展提供了对课程资源形式与功能的新的可能，可以指导课程资源的形式创新。

对于小学科学教育来说，科学是一个持续发展的领域，新的科学发现、科学观点会不断出现；同时，新的教育理念、教学方法也会不断涌现。因此，小学科学课程资源需要不断更新，以适应科学发展与教育变化的需求；同时，更新过程还需要关注学生的需求变化，因为学生是课程资源的主要用户，他们的需求变化直接影响课程资源的适用性。

在课程资源的评价与更新过程中，还需要注重课程资源的共享与开放。资源共享可以减少资源的重复开发，提高资源的使用效率；资源开放可以促进资源质量的提高，扩大资源的影响力。因此，我们需要建立课程资源共享平台，推行课程资源的开放策略，激发全社会的创新力量，共同推动小学科学教育人才培养的进步。

二、教学案例的构建

（一）共享原则

教学案例是教师在教学中遇到的具有代表性的情况或问题的描述，是师生互动、教学反思的重要基础。它能够反映教学的实际情况，促进教师对教学的深入理解和反思，帮助教师不断提高教学质量。教学案例在小学科学教育人才培养中扮演着重要角色。

在教学案例的共享中，我们需要遵循开放和透明原则、质量优先原则、用户中心原则、持续更新原则。这些原则不仅有助于实现教学案例的有效共享，也符合小学科学教育人才培养的目标和要求。

（1）开放和透明原则。我们需要建立一个开放的平台，让所有的教师都可以上传和下载教学案例。在上传案例时，需要教师对案例进行详细的描述，包括案例的背景、问题、解决方案等，让其他教师能够清楚地理解案例的情况。同时，也需要教师对案例的使用情况进行跟踪和反馈，以便进行案例的更新和改进。

（2）质量优先原则。我们需要对上传的案例进行严格的审核，确保案例的质量。这包括案例的科学性、教育性、实用性等。科学性主要看案例是否符合科学的原理和方法，教育性主要看案例是否符合教育目标和原则，实用性主要看案例在实际教学中的应用效果。只有高质量的案例才能真正帮助教师提高教学水平，促进小学科学教育人才的培养。

（3）用户中心原则。我们需要关注用户的需求和反馈，以满足用户的需求为目标，为用户提供个性化服务。这包括为用户提供方便的搜索和下载功能、为用户提供个性化的推荐服务和及时的技术支持等。

（4）持续更新原则。教学是一个不断发展的过程，新的教学理念、教学方法、教学技术会不断出现。因此，教学案例也需要不断更新，以适应教学发展。在更新过程中，我们需要关注教育研究的新成果、教学实践的新经验、技术发展的新可能，以便及时更新和改进教学案例。

（二）收集教学案例

教学案例的收集是小学科学教育专业人才培养中一项至关重要的任务。高质量的教学案例不仅可以引导学生深入理解科学教育的理论与实践，还可以激发他们对于科学教育的热情与兴趣，提高他们的实践能力和创新思维。

小学科学教育教学案例的收集并非随意或者无章可循，而是需要基于科学的方法论和具体的实践需求，通过一系列有序、系统的操作进行。在收集教学案例时，需要考虑以下几个方面：

（1）明确收集目标。作为一项工作的起点，明确教学案例的收集目标极为重要。收集目标与小学科学教育专业的人才培养目标紧密相连，比如，我们是否希望案例能展现最新的科学教育理念，或者反映某一特定教学方法的应用，或者揭示科学教育中的常见问题及其解决方案。这些目标将会直接影响案例的选择与使用。

（2）采用多元化的案例来源。在收集教学案例时，我们需要考虑多元化的来源。包括在实际教学环境中收集案例，这些案例能够体现教学实践中的真实情况；另外，也可以从学术论文、专著、教育报告等文献中收集案例，这些案例能够体现科学教育研究的最新成果。

（3）重视案例的科学性与教育性。收集的教学案例既要具有科学性，又要具有教育性。科学性主要是指案例是否能反映科学教育的原理和方法、是否符合科学的客观规律；教育性主要是指案例是否能达成预期的教育目标、是否能引导学生进行有效学习。

（4）搭建科学的案例库。案例收集的最终目标是搭建科学的案例库，为小学科学教育专业的教学和研究提供支持。案例库应当具有良好的分类系统，方便用户搜索和查阅。同时，案例库也需要定期更新，以适应教育的发展和变化。

（5）实施有效的案例评审。为保证案例的质量，需要实施有效的案例评审。这既包括对案例内容的评审，确保其科学性和教育性，也包括对案例使用效果的评审，确保其在教学中的实用性。

收集教学案例的工作涉及多个环节，每个环节都需要我们严谨对待，科学操作。只有这样，我们收集的教学案例才能真正服务小学科学教育，为培养出具有创新精神和实践能力的优秀人才提供强有力的支持。

（三）编辑和整理教学案例

编辑和整理教学案例是小学科学教育专业人才培养体系的重要环节，它是将收集的教学案例转化为有效教学资源的关键步骤。一个好的教学案例不仅要有生动的教学情境和启发性的教学问题，还需要有科学的教学设计和合理的教学反思。因此，编辑和整理教学案例并不仅仅是对案例内容的复制和搬运，更是对教学情境的深化、对教学问题的探索，对教学设计的创新、对教学反思的提炼。

在编辑和整理教学案例的过程中，教师要特别注意以下几个方面：

（1）案例的真实性。教学案例的真实性是其基础，它保证了案例的教学情境与实际教学紧密相连，使得学生能够在真实的教学情境中学习。因此，教师在编辑教学案例时，要尽量保持案例的原貌，避免对教学情境进行过多的修饰和美化。

（2）案例的启发性。好的教学案例应该具有启发性，能够引导学生进行深层次思考。教师在编辑教学案例时，要注意设置启发性的教学问题，激发学生的思考欲望。同时，也可以在案例中设置教学难点，引导学生挖掘和研究。

（3）案例的科学性。教学案例的科学性主要体现在教学设计上，教学设计应该遵循教学规律，符合学生的认知规律。教师在整理教学案例时，要对教学设计进行科学的分析和解构，确保可以清楚地展示教学目标、过程和方法。

（4）案例的教育性。教学案例的教育性主要体现在教学反思上，教学反思既是对教学实践的总结和提炼，又是对教学经验的升华和创新。教师在整理教学案例时，要尽可能挖掘教学反思，展示教学的启示和意义。

编辑和整理教学案例既是对教学实践的深化，又是对教学理论的落地，更是对小学科学教育专业人才培养的服务。教师要始终坚持以人才培养为中心，精心编辑和整理教学案例，努力为小学科学教育的发展做出积极的贡献。

（四）共享教学案例资源

共享教学案例资源是现代教育发展的重要趋势。共享教学案例资源能够打破教育资源限制，促进教学方法的交流和创新，也有利于实现小学科学教育的个性化和多元化。

教学案例的共享需要建立在平台基础上。这个平台既可以是学校的教育网站，也可以是专门的教学资源共享网站，还可以是社区或者社交媒体等现代通信工具。平台应该提供方便的上传和下载功能，鼓励教师上传自己的教学案例，也方便教师下载和使用其他教师的教学案例。

教学案例的共享需要有明确的规则。比如，上传的教学案例需要有明确的版权声明，确保案例的原创性和使用的合法性。另外，教学案例需要有明确的分类和标签，方便教师根据教学需要查找和使用。

教学案例的共享需要有活动的推动。既可以通过举办教学案例大赛，或者设立教学案例奖励，鼓励和推动教师参与教学案例的共享，也可以通过定期的教学研讨会或者教研活动，促进教师之间的交流和分享。

教学案例的共享需要有相应机制的保障。这既需要有专门的团队进行教学案例的审核和管理，确保教学案例的质量和可用性，也需要有一定的经费投入，保证平台的正常运行和活动的顺利开展。

（五）评估和反馈教学案例的使用效果

教学案例使用效果的评估与反馈是提高教学质量和教学效果的关键步骤。这不仅能够促进教师的教学实践，提高教学效率，还能为教学资源共享提供重要的数据支持。

评估教学案例的使用效果可以采用多种方法。包括教师自我评估、学生反馈、专家评审以及数据分析等。其中，教师自我评估可以通过教师的反思和总结，对教学案例的实际使用效果进行客观评价。学生反馈是获取教学效果的直接方式，可以通过问卷、面谈或在线反馈等方式获取。专家评审则可以从专业角度出发，对教学案例的使用效果进行深入分析。数据分析可以通过收集和分析教学活动中的各种数据，如学生的学习进度、学习成绩、学习行为等，对教学案例的使用效果进行量化评估。

对于评估结果的反馈应该及时提供给教师，以便他们了解教学案例的实际效果，调整和优化教学方法。此外，还应该反馈给教学资源共享平台，以便平台对优秀的教学案例进行推广，对不合适的教学案例进行调整或淘汰，从而提高教学资源的整体质量。

第八章　小学科学教育专业师范生的
实习与实践

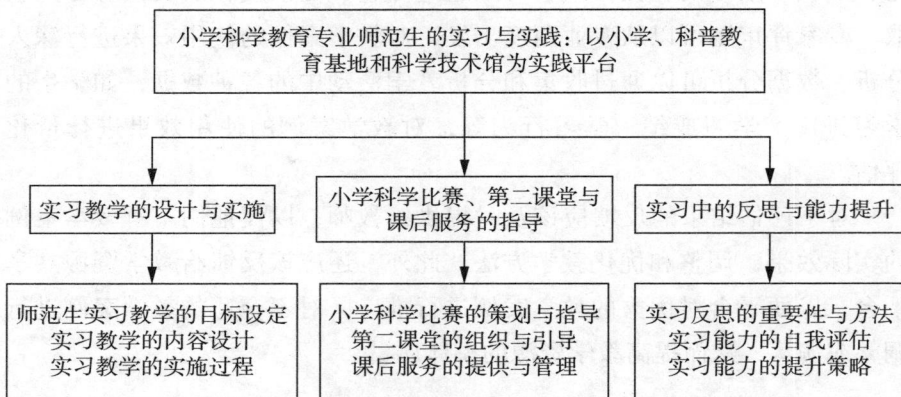

```
┌─────────────────────────────────────────────┐
│ 小学科学教育专业师范生的实习与实践：以小学、科普教  │
│ 育基地和科学技术馆为实践平台                      │
└─────────────────────────────────────────────┘
```

```
┌──────────────────┐  ┌──────────────────┐  ┌──────────────────┐
│ 实习教学的设计与实施 │  │ 小学科学比赛、第二课堂与 │  │ 实习中的反思与能力提升 │
│                  │  │ 课后服务的指导        │  │                  │
└──────────────────┘  └──────────────────┘  └──────────────────┘
```

```
┌──────────────────┐  ┌──────────────────┐  ┌──────────────────┐
│ 师范生实习教学的目标设定 │  │ 小学科学比赛的策划与指导 │  │ 实习反思的重要性与方法 │
│ 实习教学的内容设计     │  │ 第二课堂的组织与引导    │  │ 实习能力的自我评估    │
│ 实习教学的实施过程     │  │ 课后服务的提供与管理    │  │ 实习能力的提升策略    │
└──────────────────┘  └──────────────────┘  └──────────────────┘
```

第一节　实习教学的设计与实施

一、师范生实习教学的目标设定

（一）教学技能的提升

　　教学技能是指教师在教学过程中，通过课堂教学、辅导、评价等方式实现教育目标的技能。这是一个涵盖面比较广泛的概念，包括教学设计、教学实施、教学评价等多个方面。对于小学科学教育专业的师范生来说，提高教学技能是他们在教育实践过程中的首要任务。

教学技能的提升不仅要求师范生具备扎实的科学知识基础，还需要他们具有丰富的教学实践经验。因此，教学技能的提升过程实际上是一个融合理论与实践的过程。

在理论学习方面，我们应该在师范生的培养过程中，引导他们学习和理解现代教学理论，包括教学设计理论、教学评价理论、学习心理学等。通过理论学习，师范生可以了解教学过程中的各种因素以及这些因素如何影响学生的学习效果。同时，他们也可以学会如何通过改变教学方式和方法，优化教学过程，提高教学效果。

在实践经验方面，我们应该为师范生提供丰富的教学实践机会，包括课堂教学、课外辅导、教学设计等。通过实践，师范生可以将理论知识运用于具体的教学过程中，从而提高教学技能。同时，通过反馈和评价，师范生也可以了解自己的教学效果，找出教学中的问题，及时调整和优化教学方法。

除此之外，我们还应该培养师范生的自我反思能力。教学是一个复杂的过程，不可能一蹴而就。只有通过反思，才能使师范生不断发现和解决问题，从而提高自己的教学技能。

（二）职业素养的增强

职业素养是指个体在职业生涯中表现出来的工作态度、职业道德、职业技能等方面的整体素质。对于小学科学教育专业的师范生来说，职业素养的增强不仅是教师生涯成功的关键，也是他们影响学生发展、引领社会进步的基础。

职业素养的增强需要我们从多个角度出发，一方面，我们需要在教育培养过程中注重师范生的道德素养培养。教师是学生的引导者和模范，教师的道德素养直接影响着学生的道德发展。因此，我们应通过道德教育课程、师范生的社会实践活动等多种方式，帮助师范生树立正确的职业道德观，增强他们的职业道德素养。另一方面，我们需要注重师范生的专业素养培养。专业素养主要包括科学知识水平、教学技能水平等。通过设计和实施科学的专业课程体系，我们可以帮助师范生夯实他们的专业知识基础，提高他们的教学技能水平。同时，我们还应通过教学实习、教学研讨等活动，帮助师范生了解和掌握教育教学的最新理论和方法，提高他们的专业素养。

此外，我们还需要注重师范生的心理素养培养。心理素养主要包括心理健康状况、情绪管理能力、压力应对能力等方面。我们应通过心理健康教育课程、心理咨询服务等方式，帮助师范生了解和认识自己的心理状态，提高他们的情绪管理能力和压力应对能力。

（三）教育理念的树立

教育理念是教育活动的指导思想，体现了教育者对教育目的、过程、内容和方法的基本看法和信念。对于小学科学教育专业的师范生而言，树立正确的教育理念既是他们实习教学目标的重要组成部分，也是他们未来成为优秀教育工作者的基础。

理想的教育理念应包括以下几个方面：

一是以学生为中心的教育观念。学生是教育的主体，每个学生都是独特的，他们的兴趣、才能和学习方式各不相同。因此，教师应认识到每个学生的差异，尊重他们的个性，以学生的需求和利益为出发点，设计和实施教育活动。

二是终身学习的教育观念。在知识日益更新的今天，教育的目标不仅仅是传授知识，更重要的是培养学生的学习能力，帮助他们形成终身学习的习惯。因此，教师应以引导学生探索、研究和解决问题的方式进行教学，培养他们独立思考和自主学习的能力。

三是合作与交流的教育观念。当今时代，合作和交流成了获取和创新知识的重要方式。因此，教师应引导学生参加合作学习和交流活动，帮助他们学会与他人合作、学会表达和交流自己的想法。

四是以社会需求为导向的教育观念。教育的最终目标是为社会服务，为社会发展做出贡献。因此，教师应关注社会需求，结合社会的发展趋势，设计和实施教育活动。

以上教育理念的树立对于小学科学教育专业的师范生来说，不仅有助于他们理解和把握教育的本质与目标，也可以为他们的未来教师生涯提供重要的指导和支持。

二、实习教学的内容设计

（一）根据目标设定实习内容

设定实习内容是实习教学设计中的关键一环。实习内容应与目标设定紧密相连，它既是实现目标的手段，也是对目标实现效果的直接展现。在小学科学教育专业的师范生实习教学中，根据笔者前文提出的提升教学技能、增强职业素养、树立教育理念等目标，设计相应的实习内容，以期通过实习活动使学生实现所设定的目标。[①]

以提升教学技能为目标，设计实习内容时，可以让师范生参与教案设计、课件制作、课堂教学、评价反馈等具体的教学活动，以提高他们的教学设计能力、课堂组织能力、评价反馈能力等关键教学技能。

以增强职业素养为目标，设计实习内容时，应该让师范生了解和体验教师角色、职业行为规范、教师伦理道德、学校文化等方面的活动，如参与学校教育教学会议、教师团队建设活动、学校社区服务活动等，以提高他们的职业认同感和职业责任感。

以树立教育理念为目标，设计实习内容时，可以让师范生观摩具有先进教育理念的教师的教学活动，参与教育研究活动，开展教育实践活动，以引导他们深入思考教育的目的、方法和效果，从而树立正确的教育理念。

通过以上实习内容的设定，师范生在实际教育教学活动中，不断地反思和实践，从而达成提升教学技能、增强职业素养、树立教育理念的目标。

---

① 陈轩.小学科学教育专业课程的设计思路 [J].常州师范专科学校学报，2004（3）：79-83.

（二）实习内容的结构化设计

设计师范生实习的内容不仅要求目标明确，而且需要适当地对其进行结构化设计，以便其能够系统地、连续地进行实习活动。在进行结构化设计过程中，重要的是厘清实习内容的逻辑关系、时间顺序和空间布局，以便形成一条完整的、有机的实习活动链条。

实习内容的结构化设计可以从以下几个方面进行：

（1）时间结构设计。考虑实习内容的执行顺序和执行时长。例如，在实习初期，应初步接触和了解学校环境、教师团队、教学内容的活动，然后逐步进行教案设计、课堂教学、学生评价等实习活动。

（2）空间结构设计。考虑实习活动在学校中的空间布局，如在教室、实验室、图书馆等不同的空间进行不同的实习活动，以体验不同的教育环境和教育场景。

（3）逻辑结构设计。考虑实习活动的内在逻辑关系。例如，教案设计应在课堂教学之前，学生评价应在课堂教学之后，这样才能体现出教学活动的正常逻辑关系。

（4）复杂度结构设计。考虑实习内容的难易程度和复杂性。一般来说，应从简单到复杂、从易到难，让师范生逐步熟悉和掌握教学技能。

实习内容的结构化设计旨在帮助师范生更好地理解和把握实习活动的整体脉络，以提高实习的效率和效果。同时，结构化设计也是对实习活动进行管理和控制的重要手段，有助于确保实习活动的顺利进行。

（三）针对实习内容的具体规划

针对实习内容的具体规划是师范生实习的关键环节，是把抽象的实习目标转化为具体的实习任务，把整体的实习内容细化为一项项具体的实习活动。这一过程需要师范生和指导教师共同参与，需要科学的教育理念、教育方法和教育技能。

在规划实习内容时，重要的是明确实习目标，识别实习任务，分解实习步骤，确定实习的时间和空间，以及设计实习的评价方式。这些因素都需要在规划过程中综合考虑，以形成一个科学、实用、有针对性的实习规划。

（1）明确实习目标。实习目标是实习活动的导向，是衡量实习效果的基准。明确实习目标有助于师范生理解实习的意义，明确实习的方向，激发自身实习的积极性。

（2）识别实习任务。实习任务是实习目标的具体表现，是实习活动的具体内容。识别实习任务有助于师范生了解实习要求，把握实习关键，提高实习效率。

（3）分解实习步骤。实习步骤是实习任务的具体执行方式，是实习活动的操作流程。分解实习步骤有助于师范生掌握实习技巧，形成实习方法，提高实习质量。

（4）确定实习的时间和空间。实习的时间和空间既是实习活动的条件，又是实习活动的环境。确定实习的时间和空间有助于师范生合理安排实习、适应实习、享受实习。

（5）设计实习评价。实习评价既是实习活动的反馈，又是实习活动的改进。设计实习评价有助于师范生了解实习效果，反思实习过程，提升实习水平。

规划实习内容是师范生实习过程中的一个重要环节，对提升小学科学教育人才培养的质量具有重要意义。

三、实习教学的实施过程

（一）实习前的准备

实习前的准备是实习的第一步，也是成功实习的关键。实习前的准备工作包括对实习环境的了解、实习目标的设定、实习计划的制订、实习技能的培养等方面。在师范生的实习过程中，这些环节需要得到充分的重视和有效的实施。

对实习环境的了解是实习前准备的重要环节。在进入实习前，师范生需要充分了解实习学校的教育理念、教学内容、教学方法、学生特点等情况，为实习的顺利进行打下基础。同时，了解实习学校的环境可以使师范生更好地适应实习环境，减轻实习压力。

实习目标的设定是师范生实习前的重要任务。实习目标应包括对教学技能、教育理念、专业素养等方面的提升，以及对实习过程中可能遇到的问题和困难的预期。明确实习目标可以使师范生对实习有明确的期待，提高实习的积极性。

实习计划的制订是实习前的重要步骤。实习计划应明确实习内容、实习时间、实习步骤、实习评价等方面，保证实习的有序进行。具体的实习计划可以使师范生在实习中有的放矢，提高实习效率。

实习技能的培养是实习前的关键环节。师范生需要在实习前，通过培训和学习，掌握教学技能、评价技能、沟通技能等必要的实习技能。实习技能的提高可以使师范生在实习中更加得心应手，提高实习效果。

（二）实习中的引导

实习中的引导是为师范生提供的实时支持和反馈，帮助他们在实习中实现教学目标、解决问题并不断提高。在实习过程中，有两个重要的引导角色：一是学校的指导教师，二是实习学校的教师。他们通过提供反馈、澄清目标、提供策略和建议、鼓励和支持，帮助师范生在实习过程中得到进步和提高。

指导教师应提供连续、及时和有效的反馈，帮助师范生了解自己在实习过程中的表现，发现自己的优点和需要改进的地方。反馈应关注师范生的教学策略、教学行为和学生学习的情况。指导教师应提供具体、明确和可操作的建议，帮助师范生改进他们的教学实践。

实习学校的教师作为日常教学的专家，他们的引导是基于实践的。他们既可以分享自己的教学经验，为师范生提供实际的教学策略，也可以通过观察和参与师范生的教学，提供实时的反馈和建议，抑可以通过和师范生讨论学生学习的情况，了解学生的需求并找到满足这些需求的方法。

在实习中，师范生会面临各种挑战，如课堂管理问题、教学设计问题、与学生的关系问题等。对于这些问题，引导教师应提供具体的策略和建议，帮助师范生解决问题。同时，引导教师也应鼓励师范生反思他们的教学实践，帮助他们总结问题发现的原因，提高问题解决能力。

（三）实习后的反馈与评价

实习后的反馈与评价是教师教育过程中的关键环节，旨在帮助师范生反思和评估他们的教学实践，以进一步提升教学技能和教育理念。

反馈是指对师范生教学行为具体、详细的回馈，旨在帮助他们了解自己在教学过程中的表现，包括教学技能、课堂管理、学生互动等方面。反馈应基于观察和记录师范生实习期间的实际表现。这种反馈可以由指导教师、实习教师、同伴甚至学生提供。为了更有效地提供反馈，引导教师应尽量具体、准确地描述师范生的教学行为，提供具体的例子，并给出改进建议。

评价则是对师范生实习表现的整体评估，包括教学技能、专业素养、教育理念等方面。评价应基于事先设定的评价标准进行，比如教学设计能力、学生学习效果、课堂互动质量等。评价应公正、公平，既要表扬师范生的优点，也要指出其需要改进的地方。此外，评价应为师范生提供一个自我反思和自我提升的机会。

在实习后的反馈与评价过程中，不应仅仅注重师范生的表现，而忽视他们的发展和成长。实习的目标不只可以让师范生能够按照期望的方式教学，更重要的是可以帮助他们形成反思的习惯，让他们能够从自己的教学实践中学习并得到提高。

第二节 小学科学比赛、第二课堂与课后服务的指导

一、小学科学比赛的策划与指导

（一）比赛的主题设定与规则制定

在设计小学科学比赛过程中，比赛的主题设定和规则制定是至关重要的。这两者不仅决定了比赛的形式和框架，也影响着参与者的行为和比赛结果。

比赛的主题设定是比赛设计过程的首要任务。主题是比赛的灵魂，它为比赛设定了方向和目标。在设定比赛主题时，需要充分考虑小学科学教育的特性。科学本身就是一个探索和发现的过程，因此，主题既可以是围绕某个科学现象、科学问题或科学主题的探索和研究，也可以是关于科学方法、科学精神的体验和展示。主题的设定需要有挑战性，能够激发学生的好奇心和探索欲，但也应具备可行性，使所有参与者都有机会参与和成功。主题应具有一定的开放性，鼓励多元和创新的解读和表达，以适应不同学生的需求和特长。

规则的制定是比赛设计过程的核心环节。规则构成了比赛的结构和程序，它界定了参与者的角色，规定了参与者的行为，规定了比赛的流程和决赛的标准。在制定规则时，需要考虑规则的公正性、公平性和透明性。规则需要明确、简洁和易于理解，以便所有参与者都能理解和遵守。规则需要平衡比赛的竞争性和合作性，鼓励积极竞争，同时促进合作和共享。规则需要有适度的灵活性，以适应比赛过程中可能出现的意外情况和特殊需求。

在主题设定和规则制定中，需要注重与教学的衔接，使比赛成为教学的延续和拓展。比赛的主题和规则应与课程目标和学生学习的实际情况相

吻合，以确保比赛的教育价值。同时，教师应在比赛设计过程中发挥主导作用，但需要考虑学生的意见和建议，使比赛更符合学生的需求和兴趣。

（二）指导学生的参赛准备

在小学科学比赛中，教师不仅仅是比赛的组织者和裁判，更是学生参赛准备的指导者。教师指导学生参赛的准备工作，既包括对比赛主题的理解和解读，也包括比赛技巧的培训，甚至包括心理状态的调整和团队合作的培养。

对于比赛主题的理解和解读，教师应在明确比赛主题后，帮助学生深入理解比赛主题，挖掘主题的深层含义，引导学生进行与主题相关的学习和探索。同时，教师还需要指导学生如何从比赛主题出发，设计和规划自己的比赛方案，鼓励学生提出独特的观点和创新的解决方案。

对于比赛技巧的培训，教师应根据比赛的性质和规则，教授学生必要的技能和方法。例如，在实验类比赛中，教师需要教授学生如何安全、准确地进行实验操作；在报告类比赛中，教师需要教授学生如何做好报告的准备和演讲；在解决问题类比赛中，教师需要教授学生如何运用科学的方法来分析和解决问题。

对于心理状态的调整和团队合作的培养，教师应关注学生的心理健康，帮助学生建立正确的竞赛观，学会在压力下保持冷静，应对挫折。在团队比赛中，教师应指导学生进行有效的团队合作，鼓励学生共享资源，互相学习，共同进步。

教师在指导学生参赛准备的过程中，需要注重实践和体验，鼓励学生主动参与，提高学生的自主学习能力。同时，教师还需要利用比赛的机会，提升学生的综合素质，培养学生的创新精神和科学素养，使比赛真正成为教育的有效载体。

（三）比赛的过程管理与效果评价

比赛的过程管理与效果评价是一个复杂的、连续的过程，其中包含了多个环节的内容。这个过程不仅需要考虑比赛的顺利进行，还需要关注参与者的感受和反馈，以及比赛结果对参与者的影响。作为教师，我们必须在多个层面进行全方位的管理和评价。

在比赛的过程管理中，我们需要确保比赛规则的公正和公平，这包括比赛的时间管理、参赛者的行为监管、比赛设施的运用和维护等。教师应具备清晰的责任意识，使得比赛在一个良好、公平、有序的环境中进行。同时，教师还要注意比赛过程中可能出现的问题，并及时干预和调整，以保证比赛的顺利进行。

此外，我们还需要关注参与者在比赛过程中的体验。比赛过程中的体验对参与者的学习和发展有着重要影响。我们可以通过观察、问询、调查等方式了解参与者在比赛中的感受、困扰和需求，并基于此进行相应的调整和优化。

在效果评价环节，我们需要对比赛结果进行全面的分析和评价。包括对比赛成绩的评价、对参与者表现的评价、对比赛过程的评价，以及比赛对参与者影响的评价。教师需要从多个角度全面了解比赛情况，以便更好地调整教学策略，提高教学效果。

教师在进行效果评价时，也需要注意多元化的评价方式。比赛成绩只是参与者在比赛中的一种表现，我们还需要关注参与者在比赛中的发展变化，如其科学素养的提升、创新能力的锻炼、团队合作的经验等。

同时，教师也需要关注比赛对参与者的影响。比赛既可以是一种激励，也可能带来压力。我们需要帮助参与者正确看待比赛，将比赛作为提升自我、体验科学、享受学习的过程，而非单纯的胜负争夺。

总的来说，比赛的过程管理与效果评价是一个涉及多个环节、多个层面的复杂过程。作为教师，需要从全局和多元的角度进行管理和评价，以使比赛成为促进学生全面发展的有效工具。

二、第二课堂的组织与引导

（一）确定第二课堂的目标与内容

确定第二课堂的目标与内容是一项重要任务，它直接影响活动的效果和影响力。为了实现这个任务，我们需要深入理解第二课堂的本质和特点，以及它在小学科学教育中的作用。

第二课堂，即学生课堂以外的学习活动，是教育的重要组成部分。与课堂教学相比，第二课堂更加强调学生的主动参与和实践操作，它为学生提供了丰富的学习体验和社会实践机会。在小学科学教育中，第二课堂活动有助于学生把课堂所学的理论知识应用于实际情境中，从而增强对科学知识的理解和应用能力。同时，第二课堂也是培养学生科学素养、创新思维和团队协作能力的重要途径。

在确定第二课堂目标时，我们需要考虑如何通过活动达到上述目的。具体来说，我们可以从以下几个方面设定目标：

（1）知识应用。通过实践活动，帮助学生运用和巩固科学知识，提高科学理论的应用能力。

（2）技能提升。培养学生的实验技能、探究技能、问题解决技能等，提升其动手操作和解决问题的能力。

（3）素养培养。通过活动，培养学生的科学精神、科学态度、科学习惯，增强其科学素养。

（4）综合能力。通过团队合作、项目管理等方式，提升学生的协作能力、组织能力、领导能力等综合素质。

在确定第二课堂的内容时，我们需要根据目标来选择和设计活动。具体来说，我们可以采用以下方式：

（1）实验操作。通过设计科学实验，让学生亲手操作，增强对科学知识的理解和应用。

（2）探究活动。设计问题情境，引导学生自主探究，培养其解决问题的能力和创新思维。

（3）项目学习。通过项目的形式，让学生全程参与，培养其综合能力和团队协作能力。

（4）社区服务。通过参与社区的科学教育活动，让学生将科学知识服务社区，培养其社会责任感。

（二）第二课堂的组织实施

组织和实施第二课堂是将教育目标具体化、生动化的过程。它要求教师们深度理解学生需求，灵活调动教学资源，并以有效的教学策略激发学生的积极性，让他们在活动中得到全面发展。

实施第二课堂活动时，我们需要重视以下几个环节：

（1）前期准备。在活动开始之前，首先要制订详细的计划，包括活动的主题、形式、时间、地点、参与人员等。此外，还需要准备必要的物资，如实验器材、安全设备、教学资料等。教师们应尽可能预见活动中可能出现的问题，并提前制定应对策略。

（2）活动启动。在活动开始时，教师们要明确介绍活动的目标和规则，让学生知道他们将要做什么、如何做，以及期望的结果是什么。同时，教师也需要鼓励学生提出自己的想法和建议，从而提高他们的参与感。

（3）活动实施。在活动进行中，教师应扮演好引导者和协助者的角色，既要给予学生足够的自主空间，让他们通过实践学习和探索，也要在他们遇到困难时给予帮助和支持。教师应注意观察学生的表现，及时调整教学策略，以确保活动的顺利进行。

（4）活动结束。活动结束后，教师需要引导学生进行反思，让他们总结自己的学习经验，发现学习中的问题并找到解决问题的策略。同时，教师也要提供反馈，对学生的表现进行评价，认可他们的努力，并对他们的进步给予肯定。

在小学科学教育中，第二课堂活动的组织实施应遵循以下几个原则：

（1）以学生为主体。在活动中，学生不再是被动的接受者，而是主动的参与者和实践者。他们通过参与活动，亲手操作，自我探究，从而深化对科学知识的理解，提高实践能力。

（2）情境导入。活动应设定在真实或模拟的情境中，让学生在情境中学习和使用科学知识，感受科学的乐趣和价值。

（3）多元评价。评价不仅看结果，也看过程。教师应关注学生参与度、合作精神、创新思维、问题解决能力等多方面的表现。

（4）持续优化。根据每次活动的效果，教师应反思和调整活动设计，以更好地适应学生的需求，保证活动效果。

（三）第二课堂的反馈与效果评估

第二课堂的反馈与效果评估是活动成功的重要环节，也是教育教学循环中的关键步骤。通过及时、全面、细致的反馈和评估，学生能更好地理解自己的学习状态，明确进步方向，教师也能获得调整教学策略、优化活动设计的依据。

在反馈环节，教师的角色转变为引导者和合作者。教师应对学生在活动中的表现提供及时、准确和具有建设性的反馈，帮助他们意识到自己在知识理解、技能运用、情感态度、团队合作等方面的优点和不足，进一步促使学生自我反思和调整。在反馈过程中，鼓励与赞赏是十分重要的，它可以增强学生的自信心，激励他们继续努力。

效果评估则是对第二课堂活动的质量和效果进行综合分析的过程。一方面，需要对学生的学习效果进行评估，考查他们是否达成了预期的学习目标，比如知识掌握的程度、技能运用的熟练度、情感态度的改变等；另一方面，要对活动本身进行评估，包括活动设计是否合理、教学策略是否有效、资源运用是否充足等。这种评估不仅需要定性的观察和描述，也需要定量的数据和证据。

在小学科学教育中，第二课堂的反馈与效果评估应以学生为中心，注重个体差异。评估标准应覆盖知识、技能、情感等多个维度，不仅要注重结果，更要关注过程。在评估方法上，应将传统的测试评价和现代的表现评价相结合，既有客观的量化数据，也有主观的质化描述。在评估结果的运用上，应以改进教学、提升学习为目标，使评估真正服务学生的全面发展。

三、课后服务的提供与管理

（一）设定课后服务的目标与内容

课后服务的目标与内容设定是提供有效支持和促进学生全面发展的重要环节。精心设计的课后服务不仅能够满足学生的学习需求，还能对他们的个人发展产生积极影响。在小学科学教育中，课后服务的目标与内容应当体现科学素养的培养和综合素质的发展。

课后服务的目标应该与学校教育的总体目标、课程目标以及学生的个人发展目标相一致。在小学科学教育中，目标应当包括：增进科学知识的理解、提高科学思维和实践技能、培养探索和创新精神、提高科学素养，以及关注学生的个人兴趣和潜力，推动他们全面发展。

设定好目标后，我们需要设计合适的课后服务内容。内容的设计需要从多个层面加以考虑，比如科学知识的学习和拓展、科学实验的操作和实践、科学项目的探索和创新，以及科学主题的讨论和交流等。这些内容不仅能够帮助学生掌握更多的科学知识，培养科学技能，也能培养他们的科学态度，提高他们的科学素养。

在设计课后服务的内容时，还需要注意其适应性和灵活性。学生的需求和兴趣会随着时间和环境的变化而变化，我们需要根据这些变化调整和优化服务内容。同时，课后服务也是学生自我发展的重要平台，我们应鼓励学生根据自己的兴趣和目标，自主选择和参与课后服务的内容。

（二）课后服务的提供与管理

课后服务的提供与管理是一个极其重要的过程，它对学生们能否得到高质量、满足需求的教育体验有着重要影响。提供与管理的过程既需要灵活应对，又必须结构严谨。在小学科学教育中，提供和管理高质量的课后服务可以有效提升学生的科学素养，培养他们的科学兴趣，对于学生的全面发展有重要作用。

在课后服务的提供过程中，首要的步骤是明确服务内容并将其有效地传递给学生。明确的服务内容是基础，它应结合学生的需求和学校的目标，同时包含一定的挑战性以激发学生的学习兴趣。传递内容的方式可以多样化，比如通过线上平台发布、在课堂上通知，抑或通过家长进行，但无论选择哪种方式，都需要考虑信息的传达效率和效果。

提供服务的过程中还需要考虑资源的分配，包括人力资源、物质资源以及时间资源等，这些资源的合理分配直接影响课后服务的效果。例如，如何安排教师和学生的比例、如何分配使用实验室的时间、如何配置实验器材等都是需要考虑的问题。

此外，课后服务的提供也需要考虑服务的持续性和一致性。持续性指的是服务需要在一段时间内持续提供，而不是一次性的活动；一致性则指服务的内容和质量需要在整个提供过程中保持一致，避免出现波动。

管理课后服务首先是对效果进行监控和评估。这涉及如何收集反馈、如何评价服务质量、如何调整服务策略等问题。评价体系包含教师的观察、学生的反馈、家长的意见等多方面内容。而反馈的收集则可以通过问卷、访谈、观察等方式进行。

管理过程中还需要注重问题的识别和解决。在课后服务的提供过程中，可能会遇到资源不足、参与度低、效果不佳等问题。识别这些问题的早期迹象并及时解决，可以有效避免问题扩大化，从而提高服务质量。

最后，管理课后服务也需要注意服务的改进和创新。这需要教师具备一定的教育研究能力，持续关注教育的新理念、新方法，积极尝试并反思，以不断提高课后服务的效果。

（三）课后服务的效果评估

课后服务的效果评估是课后服务管理的重要组成部分，也是提高课后服务质量的关键所在。通过有效的效果评估，我们可以了解服务的优点和不足，在此基础上，对服务进行改进和优化。在小学科学教育的课后服务中，该评估过程应以实证研究的方式进行，包括数据收集、分析以及解释三个阶段。

数据收集阶段，主要包括定量和定性两种数据的收集。定量数据主要反映课后服务的客观效果，如学生的参与度、满意度、学习成绩的变化等。这些数据可以通过问卷调查、成绩记录等方式收集。定性数据主要反映学生对课后服务的主观感受，如兴趣、动机、体验等。这些数据可以通过访谈、观察、日记等方式收集。

数据分析阶段，主要是对收集的数据进行处理和分析，以便从中发现规律和趋势。定量数据的分析通常使用统计方法，如描述统计、推论统计等。这有助于我们了解课后服务的整体效果，以及不同因素（如年级、性别）对效果的影响。定性数据的分析则需要使用诸如编码、分类、主题分析等方法，以便理解学生的具体感受和体验。

数据解释阶段，主要是根据分析结果，对课后服务的效果进行解释和评价。这需要结合学校的教育目标、学生的需求，以及课后服务的特点进行全面考虑。如果发现学生的参与度低，可能是因为服务内容不够吸引人；如果发现学生的满意度高，但学习成绩没有提高，可能是因为服务方法需要改进。

第三节　实习中的反思与能力提升

一、实习反思的重要性与方法

（一）实习反思的价值识别

在教师实习过程中，反思的价值主要体现在以下几个方面：

1. 提升个人成长与教育理念

反思对师范生的个人成长和教育理念的提升具有重要意义。通过反思，师范生有机会对自己的教学行为进行深入思考，从中发现自己的优势和不足，并寻求改进和提升的途径。以下是反思对个人成长和教育理念提升的几个方面：

第一，反思有助于师范生更好地理解和吸收理论知识。通过反思教学过程中的经验和观察到的现象，师范生能够将理论知识与实际教学相结合，加深对教育原理和教学方法的理解。师范生可以思考自己在教学中采用的教学策略是否符合理论要求、如何更好地运用理论知识指导教学实践，从而提升自己的教育理念。

第二，反思能够使师范生认识到自己的教学优势和不足。通过反思教学过程，师范生可以审视自己的教学方式和教学效果，了解自己的教学风格和特点。师范生可以发现自己在某些方面取得了较好的效果，如激发学生的兴趣、促进学生参与等；同时发现自己在某些方面存在不足，如组织课堂、引导学生思考等。这种自我认知有助于师范生明确自己的发展方向，有针对性地改进和提升教学能力。

第三，反思能够帮助师范生形成批判性思维和反思性实践的习惯。反思是一种深度思考和自我评估的过程，要求师范生客观地审视自己的教学行为和教学效果。通过反思，师范生能够发现问题所在，并提出解决问题的具体方案。这种批判性思维和反思性实践的习惯有助于师范生不断反思自己的教学行为，以及改进和提升教学能力。

第四，反思有助于师范生树立教育目标和价值观。通过反思，师范生可以思考教育的本质和意义，明确自己作为教育者的责任和使命。师范生可以思考自己希望培养出什么样的学生、哪种教育方法和教学策略更符合自己的教育理念。这种教育目标和价值观的明确有助于师范生在教学实践中坚守自己的教育理念，为学生提供更有价值、更有意义的教育。

2. 提升教学效能

反思对于提升师范生的教学效能具有重要作用。通过反思，师范生能够更准确地了解和评价自己的教学效果，并据此调整教学策略，以提高学生的学习效果。以下是反思对教学效能提升的几个方面：

第一，反思能够帮助师范生发现教学中的问题和挑战。通过反思教学过程，师范生能识别出学生在理解和掌握知识方面的困难，以及教学中可能引起效果不佳的因素。师范生可以思考这些问题的原因，并找到改进的方法和策略。

第二，反思有助于师范生深入分析教学中的成功因素和失败因素。

师范生可以思考自己在教学中取得成功的原因是什么、如何能够更好地复制和推广这些成功经验。同时，师范生也可以思考教学中出现问题或失败的原因、如何避免或克服这些问题。

第三，反思使师范生能够调整和改进教学策略。通过反思，师范生可以审视自己在教学中采用的教学方法和策略是否有效、是否能够激发学生的学习兴趣和积极性。师范生可以思考如何根据学生的不同需求和特点，选择合适的教学策略和教学资源，以提高教学效果。

第四，反思能够使师范生建立反馈机制和评估体系。通过反思，师范生可以思考如何有效地收集学生的反馈信息，了解学生对教学的感受和理解程度。师范生可以借助各种工具和方法，如问卷调查、讨论、作业评估等，收集学生的反馈，以评估教学效果，并据此进行调整和改进。

3. 提升教育研究能力

反思对个人教学技能的提升和学术研究能力的培养有重要作用。通过反思，师范生可以从教学实践中发现问题，提出研究问题，进而进行教育研究。

反思方法包括以下几点：

（1）反思日记。师范生在实习过程中，可以每天写反思日记，记录教学活动的详细过程，对教学行为进行自我评价，并思考改进的方法。

（2）反思会议。师范生和指导教师可以定期举行反思会议，共同讨论教学问题，寻找解决办法。

（3）案例研究。师范生可以选择某一教学活动或某一教学问题进行深入的案例研究。这不仅能帮助师范生更深入地理解和解决实际问题，也能提升师范生的研究能力。

总的来说，反思是师范生实习过程中的重要环节，它有助于师范生在实际教学中发现问题，并及时寻找改进的方法，同时能提升师范生的教育研究能力。

（二）提供有效的反思工具

为了促进师范生的实习反思，我们提供了以下几种有效的反思工具：

1. 反思日记模板

提供一个反思日记的模板有助于师范生系统地记录和反思他们的教学实践。这个模板主要包含教学活动的详细描述：自己在教学过程中的表现和感受：对教学效果的评价，以及对未来教学的改进计划等内容。

2. 教学观察表

教学观察表是一种帮助师范生在教学过程中进行自我评价的工具。它包含了一系列的教学行为指标，如教学组织能力、教学方法运用、课堂氛围营造等，师范生可以根据这些指标对自己的教学进行评价，从而了解自己的优势和不足。

3. 反思指导问题

反思指导问题是一种帮助师范生进行深度反思的工具。这些问题可以引导师范生从不同角度思考自己的教学，例如："我在教学中遇到了什么问题？""我如何解决这些问题？""我对这次教学有何感受？""我应如何改进我的教学？"等等。

4. 反思会议

反思会议可以促进师范生之间的交流和互动，提高他们的反思深度。在反思会议中，师范生可以分享自己的教学经验，讨论教学问题，共同寻找解决办法。

5. 案例研究

师范生可以选择某一教学活动或某一教学问题进行深入的案例研究。通过案例研究，师范生可以更深入地理解和解决实际问题，提升自己的研究能力。

这些反思工具旨在帮助师范生从不同的角度和层面进行教学反思，提升他们的教学能力和研究能力，从而更好地完成小学科学教育的人才培养任务。

（三）指导师范生如何进行实习反思

在实习过程中，指导师范生进行反思是一个关键环节，它有助于师范生更好地认识自己，提升教学能力。以下是对指导师范生如何进行实习反思的几点建议：

1. 提醒和鼓励反思的重要性

指导教师应该从实习的第一天开始就强调反思的重要性，让师范生知道反思不仅是评估自己的表现，而且是了解自己，改善教学和促进专业成长的工具。此外，指导教师应该鼓励师范生经常进行反思，而不仅仅是在实习结束时进行。

2. 提供有效的反思工具

如前所述，指导教师可以提供反思日记模板、教学观察表、反思指导问题，以及组织反思会议等工具，帮助师范生进行系统、深入的反思。

3. 指导如何写反思日记

指导教师应指导师范生如何写反思日记，让他们了解写反思日记不仅是记录事实，而且是对事实的分析和思考。反思日记应包含对实习经验的描述、对自己表现的评价、对教学的思考，以及对未来的计划。

4. 提供反馈和指导

指导教师应定期阅读师范生的反思日记，指出他们的优点和需要改进的地方，以及给出建设性建议。此外，指导教师还可以根据师范生的反思，提供更多的教学理论和策略，帮助他们解决问题，提升教学能力。

5. 建立支持的环境

指导教师应创建一个安全、尊重和支持的环境，鼓励师范生开展对话和讨论，分享他们的反思。这样可以促进师范生的深度反思，提升他们的反思能力，同时增强他们的沟通能力，培养他们的团队合作精神。

6. 案例研究

指导教师应鼓励师范生通过案例研究来深化反思。选择一个具有挑战性的教学问题进行，深入研究，寻找解决策略，有助于他们提升研究能力，同时更好地理解和解决实际问题。

在这个过程中，师范生不仅能提升教学技能和专业素养，而且能更好地理解教育的复杂性和挑战性，从而更有信心和能力承担未来的教学任务。这些都有助于实现我们的最终目标，即培养出优秀的小学科学教育人才。

二、实习能力的自我评估

（一）设定评估标准

设定评估标准是实习能力自我评估的首要步骤，这有助于师范生明确实习目标，理解成功的标准，了解自己的长处和短处，从而更好地规划和改进自己的实习活动。以下是设定评估标准的一些关键要素：

1. 明确评估目标

师范生应明确自我评估的目标，例如提升教学技能、增强职业素养、树立教育理念、改进教学方法等。这有助于他们集中精力，有效地进行自我评估。

2. 理解成功的标准

师范生应理解实习的成功标准，这可以从教学能力、课堂管理能力、学生互动能力、教学反思能力、专业发展能力等方面进行。这些标准应是明确的、可衡量的，以便师范生进行自我评估。

3. 自我了解

师范生应了解自己的长处和短处，这需要他们对自己的专业知识、教学技能、教学态度等进行深入的了解。他们可以通过自我观察、反思，或者求助指导教师、同行、学生等获取这些信息。

4. 制定个人化的评估标准

由于每个师范生的教学目标、教学风格、教学环境等不同，他们应制定适合自己的评估标准。这些标准应既符合教育的基本原则和要求，又体现个人的特点和需求。

5. 可调整的评估标准

评估标准不应是固定不变的，而是应随着师范生的专业成长和实习环境的变化而做出相应调整。这就需要师范生具有灵活性和开放性，能够对评估标准进行持续的审查和调整。

通过设定有效的评估标准，师范生可以有目标地进行自我评估，更好地了解和改进自己的实习能力，从而提升小学科学教育的质量。

（二）自我评估的过程

自我评估是一个持续的、动态的过程，师范生通过这个过程不断地理解自己的实习能力，寻找改进的方法，从而推动自身的专业成长。以下是自我评估的主要过程：

1. 自我观察

自我观察是自我评估的初始阶段，师范生需要在实习过程中对自己的教学行为、教学效果进行观察。例如，他们可以记录自己的教学行为，如用何种方式引导学生、是否能有效管理课堂、如何处理学生的问题等。同时，他们也需要观察教学结果，如学生的学习情况、学生的反馈等。

2. 自我反思

自我反思是自我评估的核心阶段，师范生需要对自我观察的结果进行深入思考，分析其背后的原因，理解其对教学的影响。例如，他们可以思考自己的教学行为是否有效、何种行为更有效、何种行为需要改进、如何改进等。

3. 制订改进计划

在自我反思的基础上，师范生需要制订改进计划，这是自我评估的行动阶段。他们应明确改进的目标，制定具体的行动步骤，如制定实施方案、记录跟踪结果等。

4. 实施改进计划

师范生需要把改进计划付诸实践，这是自我评估的实施阶段。他们需要在实习中尝试新的教学方法、新的教学态度，再次进行自我观察、自我反思，如此循环，持续改进。

5. 再次自我评估

自我评估并不是一次性的活动，而是需要持续进行的。在实施改进计划后，师范生需要再次进行自我评估，检查是否达成了改进的目标、是否有新的需要改进的地方。

通过以上的自我评估过程，师范生可以不断地理解和改进自己的实习能力，从而提升小学科学教育的质量。

（三）自我评估的结果分析

自我评估的结果分析是师范生个人成长的重要环节，也是自我评估过程中的关键一步。它不仅有助于师范生理解和认识自身的实习经历，也能引导他们思考如何改进实习效果，从而更好地达成职业发展目标。以下是关于自我评估结果分析的几个方面：

1. 客观性分析

客观性分析是指对自我评估结果进行公正无私的分析，这意味着师范生要尽可能地去除主观偏见，公正地评估自己的表现。例如，他们可以回顾自己在实习期间的教学记录，以及收集的学生反馈，以这些客观证据为基础进行评估。此外，他们还可以邀请同伴、导师或学生提供反馈，从多角度了解自己的表现。

2. 深度分析

深度分析是指对自我评估的结果进行深入的理解和解读。这需要师范生从自己的教学理念、教学技能、职业素养等多个方面来分析自我评估的结果，而不仅仅关注表面的教学表现。例如，他们可以分析自己的教学方法是否符合自己的教学理念、是否有效地引导学生学习，以及在实习过程中是否能够体现专业的职业素养。

3. 动态分析

动态分析是指对自我评估的结果进行持续的追踪和比较。这意味着师范生需要定期进行自我评估，记录自己的成长轨迹，观察自己在实习能力上的进步，以及在具体教学技能、职业素养等方面的变化。例如，他们可以定期写反思日记，记录自己的改进点，然后在下次自我评估时检查这些改进是否达到了预期效果。

4. 指导性分析

指导性分析是指通过自我评估结果的分析，为自己的职业发展提供指导。师范生需要根据自我评估结果的分析，制订自己的职业发展计划，包括短期的改进计划和长期的职业规划。例如，他们可以根据自己的教学技能、职业素养等方面的评估结果，制订具体的提升计划，然后在实习中实施这些计划，以提升教学能力和职业素养。

三、实习能力的提升策略

（一）根据自我评估制订提升计划

师范生在对自我评估的结果进行深入分析后，接下来就是根据评估结果制订提升计划。这个过程是师范生持续发展和成长的关键，可以指导他们在实习过程中进行有效的自我改进。以下是根据自我评估制订提升计划的步骤：

1. 确定提升目标

确定提升计划的首要步骤是明确提升目标。提升目标应当基于自我评估的结果，而且要明确、具体。如果在自我评估中发现自己的科学知识欠缺，那么提升计划的一个目标就是补充和增强相关的科学知识；如果发现自己在教学实践中处理问题的策略不够成熟，那么提升计划的另一个目标就是研究和学习更有效的问题处理策略。

2. 制订具体行动计划

确定了提升目标后，接下来就要制订具体的行动计划。这个计划需要详细阐述如何达成前面设定的提升目标。如果目标是丰富科学知识，行动计划应包括阅读科学教材、参加科学研讨会或者向科学教师请教等；如果目标是改进问题处理策略，行动计划应包括参加教育心理学研讨会、学习和模仿优秀教师的问题处理方法等。

3. 设定时间表和里程碑

一个有效的提升计划还需要设定时间表和里程碑。时间表有助于师范生跟踪自己的进展，而里程碑则有助于他们了解自己离达成提升目标还有多远。如果师范生计划在三个月内补充科学知识，那么他们可以设定每周阅读一本科学教材，或者每个月参加一次科学研讨会作为里程碑。

4. 反馈和调整

提升计划不应该是一成不变的，师范生应该定期回顾和反馈自己的提升计划，根据实际情况进行相应调整。如果发现原来的计划不够实际或者效果不佳，他们需要及时调整计划，或者设定新的提升目标。

（二）执行提升计划

师范生在制订出针对性的提升计划后，接下来的挑战就是如何执行这个计划。执行提升计划需要时间、精力和决心，需要师范生有持之以恒的精神和创新的实施策略。以下是执行提升计划的主要步骤和注意事项：

1. 创设学习环境

为了有效执行提升计划，师范生首先需要为自己创设一个支持学习和提升的环境。例如，寻找一个安静的空间进行深度学习，或者找一个可以鼓励和支持他们改进和提升的人群。

2. 制定并坚守日程

执行提升计划需要有良好的时间管理技巧。师范生应该为自己的学习和提升活动制定一个明确的日程，并且坚持执行。他们应该清楚地知道自己每天、每周、每个月需要完成的任务，以及每个任务需要投入多少时间。

3. 实践并反思

师范生不仅需要理论学习，更重要的是将理论知识转化为实践操作。他们应该积极寻找机会，将自己的提升计划付诸实践，比如在实习教学中尝试新的教学策略，或者在与学生的交往中练习新的沟通技巧。实践之后，师范生还需要进行反思，看自己的做法是否有效、自己是否还有改进的空间。

4. 征求反馈

在执行提升计划的过程中，师范生还应该积极征求他人的意见，特别是导师和同伴的意见。师范生可以通过观察、面谈或者问卷调查等方式获取反馈，以便了解自己的提升进度和存在的问题。

5. 调整提升计划

根据反馈和自我反思的结果，师范生需要对自己的提升计划进行调整。调整涉及提升目标、行动步骤、时间表等各个方面，目的是使提升计划更加符合自己的实际情况，更有助于自身的成长。

（三）再次评估提升效果

执行提升计划之后，必要的一步是再次进行评估，以确定计划的效果和个体的进步程度。再次评估提升效果是一个系统的过程，它涵盖了对师范生能力、教学技巧、专业知识等多个维度的评估。

1. 定量评估

定量评估主要是通过数字和统计数据来评估师范生在实习期间的提升情况。包括师范生的成绩、表现评分、完成任务的速度和质量等。这些数据可以为师范生提供一个客观的反馈，使他们明了自己的进步程度和存在的不足。

2. 定性评估

定性评估更侧重师范生的个人感受和体验。师范生可以通过写反思日记、进行自我评估，或者与导师、同伴展开讨论来深入理解自己的学习和提升过程。这有助于师范生了解自己的长处和短处、自己在哪些方面有所提升，以及在哪些方面需要进一步努力。

3. 集成评估

集成评估是将定量评估和定性评估相结合，从而得出一个全面、深入的评估结果。师范生可以根据集成评估的结果来重新设定自己的提升目标，调整提升计划，以确保自己在未来的实习和职业生涯中能够持续提升。

第四节　利用科普教育基地与科学技术馆的实践机会

一、科普教育基地实践活动的策划与实施

（一）制订科普教育基地实践活动计划

制订科普教育基地实践活动计划是教师教育实践活动的关键一步，

它包括实践活动的目标、内容、方法和评估方式。有效的实践活动计划有助于师范生获取丰富的实践经验，提升教学能力和职业素养。

在制订科普教育基地实践活动计划时，需要考虑以下几个方面：

1. 确定实践目标

实践目标是实践活动的指导方向，它应根据师范生的学习需求和科普教育基地的特色进行设定。实践目标应具有明确性、可操作性和可评价性，使师范生知道自己在实践活动中需要完成什么任务，以及如何评价自己的表现。

2. 设计实践内容

实践内容应根据实践目标进行设计，包括实践活动的主题、形式、时间、地点等。实践内容应具有趣味性和挑战性，并且能够激发师范生的学习兴趣和动手能力。

3. 确定实施方法

实施方法是实践活动的核心环节，它应根据实践内容和科普教育基地的条件进行选择。实施方法包括小组合作、项目实施、角色扮演等多种形式，以增强实践活动的丰富性和有效性。

4. 设计评价方式

评价方式是检验实践效果的重要工具，它应根据实践目标和内容进行设计。评价方式包括自我评价、同伴评价、导师评价等，以全方位地评价师范生的实践表现。

制订科普教育基地实践活动计划是一个系统而复杂的过程，需要充分考虑师范生的学习需求、科普教育基地的条件和实践活动的实施效果。只有这样，才能使实践活动达到预期效果，为师范生的专业发展奠定坚实的基础。

（二）组织实施实践活动

组织实施实践活动是实现教育目标的关键步骤。在科普教育基地或科学技术馆进行的实践活动不仅能让学生体验学科知识的实际运用，还能激发他们的创新思维和探索精神。因此，对于这种实践活动，我们需要精心策划和组织。

在整个活动实施过程中，我们需要注意环节的流畅和时间的掌握。根据活动计划的要求，我们应精确控制每一个环节的时间，确保活动按照预定流程进行，避免出现大幅偏差。同时，我们也要关注实践过程中的实际情况，随时做出调整，以保证活动的有效性。

另外，实施实践活动也需要教师和学生的密切配合。教师需要根据活动的要求，提前做好准备工作，包括安排活动的流程、准备必要的物品、确认活动的地点等。学生要积极参与，并根据教师的引导完成各种实践任务。

同时，为了确保实践活动的有效进行，我们还需要加强与科普教育基地或科学技术馆的沟通。通过与他们沟通，我们可以了解他们的资源和设施情况，为我们的实践活动提供有力的支持。

在活动过程中，我们还需要注重学生的参与度和体验感。通过设计有趣的实践任务，引导学生积极参与，让他们在实践中体验科学的魅力，提高他们的学习兴趣。

实践活动结束后，我们需要组织学生进行反思和讨论，通过分享各自的实践体验和感受，帮助他们深化对学科知识的理解，提高他们的实践能力。

组织实施实践活动是一个需要精细操作的过程，需要我们细心策划，精准执行，同时需要我们注重学生的参与和体验，以此提高他们的学习兴趣和实践能力。只有这样，我们才能真正实现教育目标，为学生的未来发展奠定坚实的基础。

（三）实践活动的反馈与效果评估

实践活动的反馈与效果评估是教育过程中至关重要的部分，这有助于我们理解活动的成功之处，找出可以改进的地方，并在未来的活动中应用这些教训和经验。在进行这项评估时，我们可以采用多种评估工具和方法，包括自我评估、导师评估、同伴评估等。

对于学生来说，自我评估是一种强大的学习工具，它鼓励学生反思自己的行为和成果，并考虑如何改进。这需要学生反思他们在实践活动中的经验、他们在实现目标方面的成功程度，以及他们在实践过程中遇到的困难。这种自我反思和评估可以提供有价值的见解，有助于学生明确自己的长处和短处，并及时寻找改进方法。

导师评估是教师或实践活动指导人对学生实践表现的评估。包括评估学生在活动中的参与度、他们完成任务的能力，以及他们对实践活动目标的理解程度。导师的反馈有助于学生了解他们在实践活动中的表现，并提供关于如何改进的建议。

同伴评估则是学生之间相互评估的过程。这种评估方法有助于学生更好地了解和反思他们的表现，同时提高批判性思维和沟通技巧。同伴评估的结果也可以为实践活动效果提供另一种视角。

通过这些评估，我们可以了解实践活动的效果，评估学生的学习成果，同时获取反馈，以便改进未来的实践活动。这是一个持续的循环过程，我们通过实施实践活动，获取反馈，然后基于这些反馈进行调整和改进，以便我们在下一次实践活动中更好地实现教育目标。

二、科学技术馆实践活动的策划与实施

（一）制订科学技术馆实践活动计划

制订科学技术馆实践活动计划需要深入理解学生的学习目标、教学目标和科学技术馆的资源。这些活动能提供宝贵的实践机会，帮助学生把理论知识转化为实践能力，使他们对科学有更深入的了解和更大的兴趣。

实践活动计划需要明确的目标。在这个过程中，我们需要设定一个清晰、具体和可测量的目标。这个目标既要满足教学目标，也要满足学生的个人学习目标，如增进对科学的理解、提高问题解决的能力等。这个目标是活动所有设计的基础，有助于我们在设计活动时保持方向，并在后续的评估中提供评价标准。

实践活动的内容应充满趣味性，激发学生的兴趣和好奇心。科学技术馆拥有丰富的展览和资源，我们可以根据这些资源设计活动内容，如通过参观某一展览区，完成某项实验或参与某个项目等。

制定实施策略是实践活动计划的重要部分，应考虑科学技术馆的资

源，如场地、设备、人员等；选择合适的教学方式，如小组探索、项目学习等。此外，还需要根据学生的学习水平和需求，设计合适的教学策略，如预习、指导、反馈等。

最后，我们需要设定评价方式，包括过程评价和结果评价。其中，过程评价主要关注学生在活动中的参与程度、合作能力、解决问题的能力等；结果评价主要看学生是否达成了设定的学习目标。我们可以使用多元化的评价方式，如自我评价、同伴评价、导师评价等。

制订科学技术馆实践活动计划是一个系统的过程，需要明确目标，设计有趣的内容，制定有效的实施策略，并设置恰当的评价方式。只有这样，我们才能确保实践活动能够达到预期效果，使学生从中受益。

（二）组织实施实践活动

组织实施实践活动是实践教学的重要环节，涉及具体活动的执行和管理。在科学技术馆中，我们有机会利用丰富多样的教育资源，为学生提供互动且富有挑战的学习体验。然而，高质量的实践活动并非偶然产生的，而是需要通过精心的组织和实施才能实现。

在活动开始之前，我们需要确保所有准备工作都已就绪。包括对科学技术馆的场地、设施和设备进行检查，确保它们能够满足活动的需求。同时，需要对活动材料和教学资源进行整理和准备，以便在活动中快速高效地使用。

接下来，我们需要对学生进行引导和指导，帮助他们进入活动的状态。我们先向学生简要介绍活动的目标和流程，然后引导他们通过观察、思考和讨论，自我发现和解决问题。同时，我们也可以为其提供必要的支持和帮助，如对某个科学概念的解释、对某个实验步骤的演示等。

在活动过程中，我们需要密切关注学生的学习情况，并进行适时的调整和干预。比如，我们发现某个小组的学生在某个问题上产生了困惑，则可以引导他们回顾相关知识，或者提供一些启发性问题；我们发现学生的学习兴趣开始下降，则可以设计一些小游戏或者小竞赛，重新激发他们的学习热情。

实践活动的结束并不意味着学习的结束。我们需要引导学生进行反思和总结，梳理他们在活动中学到的知识和技能、思考他们在解决问题中遇到的困难和错误。同时，我们也可以让学生分享他们的学习经验和感受，以此提高他们的学习兴趣和自信心。

最后，我们需要对活动进行评估和反馈。我们通过观察、访谈、问卷等方式收集学生的反馈，了解他们对活动的满意度和改进意见。同时，我们需要对自己的组织和实施进行反思，找出活动中存在的问题和不足，以便在未来的实践教学中做出改进。

组织实施实践活动需要我们不断地计划、执行、观察和反馈，确保每一步都符合教学目标和学生的学习需求。我们需要以开放、积极的态度来面对可能出现的困难和挑战，以创新、灵活的方式来解决实际问题。同时，我们需要关注学生的个体差异和群体动态，以人为本，真正做到因材施教。

在科学技术馆的实践活动中，我们不仅要教给学生知识和技能，更要培养他们的探索精神和创新意识。我们要让他们在活动中体验科学的魅力和乐趣，激发他们对科学的热爱和追求；我们要让他们在挑战和失败中发现自己的潜力和价值，形成积极的学习态度，树立自我成长的信心。

我们还需要营造一个安全、舒适的学习环境，让学生在尊重和信任的氛围中自由发展，享受学习的过程。我们要心倾听学生的声音，理解他们的感受，满足他们的需求。我们要以平等、开放的态度来对待每一个学生，给予他们足够的时间和空间，让他们自我探索、自我表达。

此外，我们还需要与科学技术馆的工作人员、其他教师、家长等多方进行良好的沟通和协作，共同为学生的学习和发展提供支持。我们可以与学生分享教学理念和方法，倾听他们的意见和建议，共同解决问题，共同进步。

（三）实践活动的反馈与效果评估

实践活动的反馈与效果评估是教学过程中的关键环节，它让我们理解学生的学习效果、获取对教学方法的反馈，并从中寻找提升实践活动效果的可能性。具体来说，我们需要在以下方面进行深入的反馈与评估：

在学生的学习效果方面，我们需要评估他们的知识理解、技能掌握、问题解决能力和创新思维等。这需要我们通过观察、测试、访谈等多种方式收集数据，以便进行全面评估。比如，我们让学生在活动结束后做一个小测验，检查他们对活动内容的理解和记忆。我们还可以让学生以演示、报告或者论文等形式展示他们的学习成果。

在教学方法的反馈方面，我们需要了解教学策略是否有效、活动设计是否合理，以及是否能满足学生的学习需求。这需要我们倾听学生的意见，理解他们的需求，关注他们的学习体验。我们通过问卷调查、小组讨论、一对一访谈等方式收集反馈，了解学生对活动的满意度、对教学方法的看法，以及他们的改进建议。

在提升实践活动效果方面，我们需要从反馈与评估的结果出发，找出活动的不足，寻找改进的方向。这涉及对活动内容的调整、对教学方法的改进、对评估方式的优化等多个方面。例如，我们发现学生对某个知识的理解不够深入，便需要调整这个知识点的教学方式或者加强这个知识点的训练；我们发现学生对某个活动不感兴趣，则要调整活动的设计，增强活动的趣味性和可参与性。

此外，我们还需要关注实践活动对学生的长期影响，以及活动对学生整体发展的贡献。这需要我们定期跟踪学生的学习状况，评估活动对学生的知识储备、学习习惯、思维方式、情感态度等方面的影响。我们可以通过长期观察、成长档案、学习笔记等方式收集数据，以便进行深入的分析和评估。

在这个过程中，我们不仅需要关注学生的表现，还需要关注自己的表现。教学是一个不断学习和成长的过程，我们需要反思自己的教学实践，了解自己的优点和不足，提升自己的成长空间。我们通过教学日记、同行评估、导师反馈等方式记录和分析教学行为，提升教学能力。

评估不仅是一个结论，更是一个新的开始。每一次的反馈和评估都将为我们带来新的启示，推动我们向前发展。我们珍视每一次的反馈和评估，深入分析每一份数据，真诚接纳每一条建议。只有这样，我们才能在实践中不断进步、不断提高。

科学技术馆的实践活动既是学生的实践舞台，也是我们的教学实验室。在这里，我们尝试各种教学策略，探索各种教学方法，感受各种教学效果。每一次尝试都可能带来新的发现，每一次探索都可能打开新的视野，每一次感受都可能引发新的思考。这就是科学技术馆实践活动的魅力，也是我们热爱教育工作的原因。

实践活动的反馈与效果评估不仅有助于我们了解学生的学习效果，提升自己的教学效果，也有助于我们深化对教育工作的理解，提升我们的教育理念。这是一项重要的任务，也是一项充满挑战和机遇的任务。

三、基于科普教育基地与科学技术馆的教育资源整合

（一）对教育资源的识别与收集

教育资源的识别与收集是教育资源整合的起点。科普教育基地与科学技术馆是学习的宝库，它们包含丰富多样的教育资源，包括实物展示、数字资源、互动体验等。为了有效利用这些资源，我们需要做好教育资源的识别与收集工作。

教育资源的识别是一个发现的过程，我们通过仔细观察、深入理解，发现和认识教育资源。每一个展示项目、每一份文献资料、每一个互动体验都可能成为教育资源。在这个过程中，我们打开视野，启动思维，用心感受，让自己成为一个真正的发现者。

识别教育资源的过程需要我们对教育目标和教学内容有深入的理解，这样才能发现与之相关的资源。对于科普教育基地，我们需要了解其主题，如自然科学、环境科学、医学健康等，理解其中的科学原理和知识点，从而发现与之相关的教育资源；对于科学技术馆，我们需要了解其展览内容，如科学实验、技术发展、工程应用等，理解其中的科学技术和社会影响，从而发现与之相关的教育资源。

教育资源的收集是一个整理的过程，我们通过科学方法、有效工具收集和整理教育资源。对每一个收集的资源，我们都需要进行分类、描述、存储，以便后续的使用和分享。在这个过程中，我们成为一个真正的收藏家，把每一份资源当作宝贝，用心对待，精心收藏。

收集教育资源的过程需要我们具备信息素养和技术能力，这样才能高效完成收集工作。我们需要掌握信息检索、数据分析、资源管理等技术，这样才能有效收集网络资源、处理数据资源、管理教育资源。此外，我们还需要掌握摄影、录像、编程等技术，这样才能自行创作图像资源、视频资源、软件资源。

科普教育基地与科学技术馆是我们的资源库，我们要善于发现、擅长收集，这样才能充分利用这些资源。在识别与收集的过程中，我们要以教育者的眼光看世界，以研究者的态度做工作，以创新者的精神追求进步。

（二）教育资源的整合与运用

教育资源的整合与运用是一项系统性工作，不仅需要对教育资源进行科学的分类与整理，更需要在实际教学活动中，灵活、创新地将这些资源投入到教学实践中。科普教育基地与科学技术馆作为教育资源的重要载体，其独特的教育资源为教育者们提供了广阔的创新空间。

整合教育资源时，关注教育资源的类型与特性是至关重要的。实物资源、模型资源、数字资源、体验资源等各类资源都有其独特的优点与应用领域，我们要充分挖掘并发挥其潜力。同时，资源的整合应注重内容的系统性与连贯性，避免教育活动成为单一的知识点堆砌。此外，资源整合还需要考虑教学活动的实际需要，科学选择与合理使用，使之更好地服务教学目标。

我们在设计教学活动时，要明确资源的使用目的，合理选择和安排资源。例如，对于需要观察和实验的活动，我们使用科普教育基地的实物资源和实验设施；对于需要探索和体验的活动，我们使用科学技术馆的互动展品和体验区。资源的运用应注重教育活动的主题与目标，突出活动的实际效果，鼓励学生积极参与活动并加强互动，以提升学生的学习兴趣和学习效果。

教育资源的整合与运用是一个动态的过程，我们要不断学习、探索和创新，根据教学实践的需要，灵活调整资源的整合和运用方式。随着科技的发展和社会的变革，教育资源也在不断更新和演变，我们应时刻保持敏感和开放的态度，积极探索新的教育资源，不断提升教育实践能力。

通过整合科普教育基地与科学技术馆的教育资源，我们实现教育资源的优化配置和最大化利用，提高教育活动的质量和效果，促进学生的全面发展。这是一项富有挑战的工作，我们要有足够的热情和信心，勇于创新和尝试，相信在教育资源的整合与运用中，发挥出教育智慧，实现教育理想。

（三）教育资源利用的效果评估

教育资源利用的效果评估是教育资源整合与运用的重要环节，它关乎教育资源投入的价值和教育目标的实现。从宏观上看，教育资源利用的效果评估可以为教育决策提供依据，引导教育资源的优化配置；从微观上看，它有助于教师了解教学活动的实际效果，指导教学方法的改进和创新。

教育资源利用的效果评估需要多元化的评估方式和多角度的评估视角。评估方式包括问卷调查、教学观察、学习成果分析等，以全面了解教育资源在教学活动中的实际应用情况和教学效果。评估视角应兼顾教师、学生和其他利益相关者，以反映教育资源利用的多样性和复杂性。

教育资源利用的效果评估关注的是教育资源对教学效果的实际贡献，评估内容应围绕教学目标和教学过程，关注资源使用的恰当性、有效性和创新性。评估结果应能反映教育资源的使用效果，包括资源对教学目标实现的影响、资源对教学过程改善的贡献，以及资源对教学创新的启示。

教育资源利用的效果评估不仅是对已完成工作的总结和反思，更是对未来工作的引导和启示。通过效果评估，我们可以了解哪些资源和方法对教学效果有积极影响、哪些需要改进和调整，从而为教学改革提供有力的依据和方向。在这个过程中，我们需要不断学习、研究和尝试，以提升评估能力和教育实践能力。

第九章 科普教育基地与科学技术馆在小学科学教育专业师范生培养中扮演的角色

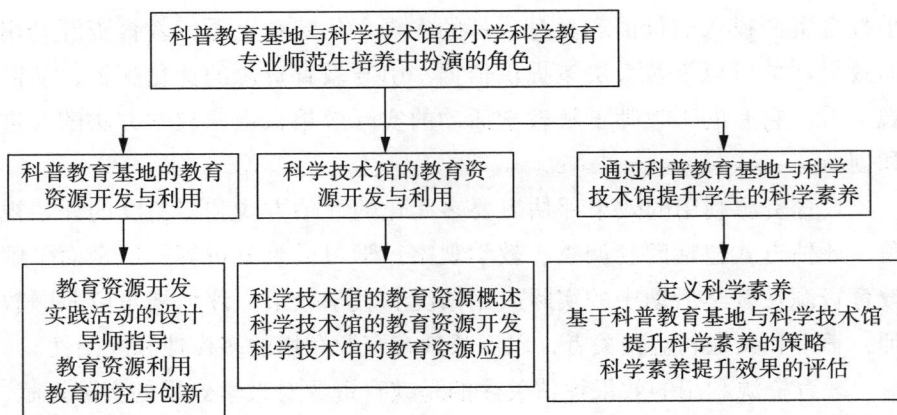

```
┌─────────────────────────────────┐
│  科普教育基地与科学技术馆在小学科学教育  │
│    专业师范生培养中扮演的角色          │
└─────────────────────────────────┘
         │
    ┌────┼──────────────┬──────────────────┐
    ▼                   ▼                  ▼
┌──────────┐   ┌──────────────┐   ┌──────────────────┐
│科普教育基地的教育│   │科学技术馆的教育资│   │通过科普教育基地与科学│
│资源开发与利用   │   │源开发与利用    │   │技术馆提升学生的科学素养│
└──────────┘   └──────────────┘   └──────────────────┘
    │                   │                  │
    ▼                   ▼                  ▼
┌──────────┐   ┌──────────────┐   ┌──────────────────┐
│教育资源开发   │   │科学技术馆的教育资源概述│   │定义科学素养        │
│实践活动的设计  │   │科学技术馆的教育资源开发│   │基于科普教育基地与科学技术馆│
│导师指导     │   │科学技术馆的教育资源应用│   │提升科学素养的策略    │
│教育资源利用   │   │              │   │科学素养提升效果的评估 │
│教育研究与创新  │   │              │   │                  │
└──────────┘   └──────────────┘   └──────────────────┘
```

第一节 科普教育基地的教育资源开发与利用

科普教育基地作为"立交桥式"人才培养模式中的重要组成部分，扮演着丰富教育资源、提供实践机会的角色。科普教育基地的教育资源开发与利用对于培养小学科学教育专业师范生具有重要意义。

一、教育资源开发

科普教育基地的教育资源开发与利用在小学科学教育"立交桥式"

164

人才培养模式中具有重要的学术和研究意义。科普教育基地作为一个能够提供实践机会和多样化资源的教育场所，对于培养小学科学教育专业师范生具有重要作用。以下是关于科普教育基地教育资源开发与利用的学术观点和研究内容：

第一，科普教育基地应积极开发多元化的教育资源。包括科学实验设备、展品、教育展览、多媒体资料等。教育资源的开发应根据小学科学教育的特点和需求进行个性化定制，以满足学生的认知水平、学习兴趣和实践能力。教育资源的丰富和多样化可以提供更具趣味性和互动性的学习体验，激发学生对科学的兴趣和热爱。

第二，科普教育基地与高校、科学技术馆等教育实体的合作是教育资源开发的重要途径。与高校合作可以充分利用高校的科研成果和教育资源，共同开发适合小学科学教育的实验设备、教学资料和科研成果；与科学技术馆合作可以共享科学技术馆的展品和教育项目，丰富小学科学教育的实践内容。通过与不同实体的合作，教育资源的开发可以得到更全面和更专业的支持。

第三，科普教育基地的教育资源应当具有可持续性发展的特点。教育资源应随时更新，以跟上科学知识和教育技术的发展步伐。基地可以与高校、科学技术馆等建立长期合作关系，引入最新的科学知识和教育技术，不断提高教育资源的质量和效果。同时，基地还应建立有效的评估机制，对教育资源的开发和利用进行评估和反馈，以不断改进和提高教育资源的质量。

第四，科普教育基地的教育资源开发与利用需要注重教育研究和创新。基地可以成为师范生进行教育研究和创新的场所。师范生利用基地的教育资源，开展教育课题研究、教学模式创新等工作，推动小学科学教育的发展和改进。基地应提供支持和指导，引导师范生进行系统的教育研究，以提高小学科学教育的教学质量和效果。

二、实践活动的设计

实践活动的设计是科普教育基地在小学科学教育"立交桥式"人才培养模式中的重要环节。通过为师范生提供丰富的实践活动机会，科普教育基地能够增强其实际操作能力和科学研究意识。

（1）教育目标的设定。实践活动的设计应明确教育目标，即通过活动促进师范生的学习与发展。教育目标包括培养学生的实践能力、提升科学思维和解决问题的能力、激发学生的创新潜能等。教育目标应与小学科学课程的目标和要求相一致。

（2）科学性的要求。实践活动应具备科学性，即基于科学原理和科学方法展开。师范生通过实践活动，能够体验科学实验、观察和探究的过程，培养科学思维和科学探究的能力。活动的设计应注重科学原理的引入和实践操作的质量控制，以确保活动的科学性和有效性。

（3）综合性的设计。实践活动的设计应综合运用多种教学手段和资源，如实验、模拟、场地观察、探究性学习等。活动设计应具有循序渐进、层次分明的特点，从简单到复杂、从具体到抽象，逐步培养师范生的实践能力和科学思维。

（4）问题导向的设计。实践活动的设计应以问题为导向，激发师范生的思考和探索欲望。通过设置开放性问题或实践任务，引导师范生主动思考和解决问题，培养其科学研究和创新能力。问题的设计应与实践活动的内容和教学目标相匹配，以促进师范生综合素质和学科能力的发展。

（5）反思与评估。实践活动的设计应注重师范生的反思和评估。师范生在实践活动结束后应进行自我反思，总结经验教训，提炼出有价值的教育经验。同时，科普教育基地可以为师范生提供评估机制，通过观察、记录、反馈等方式，对师范生的实践活动进行评估，以促进其能力的提升和教育经验的改进。

三、导师指导

导师指导是科普教育基地在小学科学教育"立交桥式"人才培养模式中的重要环节。通过配备专业的导师团队，科普教育基地能够为师范生提供有效的指导和支持，确保实践活动的质量和教学效果。以下是关于导师指导的学术性和研究性观点：

（1）导师素养的要求。导师应具备科学素养和教育经验，对于小学科学教育有深入的理解和专业的知识。导师应具备科学研究和实践经验，能够运用教育理论和教学方法指导师范生的实践活动。导师还应具备良好的沟通和指导能力，能够与师范生建立积极的互动和合作关系。

（2）实践活动的指导。导师应负责指导师范生的实践活动，包括活动的设计、实施和评估。导师应根据师范生的需求和实践情况，提供具体的指导和建议，帮助师范生合理安排实践活动的时间和内容，确保活动的科学性和有效性。导师还应引导师范生对实践过程中出现的问题进行解决和反思，促进其教育能力的提高。

（3）及时的反馈和指导。导师应及时给予师范生反馈和指导。导师可以观察师范生的实践活动、听取他们的汇报和分享以及评估报告对师范生的表现进行评价和指导。导师的反馈应具体明确、具有针对性，帮助师范生发现问题、改进实践，提高教学能力和专业素养。

（4）导师的角色定位。导师在师范生的培养过程中扮演着指导者、教育者和榜样的角色。导师应以身作则，展现出良好的教育专业素养和职业道德，激发师范生的学习兴趣和教育热情。导师还应与师范生建立良好的师生关系，以及互信和互动的合作模式，促进师范生全面发展。

（5）导师团队的建设。科普教育基地应重视导师团队的建设和培养。基地可以定期开展导师培训和交流活动，提升导师的专业能力和教育水平。导师团队还可以与高校教师、教育专家等进行合作与交流，拓宽视野，提高指导的质量和效果。

四、教育资源利用

教育资源的充分利用是科普教育基地在小学科学教育"立交桥式"人才培养模式中的关键要素。通过合理利用基地的实验室、展厅、科普讲座等资源，师范生可以开展丰富多样的教育教学实践，提高教学质量和教学效果。以下是关于教育资源利用的内容：

（1）实践教学活动。师范生可以充分利用科普教育基地的实验室设施，组织学生进行实验探究活动。通过实践实验，学生亲身体验科学现象，加深对科学原理的理解。同时，师范生利用基地的展厅和科普讲座，带领学生进行参观和观察，以深入了解科学知识和科技发展。

（2）创新性教学实践。基地提供的专业设备和技术支持为师范生的创新教学实践提供了机会。师范生可以运用基地的多媒体设备、虚拟实境技术等设计和开展创新的教学活动。例如，利用虚拟实境技术进行沉浸式教学，创造出身临其境的学习体验，激发学生的学习兴趣和好奇心。

（3）资源共享与合作。科普教育基地可以与其他教育实体进行资源共享和合作。与高校、科学技术馆、社会团体等合作，可以互相借用教育资源，开展联合教学活动。师范生通过参观其他教育实体，学习他们的教学经验和教育模式，拓宽自己的教学视野。

（4）教育资源的优化与更新。科普教育基地应不断优化和更新教育资源，以适应不断变化的教育需求和科学发展。基地可以与师范生、教育专家、科研人员等合作，共同开发和改进教育资源。同时，基地可以借助信息技术手段，建立在线教育平台，将教育资源推广到更广泛的师范生和学生群体中。[①]

（5）教育资源的评估和反馈。基地应建立教育资源的评估和反馈机制。通过观察、调查、评估等方法，了解师范生对教育资源的利用情况和效果。基地定期组织教育资源评估会议，让师范生分享他们的教学实践经验，并互相交流和反思，从而提高教育资源的质量和教学效果。

① 梁潇. 小学科学教育科技场馆学习现状及对策研究 [D]. 重庆：重庆大学，2018：34.

五、教育研究与创新

科普教育基地作为教育研究和创新的场所，为小学科学教育专业师范生提供了宝贵的机会。师范生可以利用基地的资源和平台，开展教育研究和创新，推动小学科学教育的发展和改进。以下是关于教育研究与创新的学术性和研究性观点：

（1）教育课题研究。基地为师范生提供了进行教育课题研究的环境和支持。师范生选择与小学科学教育相关的课题进行研究，如教学方法的改进、教材的开发与评估、学生学习兴趣的激发等。通过深入研究，师范生提出切实可行的教育策略和建议，为小学科学教育提供实证支持和理论指导。

（2）教学模式创新。基地提供了一个创新性教学实践平台。师范生可以运用基地的资源和设备，设计和实施新颖的教学模式。例如，通过结合科学实验和虚拟实境技术，创建沉浸式学习环境，激发学生的学习兴趣和好奇心。师范生还可以尝试利用社交媒体、在线教育等现代科技手段，创新教学方式，以提高教学效果和学生参与度。

（3）教育经验分享与交流。基地可以组织教育经验分享和交流活动，使师范生互相学习和交流教学经验。师范生既可以分享自己的教学实践案例、教学资源、教学方法等，也可以借鉴他人的经验，提高自身的教学能力。基地还可以邀请教育专家、学者等参与交流，促进教育研究和创新的深入发展。

（4）教育成果推广与应用。科普教育基地有助于师范生将教育研究成果推广与应用。通过组织教学展示、教育研讨会等活动，将优秀的教育成果分享给其他师范生、教师和教育机构。师范生既还可以与基地合作，将研究成果转化为实际教学资源和教学方案，促进小学科学教育的改进和提升。

（5）教育研究能力培养。基地应注重培养师范生的教育研究能力。通过培训和指导，帮助师范生掌握科学研究的基本方法和技巧，提高数据分析和论文撰写的能力。基地还可以提供科研项目和科研导师的支持，

169

鼓励师范生积极参与教育研究，并发表学术论文，提升其在教育研究领域的学术影响力。

第二节　科学技术馆的教育资源开发与利用

一、科学技术馆的教育资源概述

（一）科学技术馆的教育资源类型

科学技术馆的教育资源主要分为以下几类：

1. 实物展品

科学技术馆的实物展品是其最直观的教育资源。这些展品通常包括各种科学仪器、模型、实验设备等，它们可以直观地展示科学原理和技术应用，使学生能够在观察和操作中理解与掌握科学知识。例如，伦敦科学博物馆展示了大量的科学和技术历史展品，如早期的蒸汽机、电动机、飞机模型等。

2. 互动体验设施

许多科学技术馆提供了各种互动体验设施，如实验室、工作坊、科学表演等。这些设施允许学生亲自动手进行科学实验，观察实验结果，体验科学探索的过程。例如，教师让学生通过操作飞机模型来理解飞机飞行的原理，或者通过观察和操作蒸汽机来理解热力学的基本规律。

3. 数字化资源

随着信息技术的发展，科学技术馆的教育资源越来越多地采用数字化形式。这些资源包括数字化的展品、在线课程、虚拟实验室、AR/VR体验等。这些数字化资源让学生在任何时间、任何地点都能访问科学技术馆的教育资源，不仅扩大了科学技术馆的教育影响力，也降低了实验的成本和风险。

4. 教育活动和项目

科学技术馆通常会举办各种教育活动和项目，如科学讲座、科学营、科学竞赛等。这些活动和项目旨在激发学生的科学兴趣，提高他们的科学素养，帮助他们理解和应用科学知识。

5. 科普教育基地

科普教育基地是一个集教学、研究、实践于一体的教学环境。师范生既可以在这里进行教学实习，观察和参与各种科普教育活动，从中学习和积累教学经验，也可以利用这个平台开展科学教育研究，探索更有效的教学方法和策略。

这些教育资源为小学科学教育专业的师范生提供了丰富的教学材料和教学方法。通过利用这些资源，师范生能够设计出各种各样的科学教学活动，激发学生的科学兴趣，提高他们的科学素养。

（二）科学技术馆教育资源的特点

科学技术馆教育资源主要具有直观性、互动性、多元性、时效性、教育性和开放性等特点，这些特点使得科学技术馆的教育资源在小学科学教育中发挥着重要作用。下面对这些特点分别进行论述。

1. 直观性

科学技术馆的实物展品和互动体验设施都具有很强的直观性。它们以直观易懂的形式展示了科学原理和技术应用，使学生能够直接看到、触摸到科学现象，增强了对科学知识的感性认识。

2. 互动性

科学技术馆的教育资源通常设计有丰富的互动环节。无论是互动体验设施，还是教育活动，都鼓励学生主动参与，通过实际操作和体验来理解和掌握科学知识，提高了学生学习的主动性和参与性。

3. 多元性

科学技术馆的教育资源种类丰富，包括实物展品、互动体验设施、数字化资源、教育活动等，形式多样，涵盖了多个科学领域。这种多元性使得科学技术馆的教育资源能满足不同学生的学习需求，提高了教育的个性化水平。

4. 时效性

科学技术馆的教育资源通常根据科学技术的发展和社会的需求进行更新和调整。例如，科学技术馆会定期引入新的展品和设施，开展新的教育活动，使学生能够接触到最新的科学知识和技术应用。

5. 教育性

科学技术馆的教育资源具有很强的教育性。无论是实物展品、互动设施，还是教育活动，都旨在传播科学知识，提高公众的科学素养。这种教育性使得科学技术馆的教育资源成了科学教育的重要补充。

6. 开放性

科学技术馆通常对公众开放，其教育资源具有很强的开放性。学生可以在任何时间、任何地点访问科学技术馆的数字化资源，参加科学技术馆的教育活动，使得学习的时间和空间得到了极大拓展。

二、科学技术馆的教育资源开发

（一）资源开发的策略

科学技术馆的教育资源开发是一项复杂的工作，包括教育资源的采集、整合、创新和利用等多个环节。开发这些资源需要制定以下策略：

1. 建立科学知识库

科学技术馆需要建立一个科学知识库，收集并整合各种科学信息和数据。这些信息可以来自科研机构、教育机构、企业等不同的渠道，包括科学论文、科研报告、科学新闻、教学材料等不同的形式。科学知识库不仅可以提供给科学技术馆的工作人员使用，也可以对公众开放，作为一个开放的科学教育资源。

2. 创新教育活动

科学技术馆需要不断创新教育活动，提供各种新颖、有趣的学习体验。这些活动包括科学表演、实验课程、科学竞赛等不同的形式，让学生在参与中学习科学知识，提高科学素养。创新教育活动需要关注科学教育的最新趋势，结合科学技术馆的特色和能力，设计出合适的活动方案。

3. 利用数字化技术

科学技术馆利用数字化技术开发各种数字化教育资源。例如，科学技术馆可以建立虚拟实验室，让学生在网上进行科学实验；可以开发AR/VR 应用，提供沉浸式的学习体验；可以制作在线课程，提供远程学习的机会。数字化技术不仅可以提高教育资源的使用效率，也可以提供新的学习方式，满足不同学生的学习需求。

4. 开展社区合作

科学技术馆可以与学校、社区、企业等合作，开发各种社区教育资源。例如，科学技术馆可以与学校合作，开发校园科学项目；可以与社区合作，开发社区科学活动；可以与企业合作，开发企业科学展览。社区合作不仅可以提供更多的教育资源，也可以提高科学技术馆的社区影响力和公共服务能力。

5. 关注可持续发展

科学技术馆需要关注教育资源的可持续发展，确保教育资源长期有效。例如，科学技术馆可以定期评估和更新教育资源，保持资源的最新性；可以开展教育资源的回收和再利用，降低资源浪费；可以通过教育活动，提高公众对可持续发展的认识和参与。

这些策略有助于科学技术馆更有效地开发教育资源，满足不同学生的学习需求，提高科学教育质量和影响力。但是，实施这些策略需要科学技术馆有清晰的目标、良好的组织和管理能力、足够的人力和物力资源、开放和合作的心态。因此，科学技术馆的教育资源开发不仅是一项教育工作，也是一项社会工作，需要科学技术馆和社会各方共同参与和努力。

在实践中，科学技术馆的教育资源开发需要综合考虑各种因素，灵活运用各种策略。例如，针对不同的学生群体，科学技术馆可以采用不同的教育资源；针对不同的科学主题，科学技术馆可以开展不同的教育活动；针对不同的社会条件，科学技术馆可以选择不同的合作模式。通过灵活的策略,科学技术馆可以更好地满足社会的教育需求,实现其教育使命。

同时,科学技术馆的教育资源开发也需要不断地进行自我反思和自我改进。科学技术馆需要建立一个教育资源评估和反馈机制,定期检查教育资源的使用效果,收集学生和教师的反馈意见,根据反馈结果调整和优化教育资源。这种反思和改进的过程可以提高教育资源的质量和效果,促进科学技术馆的教育创新。

(二)资源开发的过程

科学技术馆的教育资源开发过程主要包括以下几个步骤:

1. 识别和收集资源

资源开发的首要步骤是识别和收集资源。科学技术馆需要通过各种途径收集科学知识、教育方法和技术工具等资源。例如,科学技术馆可以通过访问科研机构、阅读科学文献、参加教育研讨会等方式获取科学知识和教育信息。科学技术馆也可以通过购买科学设备、开发教育软件、建立科学网络等方式获取教育技术和工具。这个过程需要科学技术馆有广泛的信息源、丰富的科学和教育知识以及灵活的获取方式。

2. 分析和整合资源

科学技术馆收集资源后,就要对其进行分析和整合。科学技术馆需要了解资源的性质和价值,确定资源的适用范围和使用方法。例如,科学技术馆知道某个科学设备可以演示哪些科学原理、用于哪些教育活动。科学技术馆也需要知道某种教育方法适合哪类学生群体、提高哪些教学效果。这个过程需要科学技术馆有严谨的分析方法、高效的整合能力和明确的教育目标。

3. 设计和开发资源

在资源的基础上,科学技术馆需要设计和开发具体的教育产品和活动。例如,科学技术馆可以设计科学展览,包括选择展示的科学知识、设计展示的形式、安排展示的顺序等。科学技术馆也可以开发科学课程,包括确定教学主题、编写教学内容、安排教学过程等。这个过程需要科学技术馆有创新的设计思想、专业的开发技术和丰富的实践经验。

4.实施和评估资源

设计和开发完成后，科学技术馆需要实施和评估资源。科学技术馆组织和指导学生使用资源，观察和记录学生的反应和表现，收集和分析学生的反馈和建议。科学技术馆评估资源的效果和影响，确定资源的优点和问题，改进资源的设计和开发。这个过程需要科学技术馆制定有效的实施方案、有全面的评估标准、保持积极的改进态度。

5.维护和更新资源

科学技术馆需要持续维护和更新资源，保证资源的质量和效果，满足科学和教育的发展需求。科学技术馆定期检查和修复资源，预防和解决资源的问题和故障。科学技术馆定期更新和升级资源，添加和替换资源的内容和功能，提高资源的吸引力和效果。这个过程需要科学技术馆有稳定的维护手段、先进的更新技术和持久的发展视野。

以上就是科学技术馆教育资源开发的基本过程，但是在实际操作中，这些步骤会有重叠和交叉，需要科学技术馆根据实际情况灵活处理。此外，科学技术馆教育资源的开发是一个持续的过程，需要不断地学习和改进，以适应科学和教育的发展，提高教育资源的质量和效果。

（三）开发效果的评估

科学技术馆的教育资源开发效果评估是一个复杂且重要的过程。包括资源的使用情况、教学效果、学生满意度等多个维度的考察。这需要科学技术馆的工作人员有全面的视野、深入的理解、细致的操作和坚持的精神。只有这样，才能真正实现教育资源的有效开发，提高科学技术馆的教育质量和效果。下面将深入探讨如何进行有效的开发效果的评估。

评估的第一个层面针对的是教育资源的使用情况。这个过程中，我们要了解的是教育资源在实际应用中的使用频率、使用者对其的接受程度，以及它对教学活动的支持程度。对此，我们需要收集关于教育资源使用情况的各类数据，包括访问量、使用时长、用户反馈等。这样的数据可以通过各种方式获得，比如，通过监测系统自动收集、用户调查或访谈的方式获得。分析这些数据有助于我们理解教育资源是否被有效使用、哪些资源更受欢迎、哪些需要改进。

评估的第二个层面针对的是教学效果。这个过程主要是了解教育资源是否能够达成预期的教学目标、是否有助于提高学生的学习效果。为此，我们需要收集关于学生学习效果的数据，比如学生的学习成绩、学习进步、学习态度等。这样的数据可以通过各种方式获得，比如，通过教学测试或评估、教师观察或评价。分析这些数据有助于我们理解教育资源对学生学习的影响、是否能够有效提高学生的学习效果。

评估的第三个层面针对的是学生的满意度。这个过程主要是了解学生对教育资源的满意程度、是否愿意继续使用、是否愿意推荐给其他人。为此，我们需要收集关于学生满意度的数据，比如满意度调查、用户评价等。这样的数据可以通过各种方式获得，比如通过在线调查或问卷、用户访谈或讨论。分析这些数据有助于我们了解学生对教育资源的态度和感受、是否能够满足学生的需求和期望。

评估的第四个层面针对的是教育资源的持续改进。这个过程主要是根据前三个层面的评估结果，对教育资源进行持续的改进和优化。这涉及资源的内容、形式、交互等各个方面，需要科学技术馆的工作人员有创新思维和持续改进的能力。这个过程也需要收集关于改进效果的数据，以便持续跟踪和评估改进的效果。

三、科学技术馆的教育资源应用

（一）资源应用的策略

科学技术馆的教育资源应用策略需要充分考虑科学技术馆教育资源的特性，以及学生的学习需求和特点。以下是科学技术馆教育资源应用策略的主要方面：

1. 以学生为中心的应用策略

科学技术馆教育资源的应用必须紧紧围绕学生的学习需求和特点，以学生为中心，而非以资源为中心。这就需要我们深入了解学生的学习需求、兴趣、习惯，然后根据这些需求和特点，选择合适的教育资源，设计合适的学习活动。例如，对于小学科学教育，可以选择那些能够直观展示科学原理、引发学生探究兴趣的互动展品和实验设施。同时，需要考虑学生的年龄和认知水平，避免使用那些对学生来说过于复杂或深奥的资源。

2. 注重实践体验的应用策略

科学技术馆教育资源的最大特点之一是富有实践性，可以提供丰富的实践体验。因此，应用策略需要强调实践体验，让学生通过亲身参与、动手操作，体验科学探究的过程，感受科学的魅力。例如，教师可以组织学生参加科学技术馆的实验室活动，或者利用科学技术馆的数字化资源进行虚拟实验。同时，教师应引导学生进行反思和讨论，从实践体验中提炼科学知识，提升科学素养。

3. 灵活多元的应用策略

科学技术馆的教育资源类型丰富多样，既有实物展品，也有数字化资源；既有教育活动，也有教育项目。因此，应用策略需要灵活多元，可以结合不同类型的资源，丰富教学的手段和方法。例如，教师可以结合实物展品和数字化资源进行教学，这样既能让学生直观感受科学原理，又能利用数字化资源拓宽学习空间，增强学习效果。同时，教师还可以将科学技术馆的教育活动和项目融入教学中，丰富教学内容，激发学生的学习兴趣和参与度。

4. 注重反馈和评价的应用策略

科学技术馆教育资源的应用需要有明确的目标和有效的评价。因此，应用策略需要设定明确的学习目标，设计有效的评价方法，收集学生的学习反馈，对资源的应用效果进行评价和改进。例如，教师可以设定关于科学知识理解、科学技能掌握、科学态度培养等方面的学习目标，然后设计对应的评价指标和方法，收集学生的学习反馈，对资源的应用效果进行评价。同时，根据评价结果，对资源的应用策略进行反思和调整，持续提升资源的应用效果。

科学技术馆教育资源的应用策略需要有明确的目标、合理的方法以及持续的改进。只有这样，才能真正发挥科学技术馆教育资源的优势，提高教育的质量和效果。

（二）资源应用的过程

科学技术馆教育资源的应用过程包括以下几个步骤，如图 9-1 所示。

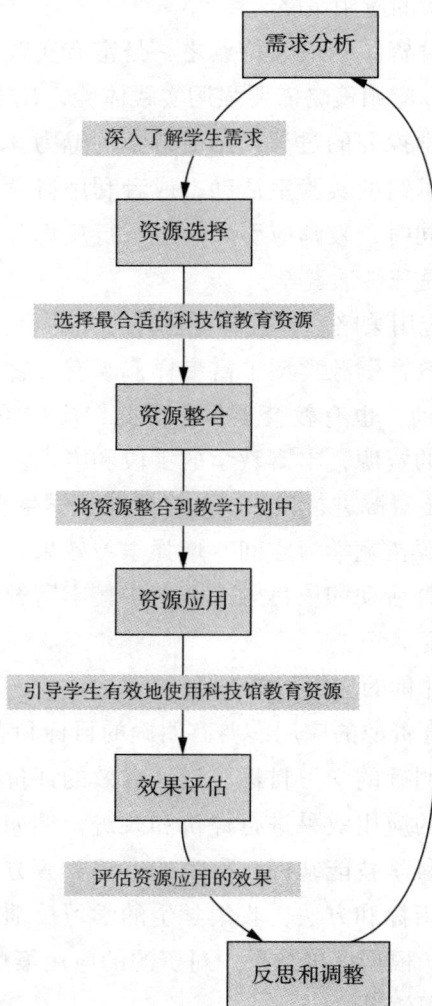

```
                    需求分析
                       │
              深入了解学生需求
                       │
                       ▼
                    资源选择
                       │
          选择最合适的科技馆教育资源
                       │
                       ▼
                    资源整合
                       │
              将资源整合到教学计划中
                       │
                       ▼
                    资源应用
                       │
       引导学生有效地使用科技馆教育资源
                       │
                       ▼
                    效果评估
                       │
              评估资源应用的效果
                       │
                       ▼
                   反思和调整
```

图 9-1　科学技术馆教育资源的应用过程

1. 需求分析

教师需要对学生的学习需求、学习目标以及学习特点进行深入的了解和分析。这一阶段的目的是找出哪些科学技术馆的教育资源最能满足学生的学习需求，激发学生的学习兴趣，帮助学生达成学习目标。这也是确定如何有效应用科学技术馆教育资源的关键步骤。

2. 资源选择

在深入了解学生的需求后，教师需要根据这些需求，选择最合适的科学技术馆教育资源。如果学生需要理解某个科学原理，那么教师就会选择那些直观展示这一原理的实物展品或互动体验设施；如果学生需要提高科学探究能力，那么教师就会选择那些可以提供实践体验的科学实验室或工作坊。

3. 资源整合

选好资源后，教师需要将这些资源整合到教学计划中。这涉及设计学习活动、制定学习任务、规划学习过程等。在这一阶段，教师需要充分考虑科学技术馆教育资源的特性，设计出能够充分发挥这些资源优势的学习活动。

4. 资源应用

在教学过程中，教师需要引导学生有效地使用科学技术馆教育资源，例如，引导学生观察展品、展开实验、参与活动、讨论问题等。同时，教师需要通过观察、反馈、评价等方式，监控学生的学习过程，调整学习活动，确保资源的有效应用。

5. 效果评估

教师需要对资源应用的效果进行评估。包括评估学生是否达成了学习目标、是否对科学有了更深入的理解、是否获得了科学探究的体验等。根据评估结果，教师可以反思资源应用的策略，从而进行相应的调整和改进。

这个过程既需要教师具备深入理解学生需求的能力、能够熟练选择和整合科学技术馆教育资源的能力，也需要教师具备有效引导学生学习和评估学习效果的能力。这对教师的专业素养和能力提出了较高的要求。

（三）应用效果的评估

应用效果的评估是衡量科学技术馆教育资源应用成功与否的关键环节。这个过程需要对学生的学习过程和结果进行系统的观察、收集、分析和解释，从而得出关于科学技术馆教育资源是否有效，以及如何改进资源应用的有力证据。这不仅有助于教师了解科学技术馆教育资源的应用效果，发现问题，改进教学，还有助于学生了解自己的学习状况，调整学习策略，提高学习效果。

1. 设定评估目标

需要明确评估目标。评估目标包括：学生对科学概念的理解是否提高、科学探究能力是否增强、科学态度和价值观是否积极，以及科学学习的兴趣和动机是否提高。

2. 设计评估工具

需要选择或设计合适的评估工具来收集评估数据。这些工具包括学生的作业、测试、观察记录、学习日志、反思记录，以及教师、家长和同伴的反馈。

3. 数据收集

在资源应用中和结束后，使用设计好的评估工具来收集评估数据。数据收集需要按照科学和伦理的原则进行，保证数据的真实性和有效性。

4. 数据分析

收集数据后，教师需要通过定量和定性的分析方法来分析数据，从中提取有关资源应用效果的信息。例如，可以通过比较测试前后的成绩来了解学生的学习进步，也可以通过分析学习日志和反思记录来了解学生的学习过程和体验。

5. 结果解释与反馈

分析数据结束，需要对分析结果进行解释，形成评估报告，总结出资源应用是否有效、哪些地方有效、哪些地方需要改进的结论。同时，要将评估结果反馈给学生和教师，用于指导其学习和教学的改进。

第三节　通过科普教育基地与科学技术馆提升学生的科学素养

一、定义科学素养

（一）科学素养的含义

科学素养是一个多维度、多层次的概念，涵盖了对科学知识的理解、对科学方法的掌握、对科学态度的形成、对科学价值和伦理的认同、对科学与社会关系的理解等内容。它是一个人在生活和工作中有效使用科学知识和方法、理性应对各种问题、维护个人和社会福祉的基本能力。

1. 知识层面

科学素养体现在对科学知识的掌握上。这既包括对自然界和技术世界的基本事实、概念和理论的理解，也包括对科学发展的历史和本质的理解。掌握科学知识有助于我们理解自然现象，预测未来事件，解决实际问题。

2. 技能层面

科学素养体现在对科学方法的掌握上。这既包括观察、实验、推理、批判思考等基本的科学思维技能，也包括科学研究、科学沟通、科学决策等复杂的科学实践技能。掌握科学技能有助于我们进行科学探究，创新思考，有效学习。

3. 态度层面

科学素养体现在对科学态度的形成上。这包括对科学事实的尊重、对科学证据的重视、对科学疑问的好奇、对科学探索的热情、对科学错误的宽容。形成科学态度有助于我们保持理性，批判偏见，欣赏不确定性，享受探索。

4. 价值层面

科学素养体现在对科学价值和伦理的认同上。这包括对科学精神的尊重、对科学诚信的维护、对科学公正的追求、对科学利益的平衡、对科学责任的承担。认同科学价值有助于我们实现公正，维护诚信，增进福祉，保护环境。

5. 社会层面

科学素养体现在对科学与社会关系的理解上。这包括对科学与社会、文化、政策、经济、环境等各个方面的互动和影响的理解。理解科学与社会关系有助于我们做出科学决策，参与科学政策，推广科学知识，应对科学挑战。

（二）科学素养的构成

科学素养作为一种综合素质，其构成较为复杂，主要包括以下几个方面：

1. 科学知识

科学知识是科学素养的基础。这不仅包括对自然科学基础知识和理论的理解，还包括对科学方法论的理解、对科学历史和哲学的了解，以及对最新的科学研究成果和技术发展的关注。掌握科学知识是进行科学思考、科学实践和科学交流的前提。

2. 科学技能

科学技能是科学素养的关键。既包括观察、实验、推理、批判思考等基本的科学思维技能，也包括数据分析、模型构建、问题解决等高级的科学处理技能。此外，还包括科学研究、科学沟通、科学决策等复杂的科学实践技能。掌握科学技能是开展科学探究、解决科学问题和影响科学政策的能力。

3. 科学态度

科学态度是科学素养的灵魂。包括对科学事实的尊重、对科学证据的重视、对科学疑问的好奇、对科学探索的热情、对科学错误的宽容、对科学风险的警惕、对科学伦理的遵守。形成科学态度是维护科学精神、保证科学质量和实现科学价值的关键。

4. 科学价值

科学价值是科学素养的导向。包括对科学真实的追求、对科学公正的坚持、对科学共享的主张、对科学可持续的关注。认同科学价值既是科学素养的核心，也是科学素养的最终目标。

5. 科学应用

科学应用是科学素养的实践。这既包括将科学知识和技能运用到日常生活、工作岗位、社会问题和全球挑战中，也包括在应用过程中不断更新科学知识、提升科学技能、完善科学态度、实现科学价值。科学应用体现了科学素养的实效性和功能性。

科学素养的各个构成部分是相互关联、相互影响的。科学知识是基础，科学技能是关键，科学态度是灵魂，科学价值是导向，科学应用是实践。它们共同构成了科学素养这一复杂的、多元的、动态的素质体系。

（三）科学素养的重要性

科学素养对于个体和社会的重要性不容忽视。以下是科学素养在个体层面和社会层面的重要性：

1. 个体层面

在个体层面，科学素养具有多方面的意义和影响。首先，科学素养的提升有助于个体更好地了解世界，提高解决问题和批判性思考的能力。科学知识和科学方法的掌握使个体能够理性地分析和评估信息，从而更好地应对日常生活中的挑战。科学素养的培养还能促进个体的自我提升，提高知识理解、技能掌握和价值认知的水平，推动智力和道德的发展。其次，科学素养对个体的职业发展具有重要影响。在当今科技日益发达的社会，科学技能和知识的掌握成了许多职业领域的基本要求。具备科学素养的个体在职场中更有竞争力，能够更好地适应新的挑战和变革。科学素养的提高能够为个体提供更广阔的职业发展空间，使其可以在不同领域获得更多的机会和成功。

此外，科学素养也对个体的生活质量产生积极的影响。科学素养不仅与职业生涯相关，还与日常生活密切相关。了解科学知识有助于个体做出更健康、更明智的生活选择。科学的思维方式和方法能够使个体更理性地处理生活中的问题，提高生活质量和幸福感。

2. 社会层面

在社会层面，科学素养的重要性同样不可忽视。首先，科学素养的广泛普及可以促进科学的发展。当公众普遍具备科学素养时，科学研究和创新能够在更友好的环境中进行，可以更好地推动科技发展和社会进步。其次，科学素养对适应信息时代的要求至关重要。在当今信息爆炸的时代，公众需要具备科学素养来辨别信息的真实性和可靠性，以免被错误的信息所误导。科学素养使公众能够更好地理解科技进步的本质、影响和潜在风险，从而更理性地看待和评估科技的发展与应用。

此外，科学素养对科学决策也起到重要作用。政策制定者需要具备科学素养来制定基于证据的决策，公众也需要科学素养来理解和评估这些决策的科学依据。在环境保护、健康管理、教育改革等多个领域，科学素养发挥着重要的作用。它使公众更好地参与决策制定过程，对相关政策具有更深入的理解和更合理的意见。

综上所述，科学素养对于个体和社会的重要性不言而喻。在个体层面，科学素养有助于个体自我提升、促进职业发展、提高生活质量；在社会层面，科学素养能够推动科学的发展、满足信息时代的要求、促进科学决策的健康发展。因此，培养和提高科学素养对于个体和社会的可持续发展具有重要意义。

二、基于科普教育基地与科学技术馆提升科学素养的策略

（一）利用教育资源提升科学素养

在科普教育基地和科学技术馆的环境中，丰富多样的教育资源为提升学生的科学素养提供了极大的可能性。利用这些资源提升科学素养，需要策略性地考虑如何整合和应用它们，从而最大化地达到预期效果。

科普教育基地和科学技术馆的实物展品和互动设施提供了科学知识的直观展示，这是提升科学素养的重要方式。实物展品和互动设施有助

于学生从直观和感性的角度理解科学原理，体验科学的魅力。对于科学素养中的知识理解和技能掌握，这些实物资源具有无可替代的作用。教师可以根据学生的学习需求，选择合适的展品和设施进行教学，同时设计相关的活动，引导学生亲自操作，通过实践体验深入理解科学原理。

科学技术馆的数字化资源为提升科学素养提供了便利的途径。这些数字化资源，如在线课程、虚拟实验室、AR/VR 体验等，能够使学生在任何时间、任何地点都接触到科学知识，扩大了教学的空间和时间范围。教师可以利用这些资源进行线上教学，开展远程教育，不仅可以拓宽教学内容，也可以让学生在更自由的环境中学习，提高学习效率。

科学技术馆的教育活动和项目也是提升科学素养的重要途径。这些活动和项目旨在激发学生的科学兴趣，提高他们的科学素养，帮助他们理解和应用科学知识。教师应根据教学目标，选择合适的活动和项目参与其中，同时结合课堂教学，设计相关项目，让学生在实践中学习，提高他们的科学素养。

（二）利用实践活动提升科学素养

实践活动是提升科学素养的重要手段，它能够使学生在亲身体验中理解科学原理、掌握科学技能，培养科学思维和创新能力。科普教育基地和科学技术馆提供了丰富的实践活动资源，如科学实验、科学工作坊、科学竞赛等。教师利用这些资源进行科学教学，不仅能激发学生的科学兴趣，还能使他们在实践中提高科学素养。

科普教育基地和科学技术馆的科学实验是提升科学素养的重要途径。科学实验可以使学生亲身参与科学探索，理解和掌握科学原理，培养他们的观察力、思考力和解决问题的能力。教师根据教学目标，选择合适的科学实验进行教学，同时设计相关的实验任务，引导学生自主设计和实施实验，培养他们的科学探索能力和创新思维。

科学工作坊是提升科学素养的有效方式。在科学工作坊，学生亲手制作科学模型，进行科学创新，体验科学的乐趣。教师根据学生的学习需求和兴趣，设计和组织各种科学工作坊，让学生在动手做的过程中理解和掌握科学知识，培养他们的科学素养。

　　科学竞赛也是提升学生科学素养的重要手段。科学竞赛可以激发学生的科学兴趣和学习动力，提高他们的科学素养。教师应根据学生的学习水平和兴趣，选择合适的科学竞赛参与其中，同时结合课堂教学，设计相关的竞赛任务，让学生在竞争和合作中提高科学素养。

（三）利用专业课程提升科学素养

　　专业课程是提升科学素养的重要环节。通过科学知识的传授，学生不仅可以掌握科学的基本概念和原理，还能在科学思维的训练中提升科学素养。对于师范生来说，科学教育专业课程更应重视科学素养的培养，以培养出具有科学精神和科学素质的科学教育人才。

　　专业课程应坚持理论与实践相结合的教学方法。科学是实践中的学问，通过实践活动，学生能够亲身体验科学研究的过程，从而更深入地理解科学知识，提高科学素养。例如，在教授自然科学基础课程时，教师可以设计一些科学实验，让学生亲自操作，以实践的方式掌握科学原理；在教授科学教育方法论课程时，教师可以组织学生进行科学教育实践，让他们在实际教学中应用科学知识，提高科学素养。

　　专业课程应注重科学思维的训练。科学思维是科学素养的核心，包括观察、假设、推理、验证等思维方式。在教学过程中，教师应引导学生运用科学思维解决问题，培养他们的科学思维能力。例如，在教授科学哲学课程时，教师引导学生思考科学研究的本质，训练他们的批判性思维；在教授科学研究方法课程时，教师引导学生设计和实施科学研究，训练他们解决问题的能力。

　　专业课程应注重科学精神的培养。科学精神，包括求真精神、创新精神、合作精神等，是科学素养的重要组成部分。在教学过程中，教师应通过实例讲解、角色扮演、小组讨论等方法，引导学生理解和珍视科学精神，并培养学生的科学精神。

　　总之，科学教育专业课程的教学旨在提升师范生的科学素养，为他们成为优秀的科学教育人才打下坚实的基础。这需要教师从课程设置、教学方法、评价方式等多方面综合考虑，以最大限度地发挥专业课程在提升科学素养中的作用。

186

三、科学素养提升效果的评估

科学素养提升效果的评估架构如图 9-2 所示。

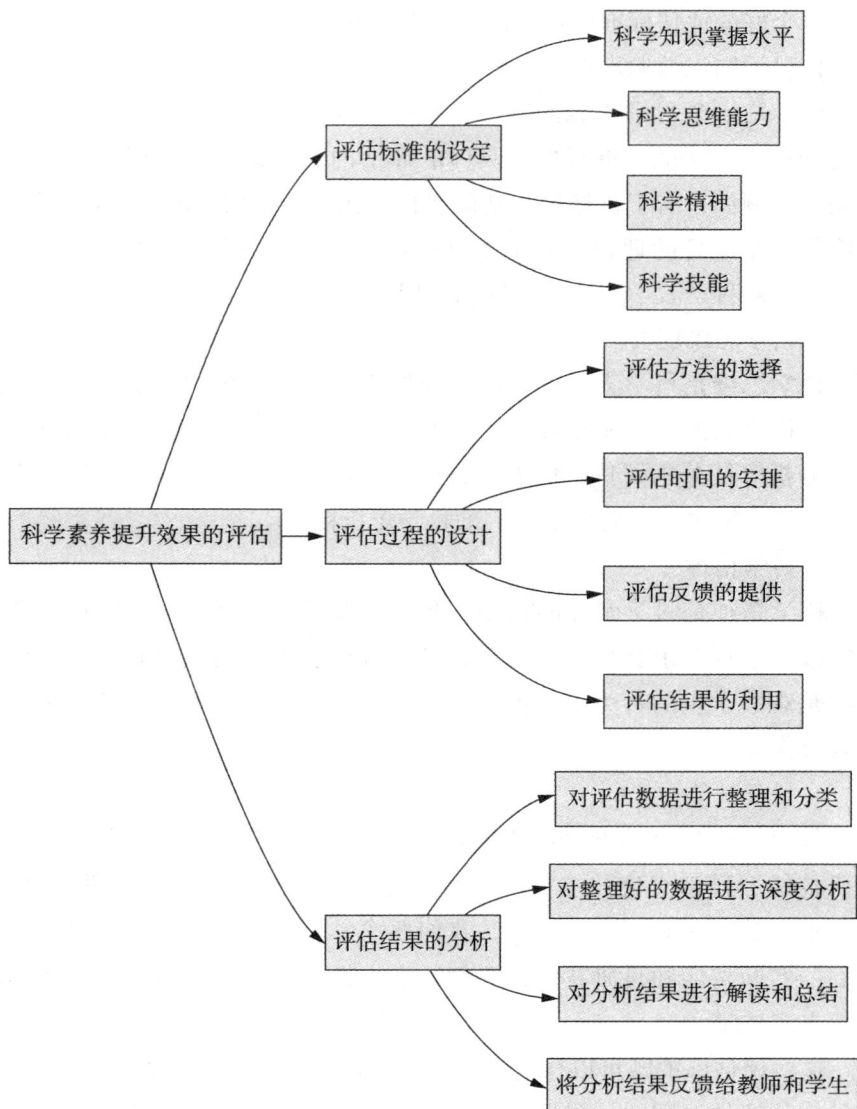

图 9-2　科学素养提升效果的评估架构

（一）评估标准的设定

在科学素养提升效果的评估过程中，设定清晰、准确和实用的评估标准是关键。评估标准不仅为评估提供指导，还是课程设计和实施的依据。一个好的评估标准应包括以下几个方面：

1. 科学知识掌握水平

科学知识是科学素养的基础，我们需要评估学生对科学原理、科学事实和科学方法的掌握程度。具体的评估内容根据专业课程的教学大纲来确定。例如，对于自然科学基础课程，我们要评估学生对物理、化学、生物等科学原理的理解和运用能力；对于科学教育方法论课程，我们要评估学生对科学教学方法的掌握和应用能力。

2. 科学思维能力

科学思维是科学素养的核心，我们需要评估学生的观察能力、假设能力、推理能力、验证能力等。这些能力可以通过问题解决、实验设计、数据分析等任务来评估。例如，我们可以设计一些科学问题，让学生用科学方法来解决，以此评估他们的科学思维能力。

3. 科学精神

科学精神是科学素养的精髓，我们需要评估学生对科学精神的理解和实践。包括对求真精神、创新精神、合作精神等的理解和实践。评估方式是观察学生的行为，如他们是否勇于质疑、是否善于创新、是否能有效合作等。

4. 科学技能

科学技能是科学素养的实践体现，我们需要评估学生的实验技能、科研技能、科学交流技能等。这些技能可以通过实验报告、研究论文、学术报告等方式来评估。例如，我们要求学生提交实验报告，以此评估他们的实验技能和科研技能；我们让学生做学术报告，以此评估他们的科学交流技能。

这些评估标准既可以作为一个整体使用，也可以根据需要分开使用。在具体的评估过程中，我们将量化和质化两种方式结合使用。例如，我们可以使用量化的考试、测试等方式评估学生的科学知识和科学技能，同时，使用质化的观察、访谈等方式评估学生的科学思维和科学精神。

（二）评估过程的设计

评估科学素养提升效果的过程需要精心设计，以确保其准确性、公正性和实用性。在设计评估过程时，我们需要考虑以下几个方面：

1. 评估方法的选择

在评估科学素养提升效果时，我们需要使用多元化的评估方法，以全面、深入地了解学生的科学素养状况。具体的评估方法包括：测试、考试、观察、访谈、反馈、报告、论文等。例如，我们通过测试和考试来评估学生的科学知识掌握程度，通过观察和访谈来评估学生的科学思维能力，通过反馈、报告和论文来评估学生的科学技能。

2. 评估时间的安排

评估是一个持续性的过程，我们需要在不同的时间点进行评估，以检测学生的学习进度和科学素养提升情况。具体的评估既可以在课程开始、中期和结束时进行，也可以在学生完成重要任务或项目后进行。

3. 评估反馈的提供

评估不仅是评价学生的工具，也是促进学生学习的工具。因此，我们需要及时、准确地给学生提供评估反馈，帮助他们了解自己的优点和不足，调整学习策略，提升科学素养。

4. 评估结果的利用

评估结果是改进教学和课程的重要依据。我们需要系统地分析评估结果，找出学生科学素养提升的难点和问题，调整教学内容和方法，改进课程设计和实施。

（三）评估结果的分析

科学素养提升效果的评估结果分析是一个对各类数据进行深度挖掘的过程，旨在从中发现学生科学素养提升的特点、规律和问题，为后续教学提供参考和依据。这个过程主要包括以下步骤：

1. 对评估数据进行整理和分类

在科学素养提升过程中，我们会收集各种形式和来源的数据，如测试成绩、观察记录、访谈笔记、学生反馈等。我们需要按照评估标准和指标，将这些数据整理成易于分析的格式，如表格、图表等。

2. 对整理好的数据进行深度分析

具体的分析方法包括描述性分析、关联性分析、差异性分析等。描述性分析旨在描绘学生科学素养提升的基本状况，如平均水平、分布情况等。关联性分析旨在探索科学素养各个组成部分之间的关系，如科学知识、科学思维、科学技能之间的关联。差异性分析旨在比较不同学生、不同班级、不同时间点的科学素养提升情况，找出其中的差异和原因。

3. 对分析结果进行解读和总结

在这个过程中，我们需要对分析结果进行深入的理解和思考，提炼出科学素养提升的主要特点和规律，找出存在的问题和疑点，给出合理的解释和建议。

4. 将分析结果反馈给教师和学生

对于教师来说，分析结果有助于他们了解学生的学习情况，及时调整教学策略，提高教学效果；对于学生来说，分析结果有助于他们了解自己的学习进度和科学素养的提升情况，及时调整学习策略，提高学习效率。

评估结果的分析是一个复杂而重要的过程，我们需要具备一定的数据分析和处理能力，以及深入的教学理解和思考。只有这样，才能真正地从评估结果中获取有价值的信息，有效地推动科学素养的提升。

第十章　小学科学教育"立交桥式"人才培养模式的效果评估

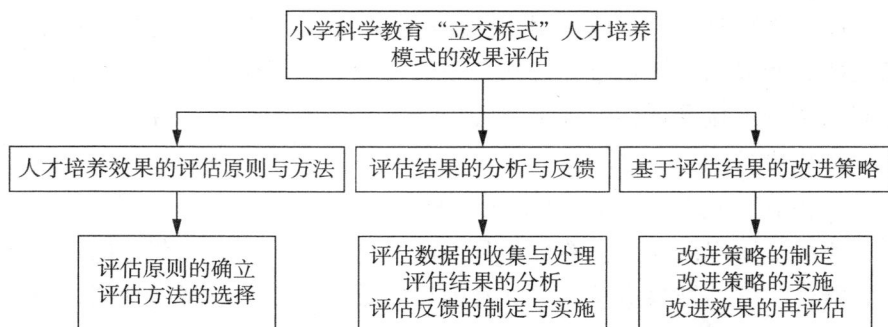

第一节　人才培养效果的评估原则与方法

一、评估原则的确立

（一）公正性原则

在评估小学科学教育"立交桥式"人才培养模式的效果时，公正性原则是一个关键的评估原则。公正性原则强调评估过程中的公平和公正，确保所有师范生都受到平等对待，不受个人特征的影响。以下是公正性原则在评估小学科学教育"立交桥式"人才培养模式效果时的具体应用。

1. 评估标准的公正性是评估的基础

评估标准应该建立在科学、客观和公正的基础上，不受个人偏见和歧视的影响。评估标准应该明确、具体，并与培养目标相一致。所有师范生应该根据相同的标准进行评估，不受个人背景等无关因素的干扰。

2.评估工具的公正性是评估的关键

评估工具应该设计得公正，确保能够准确、全面地衡量师范生的能力和表现。评估工具包括多种形式，如测试、观察、访谈等，以便全面评估师范生的知识、技能和教学能力。评估工具应避免主观性和偏见，注重客观性和准确性。

3.评估方法的公正性是评估的保障

评估方法应该公正地应用，确保所有师范生都有公平的机会展示自己的能力和成果。评估过程应在公平的环境下，确保所有师范生都能在相同的条件下接受评估。评估过程应透明、可追溯，并充分考虑个体差异和特殊情况。

4.评估结果的公正性是评估的目标

评估结果应根据公正的标准和方法得出，从而反映师范生的真实水平和能力。评估结果应及时、准确地反馈给师范生，以帮助他们认识自己的优势和不足，为他们提供指导和支持。

（二）客观性原则

客观性原则在评估小学科学教育"立交桥式"人才培养模式的效果中具有重要作用。遵循客观性原则可以确保评估结果的准确性和可信度，从而为教育决策和改进提供可靠的依据。以下是客观性原则在评估中的应用和相关方法：

1.评估标准的客观性

评估标准应该明确、具体且与实际表现相关。为了确保评估标准的客观性，教师可以采用明确的指标和描述来定义不同层次的学习成果和教学能力。例如，对于学生的科学知识掌握程度，可以使用具体的知识点和对应的评分标准进行评估，而不是主观判断或模糊描述。

2.评估工具的客观性

评估工具的设计应该具有客观性，以确保评估结果的准确性和可比性。例如，选择多项选择题、填空题或客观题等提高评估工具的客观性。此外，评估工具应该遵循评分标准，使得不同评估者在评分过程中达到一致性和客观性。

3. 评估方法的客观性

评估方法的选择和应用应该遵循客观性原则，以确保结果的客观可靠。教师可以采用测试、观察、作品展示、实践任务等评估方法，以获取多角度、多维度的信息。同时，评估方法应该具备科学性和可操作性，使其能够提供明确的评估结果。

4. 评估过程的客观性

评估过程应该具有客观性，避免主观偏见的影响。评估者应该接受相关培训，了解评估标准和评估工具的正确使用方法。评估过程中应注意记录评估者的意见和反馈，并及时解决评估中出现的不确定性因素和争议。

5. 数据的客观性

评估结果应基于客观的数据和证据，以支持评估结论的可靠性。数据收集和分析的过程应遵循科学的研究方法和统计原则，确保数据的准确性和可靠性。

通过遵循客观性原则，评估结果可以更加客观准确地反映师范生在小学科学教育"立交桥式"人才培养模式中的学习成果和教学能力。这将为改进教学策略、提高培养效果提供重要依据，从而推动小学科学教育"立交桥式"人才培养模式的发展。同时，注重客观性也有助于提高评估结果的公信力和可接受性，增强教育利益相关者的信任和支持。

（三）全面性原则

全面性原则在评估小学科学教育"立交桥式"人才培养模式的效果中具有重要意义。遵循全面性原则可以确保评估过程全面地考虑师范生的学习成果和教学能力，从而为师范生提供所需信息以支持教育决策和改进。以下是全面性原则在评估中的应用和相关方法：

1. 评估标准的全面性

评估标准应该涵盖师范生学习成果和教学能力的各个方面。除了基础的科学知识和教学技能外，还应考虑师范生的专业素养、创新能力、沟通能力、问题解决能力等多个维度。评估标准的制定应与小学科学教育"立交桥式"人才培养模式的目标和要求相一致，确保全面覆盖所需的能力和素养。

2. 评估工具的全面性

评估工具的设计应包含多种形式和类型，以评估师范生的学习成果和教学能力的不同方面。可以使用多种评估工具，如写作任务、项目作品、口头表达、观察记录等，以获取全面的信息。评估工具应能衡量师范生的知识、技能、态度和价值观等多个层面。

3. 评估方法的全面性

评估方法应多样化，覆盖师范生在不同学习环境和情境中的表现。除了课堂教学观察和实践评估外，还应考虑学生反馈、同伴评价、实习考核等方法，以获取多维度、全方位的评估数据。应根据评估目的和内容的不同选择合适的评估方法，确保全面了解师范生的学习成果和教学能力。

4. 评估过程的全面性

评估过程应涵盖不同时间段和不同情境的评估，以获取全面的信息。应定期进行评估，跟踪师范生的学习和成长，了解他们的进展和困难。同时，评估过程中应充分考虑师范生的个体差异和发展特点，给予他们个性化的关注和支持。

5. 数据的全面性

评估结果应基于全面、多维的数据，以提供全面的评估报告和分析。评估结果应该反映师范生的学习成果、教学效果、反思能力、问题解决能力等各个方面。数据收集和分析应基于科学的方法和工具，确保数据的准确性和可靠性。

通过遵循全面性原则，我们能够全面了解师范生的学习成果和教学能力，为教育决策和改进提供全面的依据。全面性的评估有助于发现师范生的潜在问题和需求，为其提供个性化的支持和指导。同时，全面性的评估还能够促进小学科学教育"立交桥式"人才培养模式的进一步发展和优化，推动教育质量的提高。

（四）效果导向原则

效果导向原则在评估小学科学教育"立交桥式"人才培养模式的效果中具有重要意义。遵循效果导向原则可以确保评估过程关注师范生的学习成果和教学效果，从而提供针对性的改进措施和指导。以下是效果导向原则在评估中的应用和相关方法：

1. 评估焦点的明确

评估焦点应集中在师范生的学习成果和教学效果上。评估应关注师范生是否真正掌握了科学教育知识和技能，并且能够在教学实践中有效运用。评估过程中应注重师范生对学生学习的影响和教学效果的评估，以确保评估结果与小学科学教育"立交桥式"人才培养模式的目标相一致。

2. 评估指标的制定

评估指标应明确反映师范生的学习成果和教学效果。例如，可以通过学生的学习成绩、学习进步、科学思维和解决问题的能力等指标来评估师范生的学习成果。同时，通过学生对科学教育的兴趣、参与度和态度等指标来评估师范生的教学效果。

3. 评估反馈的及时性和针对性

评估反馈应及时提供给师范生，以帮助他们改进学习成果，提高教学效果。反馈应具体、清楚，并提供明确的建议和指导。评估反馈可以通过个人反思、教学观察和评估报告等形式进行，以促进师范生的自我反思和专业发展。

4. 教学改进的支持

评估结果应为教学改进提供支持。根据评估结果，教师可以制订针对性的培训计划和教学发展方案，以帮助师范生提高学习成果和教学效果。此外，教师还可以通过分享教学案例和最佳实践，促进师范生之间的交流与合作，共同提高教学质量。

通过遵循效果导向原则，评估过程要更加注重师范生的学习成果和教学效果，为改进小学科学教育"立交桥式"人才培养模式提供有效的反馈和指导。评估结果的准确性和全面性将为教育决策者、教育机构和师范生提供重要参考，进而推动小学科学教育的不断发展和完善。

（五）持续性原则

持续性原则在评估小学科学教育"立交桥式"人才培养模式的效果中具有重要意义。通过持续性的评估，教师可以实现对师范生学习和教学的全面跟踪和反馈，促进其个人发展和教学提高。以下是持续性原则在评估中的具体应用和相关方法：

1. 定期评估

持续性原则要求定期对师范生的学习和教学进行评估。可以设定评估的时间节点，例如每学期或每学年进行一次评估。这样可以确保对师范生的发展进行连续、系统的观察和评估，及时发现问题并采取相应措施。

2. 跟踪师范生进展

评估结果应用于跟踪师范生的学习和教学进展。通过持续评估，可以了解师范生的成长轨迹和变化趋势，发现他们在不同阶段的优势和不足。这有助于制订个性化的发展计划和提供针对性的支持。

3. 及时反馈

评估反馈应及时提供给师范生，以便他们能够及时调整学习策略和教学方法。评估结果应准确、具体，提供有关师范生表现的明确建议和指导。教师和指导者可以通过面谈、书面报告或在线平台等方式向师范生提供反馈，促使其进一步提升。

4. 教学支持

持续性评估为教学支持提供了基础。评估结果可用于识别师范生的学习需求和教学挑战，为其提供相应的培训和辅导。教育机构根据评估结果制订针对性的教学发展计划，提供专业发展的机会和资源支持。

通过坚持持续性原则，评估过程能够为师范生提供持续的指导和支持，促进他们在学习和教学中进步与成长。同时，持续性评估也有助于监测和改进小学科学教育"立交桥式"人才培养模式的效果，推动其不断发展和完善。

二、评估方法的选择

（一）定性评估方法

在"立交桥式"人才培养模式中，定性评估方法是一个重要的工具，有助于我们深入理解和评估师范生的学习与教学过程。该方法主要依赖非数值数据，如观察记录、访谈记录、案例研究、文档分析等。

例如，我们可以通过观察师范生在小学、科普教育基地、科学技术馆等不同环境中的教学实践，了解他们如何运用所学的科学知识和教学技能、如何与学生互动、如何处理教学中的问题等。

我们还可以通过访谈师范生，了解他们对"立交桥式"人才培养模式的理解和体验、他们在实践中遇到了什么问题、他们如何反思和改进自己的教学等。

此外，我们还可以通过分析师范生的教学设计、教学反思、教学研究等文档，了解他们的教学思路和教学成果。

通过使用定性评估方法，我们可以深入理解和解释师范生的学习成果与教学能力，从而为改进"立交桥式"人才培养模式提供丰富和深入的信息。

（二）定量评估方法

定量评估方法在评估小学科学教育"立交桥式"人才培养模式的效果中起着重要作用。该评估方法主要依赖数值数据，如测试成绩、调查问卷得分、统计数据等，以量化地衡量和比较师范生的学习成果和教学能力。

在"立交桥式"人才培养模式中，定量评估方法的应用主要体现在以下几个方面：

（1）测试。通过对师范生进行知识和技能测试，我们可以通过量化的方式衡量他们的学习成果。例如，我们通过测试师范生的科学知识和教学技能，了解他们在这些方面的掌握程度。

（2）调查问卷。通过让师范生填写调查问卷，我们可以量化地了解他们的学习态度、学习策略、教学反思等。例如，我们通过调查问卷了解师范生对"立交桥式"人才培养模式的满意度、他们在实践中遇到的问题以及改进建议等。

（3）统计数据。通过收集和分析师范生的教学实践、实习表现、科研成果等统计数据，我们可以通过量化的方式了解他们的教学能力和教学成果。例如，我们可以统计师范生在小学、科普教育基地、科学技术馆等实践平台的表现，了解他们的教学效果。

通过使用定量评估方法，我们可以准确、客观地衡量和比较师范生的学习成果和教学能力，从而为改进"立交桥式"人才培养模式提供准确、可比较的信息。

（三）综合评估方法

综合评估方法在评估小学科学教育"立交桥式"人才培养模式的效果中具有重要的价值。该评估方法结合了定性评估和定量评估的优点，既能深入理解和解释师范生的学习成果和教学能力，又能准确、客观地衡量和比较他们的表现。

在"立交桥式"人才培养模式中，综合评估方法的应用主要体现在以下几个方面：

（1）综合测试。通过对师范生进行包括知识、技能、态度等多方面的综合测试，我们可以全面地了解他们的学习成果。例如，我们设计包含书面测试、口头报告、实际操作等多种形式的综合测试，以全面评估师范生掌握的科学知识、教学技能和教学态度。

（2）综合调查。通过让师范生填写包含多种问题的综合调查问卷，我们可以全面地了解他们的学习和教学情况。例如，我们设计包含选择题、填空题、简答题等多种问题的综合调查问卷，以全面了解师范生对"立交桥式"人才培养模式的理解和体验、他们在实践中遇到的问题，以及他们的改进建议等。

（3）综合统计。通过收集和分析师范生的学习成绩、教学实践、实习表现、科研成果等多方面的统计数据，我们可以全面地了解他们的教学能力和教学成果。例如，我们既可以通过统计师范生在小学、科普教育基地、科学技术馆等实践平台的表现，了解他们的教学效果，也可以通过统计他们的学习成绩，了解他们的学习情况。

通过使用综合评估方法，我们可以全面、深入、准确地了解和评估师范生的学习成果和教学能力，从而为改进"立交桥式"人才培养模式提供全面、深入、准确的信息。

第二节　评估结果的分析与反馈

一、评估数据的收集与处理

（一）数据的收集方式

在评估小学科学教育"立交桥式"人才培养模式的效果时，数据的收集方式是一个关键的步骤。正确的数据收集方式能够确保我们获取准确、全面的信息，以便进行有效评估。

在"立交桥式"人才培养模式中，可以通过以下几种方式收集数据：

（1）直接观察。通过直接观察师范生在小学、科普教育基地、科学技术馆等实践平台的教学实践，我们可以获取他们实际教学的第一手资料。这种方式能够使我们直观地了解师范生的教学技能、教学态度、与学生的互动方式等。

（2）测试和问卷。通过设计和实施测试与问卷，我们可以系统地收集师范生的知识掌握情况、教学理念以及对"立交桥式"人才培养模式的理解和体验等信息。这种方式可以使我们了解师范生的学习和教学情况。

（3）访谈和讨论：通过与师范生进行访谈和讨论，我们可以深入了解他们的思路、感受、问题和建议。这种方式可以使我们深入地了解师范生的内心世界，以及他们对"立交桥式"人才培养模式的深层理解和体验。

通过以上多种方式的综合使用，我们可以从多个角度、多个层面全面地收集评估"立交桥式"人才培养模式效果所需的数据。

（二）数据的处理方法

在评估小学科学教育"立交桥式"人才培养模式的效果时，数据的处理方法是非常关键的一环。正确的数据处理方法有助于我们从收集的数据中提取有价值的信息，以便进行更准确的评估。

在"立交桥式"人才培养模式中，可以通过以下几种方式处理数据：

（1）数据清洗。这是数据处理的第一步，主要是对收集的数据进行清洗，去除无效、重复、错误的数据，确保数据的质量和准确性。

（2）数据分类。根据数据的类型和特性，将数据进行分类和整理。例如，将观察记录、测试成绩、问卷反馈等不同类型的数据分开处理，将同一类型的数据整合在一起处理。

（3）数据分析。对清洗和分类后的数据进行深入分析。定量数据可以通过统计分析方法进行处理，如计算平均值、中位数、标准差等；定性数据可以通过内容分析、主题分析等方法进行处理，提取主要观点和主题。

（4）数据解读。基于数据分析的结果，进行数据的解读和理解，提取有价值的信息，如师范生的学习成果、教学能力、对"立交桥式"人才培养模式的理解和体验等。

（5）数据报告。将数据处理和分析的结果整理成报告，包括数据的描述、分析结果、解读和建议等，以便分享和讨论。

通过以上多种方式的综合使用，我们可以从收集的数据中提取出有价值的信息，为评估"立交桥式"人才培养模式的效果提供支持。

二、评估结果的分析

（一）结果的定性分析

定性分析是评估小学科学教育"立交桥式"人才培养模式效果的重要环节。这种分析方法主要依赖非数值数据，如观察记录、访谈记录、案例研究、文档分析等，以深入理解和解释师范生的学习成果和教学能力。

在"立交桥式"人才培养模式中，定性分析的应用主要体现在以下几个方面：

（1）观察记录分析。通过分析师范生在小学、科普教育基地、科学技术馆等实践平台的观察记录，我们可以了解他们的教学实践情况，包括教学技能、教学态度、与学生的互动方式等。

（2）访谈记录分析。通过分析师范生的访谈记录，我们可以了解他们对"立交桥式"人才培养模式的理解和体验、他们在实践中遇到的问题，以及他们的改进建议等。

（3）文档分析。通过分析师范生的教学设计、教学反思、教学研究等文档，我们可以了解他们的教学思路和教学成果。

通过定性分析，我们可以深入理解和解释师范生的学习成果和教学能力，从而为改进"立交桥式"人才培养模式提供有价值的信息。

（二）结果的定量分析

在评估小学科学教育"立交桥式"人才培养模式的效果时，定量分析是一个关键的步骤。这种分析方法依赖数值数据，如测试成绩、调查问卷得分、统计数据等，以准确、客观地衡量和比较师范生的学习成果和教学能力。

在"立交桥式"人才培养模式中，定量分析有助于我们量化地了解师范生的学习和教学情况。例如，我们可以通过分析师范生的测试成绩，了解他们对科学知识和教学技能的掌握程度。我们还可以通过分析调查问卷的得分，了解师范生对"立交桥式"人才培养模式的满意度、他们在实践中遇到的问题，以及他们的改进建议等。

此外，我们还可以通过统计分析师范生在小学、科普教育基地、科学技术馆等实践平台的表现，了解他们的教学效果。例如，我们可以统计师范生的教学评价得分，了解他们的教学质量。我们还可以统计师范生的科研成果，了解他们的科研能力。

通过定量分析，我们可以准确、客观地衡量和比较师范生的学习成果和教学能力，从而为改进"立交桥式"人才培养模式提供准确、可比较的信息。

三、评估反馈的制订与实施

（一）反馈内容的制订

在评估小学科学教育"立交桥式"人才培养模式的效果时，制订反馈内容是一个至关重要的步骤。反馈内容的制订需要基于评估结果，包括师范生的学习成果、教学能力、对"立交桥式"人才培养模式的理解和体验等。反馈内容应该既全面，又具体；既包括师范生的优点和成功经验，又包括他们的不足和改进空间。

1. 学习成果反馈

我们需要对师范生的学习成果进行反馈。包括他们的科学知识掌握程度、教学技能的运用情况、教学态度等。例如，我们可以反馈他们在测试中的表现，指出他们在哪些科学知识点上做得好、在哪些科学知识点上需要加强；我们可以反馈他们在教学实践中的表现，指出他们在哪些教学技能上做得好、在哪些教学技能上需要提高；我们还可以反馈他们的教学态度，指出他们在哪些方面的态度值得肯定、在哪些方面的态度需要改进。

2. 对这一模式的理解和体验进行反馈

我们需要对师范生对"立交桥式"人才培养模式的理解和体验进行反馈。包括他们对"立交桥式"人才培养模式的理解程度、对"立交桥式"人才培养模式的满意度、在实践中遇到的问题、改进建议等。例如，我们可以反馈他们对"立交桥式"人才培养模式的理解是否准确，他们是否能够正确地将"立交桥式"人才培养模式应用于实践中；我们可以反馈他们对"立交桥式"人才培养模式的满意度，他们是否满意"立交桥式"人才培养模式的设计和实施；我们还可以反馈他们在实践中遇到的问题、他们是否能够提出有价值的改进建议。

3. 对师范生的教学成果进行反馈

我们需要对师范生的教学成果进行反馈。包括他们的教学设计、教学反思、教学研究等。例如，我们可以反馈他们的教学设计是否科学、合理，是否能够有效地引导学生学习；我们可以反馈他们的教学反思是否深入、细致，是否能够从教学实践中提取有价值的教学经验和教学启示；我们还可以反馈他们的教学研究是否有深度、有广度，是否能够对"立交桥式"人才培养模式提出有价值的改进建议。

在制定反馈内容时，我们还需要考虑师范生的个体差异。每个师范生都有自己的优点和不足，他们的学习成果、教学能力、对"立交桥式"人才培养模式的理解和体验也各不相同。因此，我们需要根据每个师范生的具体情况，制定个性化的反馈内容。例如，对于科学知识掌握程度高、教学技能运用熟练的师范生，我们可以反馈他们的成功经验，鼓励他们继续保持；对于科学知识掌握程度低、教学技能运用不熟练的师范生，我们可以反馈他们的不足，指导他们如何改进。

制定反馈内容是一个需要细心、耐心和储备专业知识的过程。我们需要深入理解评估结果，全面考虑师范生的学习成果、教学能力、对"立交桥式"人才培养模式的理解和体验等多方面信息，这样才能制定出全面、具体、个性化的反馈内容。通过有效的反馈，我们不仅可以帮助师范生了解他们的优点和不足，提高他们的学习和教学效果，还可以为改进"立交桥式"人才培养模式提供有价值的信息。

（二）反馈方式的选择

在评估小学科学教育"立交桥式"人才培养模式的效果时，选择合适的反馈方式是至关重要的。反馈方式的选择需要考虑反馈的目的、内容、接收者等多方面因素，以确保反馈能够有效地传达给师范生，帮助他们了解自己的学习成果、教学能力、对"立交桥式"人才培养模式的理解和体验，从而提高学习和教学的效果。

在"立交桥式"人才培养模式中，反馈方式的选择主要包括以下几种：

1. 个别反馈和集体反馈

个别反馈是针对单个师范生的反馈，可以更加具体、详细地反馈他们的学习成果、教学能力、对"立交桥式"人才培养模式的理解和体验；集体反馈是针对一组或所有师范生的反馈，可以更加全面、宏观地反馈他们的学习和教学情况。在实际操作中，我们可以根据反馈的目的和内容，灵活选择个别反馈或集体反馈。

2. 口头反馈和书面反馈

口头反馈是通过语言直接向师范生反馈，可以更加直接、即时地传达反馈信息；书面反馈是通过文字向师范生反馈，可以更加详细、准确地记录反馈信息。在实际操作中，我们可以根据反馈的内容和接收者，灵活选择口头反馈或书面反馈。

3. 正面反馈和负面反馈

正面反馈是对师范生的优点和成功经验的反馈，可以鼓励他们继续保持；负面反馈是对师范生的不足和改进空间的反馈，可以指导他们如何改进。在实际操作中，我们需要注意正面反馈和负面反馈的平衡，既要肯定师范生的优点，又要指出他们的不足。

4. 实时反馈和延时反馈

实时反馈是在师范生学习或教学过程中进行的反馈，可以及时指导他们的学习和教学；延时反馈是在师范生学习或教学过程结束后进行的反馈，可以全面评价他们的学习和教学效果。在实际操作中，我们可以根据反馈的目的和时机，灵活选择实时反馈或延时反馈。

在选择反馈方式时，我们还需要考虑师范生的接受能力和接受偏好。每个师范生都有自己的接受方式，有的师范生喜欢口头反馈，有的师范生喜欢书面反馈;有的师范生喜欢个别反馈,有的师范生喜欢集体反馈。因此,我们需要尽可能地了解师范生的接受能力和接受偏好,选择他们容易接受的反馈方式。

选择合适的反馈方式是一个需要细心、耐心的过程。我们需要深入了解反馈的目的、内容、接收者等多方面因素,全面考虑个别反馈和集体反馈、口头反馈和书面反馈、正面反馈和负面反馈、实时反馈和延时反馈等多种反馈方式,这样才能选择最合适的反馈方式。通过选择合适的反馈方式,我们不仅可以有效地传达反馈信息,帮助师范生了解他们的学习成果、教学能力、对"立交桥式"人才培养模式的理解和体验,也可以为改进"立交桥式"人才培养模式提供有价值的信息。

(三)反馈的接受与响应

在小学科学教育"立交桥式"人才培养模式的评估过程中,反馈的接受与响应是一个关键环节。这一环节不仅涉及师范生如何接受和理解反馈信息,更关乎他们如何根据反馈信息调整自己的学习和教学行为,以提高学习成果和教学能力。

师范生接受反馈的过程是一个主动的认知过程。他们需要理解反馈信息的含义,识别反馈信息中的优点和不足,反思自己的学习和教学行为,从而形成准确认知。这一过程需要师范生具备良好的反馈接受能力,包括理解能力、识别能力、反思能力等。

师范生响应反馈的过程是一个主动的行为过程。他们需要根据反馈信息制订改进计划,调整自己的学习和教学行为,以提高学习成果和教学能力。这一过程需要师范生具备良好的反馈响应能力,包括计划能力、调整能力、执行能力等。

在"立交桥式"人才培养模式中,我们可以通过以下几种方式帮助师范生提高他们的反馈接受与响应能力:

(1)提供清晰、具体的反馈信息。我们需要提供清晰、具体的反馈信息,帮助师范生准确理解反馈的含义,识别反馈中的优点和不足。

（2）提供支持和指导。我们需要提供支持和指导，帮助师范生反思自己的学习和教学行为，制订改进计划，调整学习和教学的行为。

（3）提供反馈接受与响应的训练。我们可以通过课程、工作坊、研讨会等方式，提供反馈接受与响应的训练，帮助师范生提高反馈接受与响应能力。

通过帮助师范生提高他们的反馈接受与响应能力，不仅可以使他们更好地接受和理解反馈信息，还能使他们根据反馈信息调整学习和教学的行为，从而提高学习成果和教学能力。这对于改进"立交桥式"人才培养模式、提高小学科学教育的质量具有重要意义。

在反馈的接受与响应过程中，师范生需要具备开放的心态，主动接受并认真考虑来自各方的反馈，无论这些反馈是正面的还是负面的。他们应该明白，反馈不是对他们个人的评价，而是对他们学习和教学行为的评价，目的是帮助他们发现自己的优点和不足，提高学习和教学的效果。

同时，师范生也需要具备积极的行动力，主动根据反馈信息调整学习和教学的行为。他们需要理解，接受反馈是改进的第一步，但真正的改进需要他们根据反馈信息，制订并执行改进计划。只有通过实际行动，他们才能真正提高学习和教学的效果。

总的来说，反馈的接受与响应是小学科学教育"立交桥式"人才培养模式评估过程中的一个重要环节。我们需要通过提供清晰、具体的反馈信息，提供支持和指导，提供反馈接受与响应的训练，帮助师范生提高反馈接受与响应能力，从而提高学习和教学的效果，改进"立交桥式"人才培养模式。

第三节　基于评估结果的改进策略

一、改进策略的制定

（一）基于评估结果的策略制定

在制定基于评估结果的策略时，我们需要着重考虑小学科学教育的特点和目标，以便制定出有针对性的改进策略。以下是一些基于评估结果的策略制定的原则和方法：

1. 分析评估结果

我们需要仔细分析评估结果，了解学生在科学知识、科学方法和科学态度等方面的表现和问题。通过对评估数据的综合分析，我们发现学生的学习需求、弱势环节和提升空间。

2. 确定优先领域

根据评估结果，我们可以确定需要重点改进的领域。可能是某些科学概念的理解程度较低，或者学生在科学实验和观察中的技能表现较弱等。通过确定优先领域，我们可以集中精力和资源，有针对性地制定改进策略。

3. 设定具体目标

针对评估结果和优先领域，我们需要设定具体、可衡量的目标。例如，提高学生在某个科学概念上的正确理解率，提升学生在科学实验中的观察和记录能力等。明确的目标有助于指导改进策略的制定和实施。

4. 制定改进策略

基于评估结果和设定的目标，我们可以制定相应的改进策略。这些策略包括但不限于以下几个方面：

（1）优化教学内容和教学方法。根据评估结果，我们可以调整教学内容和教学方法，使其更加符合学生的学习需求和认知特点。例如，通过生动有趣的实验和案例，加强学生对科学概念的理解。

（2）加强实践和探究。注重学生实践和探究能力的培养，为其提供更多实验和观察的机会，鼓励学生自主探索和发现科学现象。

（3）强化学习支持和反馈。提供个性化的学习支持和反馈，帮助学生克服困难和提高学习效果。可以通过辅导、小组合作学习和个人指导等方式提供学习支持。

（4）培养科学思维和学习能力。注重培养学生的科学思维能力，如观察力、分析能力、解决问题的能力等。同时，培养学生的学习能力，包括学习方法的掌握、学习计划的制订和自主学习能力的提升等。

5. 实施和监控改进策略

制定改进策略后，我们需要将其付诸实施，并进行持续监控和评估。及时收集数据，了解改进策略的实施效果和学生的学习反馈。如果策略达到预期效果，可以继续巩固和推进；如果效果不佳，需要进行调整和改进。

通过基于评估结果的改进策略，我们可以针对学生的实际情况和需求，有针对性地进行教学改进，从而提高小学科学教育"立交桥式"人才培养模式的效果和质量。这种持续的评估和改进循环将推动小学科学教育不断迈向更好的未来。

（二）参考他人优秀实践的策略制定

在制定小学科学教育策略时，参考他人优秀实践是一种非常有效的方法。这不仅可以使我们避免重复他人已经发现的错误，也可以帮助我们从他人的成功经验中学到有价值的教育理念和方法。以下是我们在参考他人优秀实践时，可以考虑的一些策略：

1. 创新性教学法

在全球范围内，许多教育者和研究者已经开发出了一些创新的科学教学法，如探究式学习、项目式学习等。这些教学法强调学生的主动参与和实践操作，能够有效地提高学生的科学素养。我们可以参考这些教学法，并将其融入我们的教学实践中。

2. 教学资源的利用

优秀的教育实践往往会充分利用各种教学资源，如科学博物馆、自然公园、科学实验室等。这些资源可以提供丰富的实践操作机会，使学生在实践中学习科学。我们可以参考这种做法，尽可能地利用我们所在地区的教学资源。

3. 教学评估的设计

评估是教学的重要组成部分，优秀的教育实践通常会有精心设计的评估体系。这些评估体系不仅关注学生的知识掌握程度，也关注学生的科学方法运用能力和科学态度。我们可以参考这些评估体系，设计出适合我们的评估方法。

4. 教师专业发展

优秀的教育实践通常会重视教师的专业发展，提供各种教师培训和专业发展的机会。这些机会有助于教师提高教学能力，更新教育理念。我们可以参考这种做法，为教师提供专业发展的机会。

在参考他人优秀做法的过程中，需要注意的是，每个地区、每个学校、每个学生都有自己的特点和需要。因此，我们不能简单地复制他人的做法，而是从自己的实际情况出发，进行适当的调整和创新。只有这样，我们才能真正地从他人的优秀实践中学到有价值的东西，进而提高我们的教学质量。

二、改进策略的实施

（一）策略实施的步骤

改进策略的实施是一个关键的过程，它包括从规划到执行，再到评估的全过程管理。在实施改进策略时，我们可以遵循以下步骤来确保策略能够有效地实施并产生预期效果：

1. 确定目标

我们需要明确改进策略的目标。这些目标应该是明确的、具体的和可衡量的，以便在后续的过程中能够评估策略的实施效果。目标的明确定义有助于策略实施的重点和方向的明确。

2. 制订实施计划

在明确了目标之后，制订一个详细的实施计划至关重要。实施计划包括策略的具体实施步骤、所需的资源、责任人等重要信息。计划的制订需要综合考虑资源的可用性、时间的安排以及实施步骤的合理性。

3. 培训和准备

在实施策略之前，培训和准备工作是至关重要的。我们需要确保所有相关人员都了解策略的内容，理解他们在实施过程中扮演的角色，并具备实施策略所需的技能和知识。这需要进行培训、工作坊或其他形式的知识传递和能力培养。

4. 实施策略

在准备工作完成后，我们开始实施策略。在实施过程中，我们需要密切关注实施的进展，并与相关人员进行有效的沟通和协作。及时解决出现的问题，并根据实施情况进行适当的调整和改进。

5. 评估和调整

在策略实施的过程中，我们需要定期进行评估，评估策略是否实现了预期目标、是否达到了预期效果。评估可以采用定量和定性的方法，如数据收集、观察和反馈等，以获取策略实施效果的准确信息。根据评估结果，我们可以对策略进行必要的调整和改进。

6. 持续改进

策略的实施并不是一次性工作，持续改进是必要的。在实施过程中，不断收集和分析反馈信息，根据实际情况进行调整和优化。保持与外部环境的密切联系，及时应对变化和挑战。

策略的实施是确保改进措施能够有效实施的关键步骤。通过明确目标、制订实施计划、培训和准备、实施策略、评估和调整以及持续改进，能够确保策略有效地实施并达到预期效果。需要注意的是，实施策略的具体步骤可能因策略内容和环境差异而有所不同，在实施过程中需灵活调整，并根据实际情况进行合理的安排和决策。

（二）策略实施的难点与应对

在实施策略过程中，我们可能面临一些难点和挑战。以下是一些常见的难点以及应对策略：

1. 资源限制

策略实施受到资源的限制，包括时间、人力和财力等方面。为了应对资源限制带来的挑战，我们可以考虑优化资源配置，合理安排工作进度，寻找外部合作伙伴或资源共享的机会。同时，确保资源的有效使用和优先分配，重点投入对策略实施最关键的环节。

2. 抵触和阻力

在策略实施过程中，我们会遇到抵触和阻力，特别是当涉及人员的变革和利益分配时。为了应对这个问题，应建立良好的沟通渠道，与相关方进行充分的交流和协商，解释策略的目的和益处，提高各方的参与度和认同感。同时，建立激励机制，激发个体和团队的积极性和合作意愿，推动策略的实施。

3. 不确定性和风险

策略实施过程中存在不确定性和风险，以及面临未知的挑战和难题。为了应对这个问题，我们需要进行充分的风险评估和预测，制定应对措施和应急计划。同时，建立监测和反馈机制，及时获取实施过程中的信息和反馈，调整策略和解决问题，以降低风险并提高实施效果。

4. 效果评估

策略的效果评估是实施过程中的重要环节，但也面临一定的挑战。评估策略的效果需要较长的时间，并且受到多个因素的影响。为了应对这个问题，我们需要在策略实施前制定明确的评估指标和方法，并建立有效的数据收集和分析系统。定期对策略的实施和效果进行评估，及时调整和改进策略，确保策略的有效性和可持续性。

总的来说，策略实施过程中面临的难点和挑战是多样的，需要根据具体情况制定相应的应对策略，充分沟通和协作、优化资源配置、风险评估与管理以及定期评估和调整都是应对策略实施中难点的有效方法。

通过不断改进和优化策略实施的过程，可以提高策略的实施效果，实现预期目标。

三、改进效果的再评估

（一）二次评估的重要性

二次评估在策略实施过程中起着至关重要的作用。二次评估主要有以下作用：

（1）验证策略效果。二次评估是验证策略是否达到预期效果的重要手段。通过对比策略实施前后的情况，我们可以明确了解策略的实际效果、验证策略是否有效、是否达成了预设目标。

（2）提供反馈信息。二次评估提供关于策略实施过程和结果的反馈信息，帮助我们了解策略在实施过程中的问题和瓶颈，为后续的策略调整和优化提供依据。

（3）促进持续改进。二次评估促进组织的持续改进。通过定期的二次评估，我们可以及时发现和解决问题，持续改进策略，提高策略的效果。

（4）提升透明度和信任度。二次评估提升策略实施的透明度，增强各方对策略的信任度。通过公开和分享评估结果，使所有相关方都可以了解策略的实施情况和效果，增进他们对策略的信任和支持。

二次评估是策略实施过程中不可或缺的一环，对于策略的成功实施和持续改进具有重要作用。

（二）二次评估的方法

在进行策略的二次评估时，我们可以采用多种方法来收集和分析数据，以便准确评估策略的效果。以下是一些常用的二次评估方法：

1. 问卷调查

问卷调查是一种常见的评估方法，可以设计具有针对性的问题，收集受众的意见和反馈。通过向学生、教师、家长等参与者分发问卷，可以了解他们对策略实施效果的看法、满意度和建议。

2. 深度访谈

深度访谈是一种定性研究方法，通过与关键参与者进行面对面的交流，可以深入了解他们对策略实施的经验、观点和建议。例如，选择学校领导、教师、学生代表等关键参与者进行深度访谈，获取更详细、更深入的信息。

3. 观察法

观察法可以直接观察策略实施的实际情况。通过观察课堂教学、学生参与度、教师互动等，可以了解策略的实施情况和效果。观察可以通过现场观察、视频录制等方式进行。

4. 数据分析

通过收集和分析各种相关数据，如学生的学习成绩、参与度、行为变化等，可以进行定量评估策略的效果。例如，采用统计分析方法对数据进行比较和统计，以获取客观的评估结果。

5. 案例研究

通过深入研究个别或一组特定的案例，可以深入了解策略在具体实施过程中的效果和影响。例如，选择一些具有代表性的学校或教师作为案例对象，通过观察、访谈、文件分析等方式，深入研究他们策略的实施情况和实施效果。

6. 专家评审

可以邀请教育专家或经验丰富的教师进行策略的评审。他们可以提供专业的意见和建议，对策略的实施效果进行评估。专家评审通过专家访谈、专家小组讨论等形式进行。

以上各种方法可以根据实际需要和情况进行选择和组合，以全面、准确地评估策略的实施效果。综合运用多种评估方法可以获取多角度的数据和观点，为策略的改进和调整提供有力的支持。

（三）二次评估的结果分析

在二次评估过程中，我们收集并分析了大量的数据，以了解改进策略实施后的效果。结果显示，虽然改进策略在一定程度上达到了预期效果，但也存在一些需要进一步改进的地方。

首先，从学生的学习成绩和参与度来看，改进策略的实施有明显的积极影响。学生的学习成绩普遍提高，参与度有所增加，这表明改进策略有效地激发了学生的学习兴趣和积极性。同时，通过问卷调查和深度访谈，我们发现，学生对改进策略的反馈普遍较好，他们认为这些策略使得学习更有趣、更有挑战性，更符合他们的学习需求。

其次，教师的反馈较为积极。教师认为改进策略增强了教学的灵活性，使他们能够更好地满足学生的学习需求。同时，改进策略也提高了教师的教学效率和满意度。然而，一些教师提出，改进策略的实施加重了他们的工作负担，并且使他们需要花费更多的时间和精力进行教学设计和准备。

此外，通过数据分析，我们发现，改进策略对学生的学习成绩和参与度的影响在不同学科和年级之间存在一定差异。这可能与学科的特性、教师的教学方法、学生的学习习惯等因素有关，需要我们进一步研究和分析。

总的来说，二次评估的结果显示，改进策略在一定程度上达到了预期效果，但也存在一些需要进一步改进和优化的地方。我们将根据这些评估结果，继续完善和调整策略，从而提高小学科学教育的质量和效果。

第十一章　面向未来：小学科学教育"立交桥式"人才培养模式的发展趋势与挑战

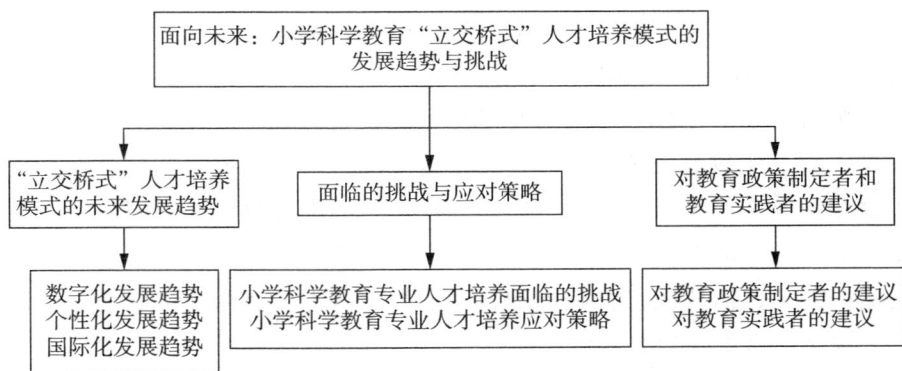

第一节　"立交桥式"人才培养模式的未来发展趋势

一、数字化发展趋势

（一）数字化教育资源的开发与利用

在未来的小学科学教育中，数字化教育资源的开发与利用将成为一种重要的发展趋势。这一趋势的出现是由于科技进步和教育需求变化所驱动的。科技进步使得我们有能力创建和使用更加丰富、更加个性化的教育资源，而教育需求的变化则要求我们提供更加灵活、更加有效的教育方式。

数字化教育资源包括在线课程、数字化教材、虚拟实验室、在线测试和评估工具等。这些资源可以为学生提供更丰富、更个性化的学习体验。例如，通过在线课程，学生可以在任何时间、任何地点进行学习，这大大提高了学习的灵活性；通过数字化教材，学生可以更方便地获取和处理信息，这有助于提高学习效率；通过虚拟实验室，学生可以进行各种实验，这不仅可以提高学生的实践能力，还能激发学生的科学兴趣。

数字化教育资源的开发与利用不仅能提高教育的质量和效率，还能促进教育的公平性。对于那些在地理位置、经济条件等方面处于劣势的学生，他们可以通过互联网获取高质量的教育资源，这在一定程度上缓解了教育资源的不均衡问题。[①]

然而，数字化教育资源的开发与利用也面临着一些挑战。首先，如何保证数字化教育资源的质量是一个重要问题。这需要我们在开发和使用这些资源时，注重教育的本质，以及学生的学习过程和学习效果。其次，如何保证所有学生都能公平地获取和使用这些资源也是一个需要解决的问题。这需要我们在政策和技术上做出努力，例如提供网络基础设施、提供适合不同学生的教育资源等。

总的来说，数字化教育资源的开发与利用是小学科学教育未来发展的重要趋势。我们需要抓住这个机会，充分利用科技的力量，为学生提供更好的教育。同时，我们也需要面对挑战，确保这个过程的公平性和有效性。只有这样，我们才能真正实现教育目标，即培养出能够适应未来社会的人才。

（二）数字化教学方法的实践与创新

在数字化教学方法的实践与创新中，我们看到了一种趋势，那就是教育者们正在寻找和尝试各种新的教学策略，以适应数字化教育的新环境。这些策略包括但不限于利用人工智能（AI）在教育中的应用、开展在线学习，以及在高等教育中的应用等。

---

① 杨晓鹏，万爱珍，卢霖.关于小学科学教育专业建设的思考[J].教育学术月刊，2010（3）：88.

人工智能在教育中的应用已经成为一种趋势。AI 有助于教师进行个性化教学，通过分析学生的学习数据，AI 可以提供个性化的学习建议，提升学生们的弱点。此外，AI 还有助于教师减轻工作负担，例如自动批改作业、管理课堂等。

在线学习也是数字化教学方法的一种重要形式。随着互联网的发展，越来越多的学生选择在线学习，这不仅可以节省时间和空间，还可以让学生根据自己的节奏进行学习。教师利用各种在线教学平台如 MOOCs 来进行教学，这种方式可以让更多学生接触优质的教育资源。

在高等教育中，数字化教学方法也得到了广泛的应用。许多大学开设了在线课程，学生可以在任何地方通过互联网接受教育。此外，许多大学也开始利用 AI 和大数据等技术来改进教学方法，例如通过分析学生的学习数据来改进教学策略。

随着科技的发展，数字化教学方法的实践与创新将成为教育的一种趋势。教育者们需要不断学习和尝试新的教学方法，以适应如今快速变化的教育环境。

二、个性化发展趋势

（一）学生个性化需求的满足

在满足学生个性化需求的过程中，我们需要理解并尊重每个学生的独特性，同时提供适应他们需求的教育资源和教学方法。在这个过程中，数字化教育工具和策略的应用可以大大提高教育的效率和效果。

首先，我们需要认识到每个学生都有他们独特的学习方式和需求。这意味着我们需要提供多样化的教育资源和教学方法，以满足不同学生的需求。例如，有的学生更善于通过视觉或听觉学习，而有的学生更善于通过实践和体验学习。因此，我们需要提供各种类型的教育资源，如视频、音频、互动游戏、实验等，以满足不同学生的学习需求。

其次，我们需要利用数字化教育工具来提高教育的效率和效果。例如，我们可以使用学习管理系统（LMS）来管理和跟踪学生的学习进度，

217

以便及时了解他们的学习情况并提供适当的支持。此外，我们还可以使用人工智能和机器学习技术来分析学生的学习数据，以发现他们的学习模式和问题，从而为其提供个性化的教学策略。

需要注意的是，虽然数字化教育工具和策略可以提高教育的效率和效果，但它们不能替代教师和学生之间的人际交往。教师需要与学生建立良好的关系，了解学生的需求和困难，以便为其提供更有效的支持。此外，教师也需要不断更新和改进自己的教学方法，以适应不断变化的教育环境和学生需求。

（二）个性化教学策略的研究与实践

在科学教育的现代化改革和发展过程中，个性化教学策略的研究和实践已经形成了一种重要趋势。这种趋势的出现不仅体现了教育工作者对个体学习差异的尊重和关注，也代表了教育界对满足每个学生特定学习需求的追求。在这个过程中，我们开始了解并运用大数据技术和个性化教学理论，同时借助模糊控制集中算法改进教学系统的推荐机制，为学生提供更加适合他们个体需求的专业教师选择。

在这个背景下，我们开始通过绘制学生的学习画像来评估他们的通过率，这种做法在一定程度上为我们提供了参考基础，以便我们能够更有效地进行个性化教学实践。在这个过程中，我们关注的是如何构建一个多元化的教学评价系统，以及如何开发个性化的科学教学模型，同时思考如何提出个性化的科学教学目标。

构建多元化的教学评价系统是个性化教学策略中的一个关键环节。这需要我们从多角度和多层次关注学生在学习期间表现出的个体差异。我们需要对学生的学习能力、学习风格、学习兴趣等进行全面而深入的分析，以便更好地理解他们的学习需求，并据此进行教学设计。这样，学生就可以在自由选择和展示自己爱好的过程中，对科学学习产生更加浓厚的兴趣。

开发个性化的科学教学模型也是实现个性化教学策略的重要环节。这意味着我们需要有效地整合网络技术和计算机技术，以实现辅助教学。

我们需要研发高质量的在线教育资源，同时建立有效的网络学习平台，以便学生可以根据自己的学习能力和兴趣选择合适的科学知识进行学习。在这个过程中，我们的目标是打破传统的教育模式，创新教育方式，使学习成为一个充满趣味和挑战的过程。

我们需要提出个性化的科学教学目标。这些目标需要摆脱现有的教学大纲和教科书的限制，充分考虑每个学生的学习能力和学习需求。我们需要创设多元化的问题情境，以激发学生的学习兴趣和学习激情，同时使学生在处理具体问题的过程中，体验到科学探究的乐趣和挑战。

总之，个性化教学策略的实施需要我们从学生的学习差异出发，通过构建多元化的教学评价系统、开发个性化的科学教学模型，以及提出个性化的科学教学目标等，以实现对每个学生个体学习需求的满足，从而提高教学效果，促进学生全面发展。

三、国际化发展趋势

（一）国际交流与合作的机会和挑战

在全球化背景下，国际交流与合作在教育领域的重要性日益凸显。在小学科学教育人才培养中，国际交流与合作带来了一系列的机会和挑战。

国际交流与合作为小学科学教育的人才培养提供了新的视野和资源。通过国际交流，我们可以了解和学习其他国家在小学科学教育中的优秀实践与经验，这对于提升我国小学科学教育的教学质量和教育效果具有重要的参考价值。同时，国际合作有助于我们引进国外的优质教育资源，如先进的教学理念、教学方法和教学材料，这对于丰富我国小学科学教育的教学内容和提高教学效果具有重要的推动作用。[1]

然而，国际交流与合作也面临着一些挑战。首先，由于教育体制、教育理念和教育方法的差异，如何将国外的优秀教育实践和资源有效地

[1] 范增.核心素养背景下小学科学教育专业职前课程设置优化 [J]. 湖南第一师范学院学报，2019，19（2）：52-56.

融入我国的小学科学教育中是一个需要解决的问题。这需要我们有足够的教育智慧和教育技术，以便对国外的教育实践和资源进行适应性的改造和创新性的应用。其次，国际交流与合作需要一定的经济投入和人力资源，这对于一些经济条件和人力资源相对匮乏的地区来说是一个不小的挑战。因此，如何在有限的资源条件下，有效地开展国际交流与合作也是一个需要解决的问题。

国际交流与合作为小学科学教育的人才培养带来了新的机会，但也带来了挑战。我们需要在实践中不断探索和创新，在充分利用这些机会的同时、有效应对这些挑战。

（二）国际视野下的人才培养模式

国际视野在今天的教育体系中起着至关重要的作用，对小学科学教育"立交桥式"人才培养模式的影响不容忽视。在全球化背景下，以国际视野塑造人才培养模式已经成为教育领域的重要趋势。在具体的实施过程中，我们可以从以下五个方面着手：

第一，课程设计是科学教育人才培养的基础，全球视野在课程设计中的体现是必要的。这意味着在制定课程内容时，我们应深入考虑如何使学生在学习过程中，不仅能领略到本国科学知识的魅力，而且可以从更广阔的角度理解世界的科学知识和实践。这需要我们对课程进行一些调整，包括引入多元化的科学案例，涵盖不同国家和文化的科学现象，使课程具有更强的国际性和实时性。

第二，国际交流与合作是开阔师范生视野、提升他们国际化素质的重要方式。通过与海外的教育和科研机构进行交流和合作，我们可以为师范生提供更丰富、更具有挑战性的学习机会。比如，我们鼓励师范生参加海外学习和研究项目，通过实际的学习经验，加深对科学教育的理解和认识；我们邀请海外校教师来校举办讲座和研讨，使师范生从中获得新的教学理念和方法。

第三，在全球化背景下，我们还需要强化师范生的全球公民意识。这就需要我们在教育过程中，培养他们的全球视野，使他们了解自己的行为和决策如何影响全球社会，以及如何应对全球范围内的问题。为了实现这一目标，我们需要改革现有的教学和评价方式，以便更好地培养学生的全球视野和跨文化能力。

第四，数字化教育资源在国际视野下的人才培养模式中占有重要地位。它为我们提供了丰富多样的学习和教学资源，无论是对课程内容的丰富性，还是对教学效果的提升，都起到了重要作用。例如，我们使用数字化教育资源来丰富科学课程的内容，通过图像、视频等多媒体材料，使科学知识更生动、更直观；我们使用在线平台进行国际交流和合作，如参与国际在线课程、与海外的师范生和教师进行交流与讨论等。

第五，我们还需要密切关注全球教育的发展趋势和挑战，以便及时调整教育策略和方法。这意味着我们既需要持续学习和研究国际教育的新理念、新方法，了解并引入国际上有效的科学教育实践，也需要关注全球化对教育的影响，以及由此带来的挑战，从而在教育过程中提前做好应对工作。

综上所述，我们应在小学科学教育"立交桥式"人才培养模式中融入更深层次的国际视野，使师范生在全球化背景下，努力学习科学知识，提高科学教学能力，形成国际化的思维方式和行为习惯，从而在未来的教育工作中，更好地服务社会，推动科学教育的发展。

总的来说，国际视野下的人才培养模式需要我们在全球化背景下进行思考和实践，以培养出能够适应 21 世纪教育环境的优秀小学科学教育教师。

第二节　小学科学教育"立交桥式"人才培养面临的挑战与应对策略

一、小学科学教育专业人才培养面临的挑战

（一）资源整合的困难

小学科学教育专业人才的培养是一个复杂且系统的过程，这个过程不仅涉及多种资源的整合，还涉及不同机构间的协作，以及在这个过程中可能出现的各种问题和挑战。其中的首要问题就是资源整合的困难。在培养小学科学教育专业人才时，我们需要整合各种各样的资源，包括学校的教学资源、实验资源，甚至包括社会上的各种资源。其中涉及资源的识别、收集、整理、分配和利用，每一个环节都可能出现问题，从而导致资源的整合难以进行。

首先，资源整合的困难表现在资源的识别上。小学科学教育涉及的知识领域广泛，既包括基础的自然科学知识，也包括应用科学知识，还包括教育学、心理学等社会科学知识。这就需要教育工作者具有开阔的知识视野和敏锐的识别能力，从海量的信息中筛选出对小学科学教育有用的资源。然而，这对于很多教育工作者来说是一个挑战。

其次，资源整合的困难还表现在资源的收集上。我们在识别出有用的资源后，还需要将这些资源收集起来，形成可以使用的资源库。这就需要我们有一套有效的收集机制，能够快速、准确地将资源收集起来。但在实际操作中，我们常常发现，有的资源无法获取，有的资源获取成本过高，有的资源虽然获取到了，但由于各种原因而无法有效利用。

此外，资源的整理、分配和利用也是一个难题。在收集资源后，我们需要对这些资源进行整理，将它们分类、标签，方便以后的查找和使

用。这是一项非常耗时耗力的工作，如果不加以重视，将会导致资源的使用效率低下。资源的分配则需要我们有一套公平、合理的分配机制，确保每一个学生都能获取所需的资源。而在资源的利用上，我们还需要培养学生的利用能力，让他们能够有效地利用这些资源达到学习效果。

面对这些困难，我们需要有针对性地采取一些策略。比如，在资源的识别上，我们可以引入更多专家，或者使用人工智能等技术；在资源的收集上，我们可以与更多的机构建立合作关系，共享资源，降低资源获取的成本；在资源的整理、分配和利用上，我们可以借助信息技术，提高这些过程的效率，也可以通过教育培训，提升学生的资源利用能力。

（二）跨机构协作的挑战

"立交桥式"人才培养模式依赖各机构之间的紧密合作。高校、小学、科普教育基地和科学技术馆等机构需要协同工作，以实现教育资源的最佳利用和培养目标的达成。然而，跨机构协作在实施过程中面临一系列挑战。

不同机构间的目标不一致性可能成为一个重大障碍。每个机构都有自身的目标和使命，这些容易与其他机构的目标产生冲突。例如，一个科普教育基地可能更关注公众科学素养的提升，而高校可能更专注前沿科研的开展。这种情况下，如何协调这些机构的目标，达成共识，使得人才培养项目得以顺利进行是一个需要解决的问题。

管理和沟通的复杂性也是一个挑战。跨机构协作涉及多个不同的组织，每个组织都有自身的管理结构和沟通方式。如何在这种复杂的环境中实现有效的管理和沟通，确保人才培养的连贯性和一致性是一大难题。

资源分配和共享也可能引发问题。不同的机构有不同的资源配置和使用方式，如何公平、有效地进行资源分配和共享，以满足所有参与机构的需求是一个挑战。

跨机构合作还涉及权力和责任的分配问题。哪个机构应当负责哪些任务、哪个机构应当享有哪些权力、如何处理各机构之间可能发生的冲突都是需要谨慎考虑和处理的问题。

（三）培养目标的明确性与连续性问题

在小学科学教育"立交桥式"人才培养模式中，培养目标的明确性与连续性是提高教育质量的重要因素。但在实际应用中，这两个方面的问题常常成为制约人才培养效果的挑战。

培养目标的明确性指的是培养目标应该清晰、具体，并且能够被所有参与方理解和接受。在高校、小学、科普教育基地和科学技术馆等多元化的教育环境中，如何定义和设定这样的培养目标具有很大的挑战性。由于各参与机构的教育理念、教育方式以及教育目标存在差异，在设定共同的培养目标时，我们需要进行充分的交流和协调，以确保目标的明确性。

此外，目标的连续性也是一个需要关注的问题。人才培养是一个持续的过程，需要在不同的阶段、不同的环境中保持培养目标的连续性。这意味着在各个机构中，虽然教育内容和方式不同，但都应围绕共同的培养目标进行，以保证培养过程的连贯性。然而，在实践中，如何实现这种连续性，确保在不同的学习阶段和环境中都能围绕共同的目标进行教学是一项具有挑战性的任务。

为了解决这些问题，我们考虑从几个方面进行改进：首先，要加强各参与机构间的交流和协调，以达成共识，设定清晰、具体的培养目标。这需要开展一系列的会议、研讨会等活动，甚至需要设立一个专门的协调机构来推动这一过程。其次，要建立一种长期的、系统的教育模式，确保在不同的学习阶段和环境中都能围绕共同的目标进行教学。这需要对现有的教育模式进行改革，引入新的教育理念和方法，以实现目标的连续性。最后，要通过评估和反馈机制，不断对培养目标进行调整和优化，以适应不断变化的教育环境和需求。

（四）教学评价体系的构建问题

在小学科学教育"立交桥式"人才培养模式中，教学评价体系的构建是对学生学习成果的一种评估，也是教学质量的反映。然而，建立一套有效、公正、准确的教学评价体系是一项极具挑战性的任务。这是因为我们需要考虑各类学习情境、教学方式以及教学目标的变化，并在这些变化中找到一种普适的评价方法。同时，教学评价体系还需要考虑教育的公平性、透明性、及时性等因素。

构建教学评价体系需要解决的一个主要问题是如何衡量学生的学习成果。在传统的教育模式中，学习成果通常通过考试分数进行衡量，但这种方法只能反映学生的知识掌握情况，无法全面评估学生的学习能力、学习态度以及实际操作能力等多方面能力。因此，我们需要探索新的评价方式，如项目评估、同伴评估、自我评估等，以便更全面地评估学生的学习成果。

教学评价体系需要反映教学的公平性。由于学生的学习能力、学习环境、学习资源等方面存在差异，评价体系需要考虑这些差异，并进行适当的调整，以确保评价的公平性。例如，对于学习资源较为匮乏的学生，评价体系可以适当降低对学习资源的依赖，更加注重学生的学习进步情况和实际操作能力。

教学评价体系需要具有一定的透明性。教学评价的标准、方式、结果等都应该对学生、家长、教师等各方公开，以增强评价的公信力。同时，透明的评价体系也有助于学生更好地了解自己的学习情况，调整学习策略，从而提高学习效果。

教学评价体系需要有一定的及时性。教学评价不仅是对学习成果的评估，也是对学习过程的指导。及时的评价反馈有助于学生及时调整学习策略，走出学习误区，提高学习效果。同时，及时的评价反馈也有助于教师了解教学效果，调整教学策略，提高教学质量。因此，建立一套及时、有效的评价反馈机制是构建教学评价体系的重要任务。

（五）信息技术应用与数据安全的问题

在小学科学教育"立交桥式"人才培养模式中，信息技术的应用以及数据安全问题不容忽视。信息技术的应用能够大大提高教学效率，同时为个性化教学提供了可能，但也带来了数据安全的挑战。

信息技术，如人工智能、大数据分析等，已经在教学过程中发挥了重要的作用。一方面，通过人工智能技术，我们能够对大量的学生数据进行分析，找出每个学生的学习特点和偏好，从而进行个性化教学。例如，通过分析学生的学习记录，教师可以了解学生在哪些知识点上存在困难，从而有针对性地进行教学。另一方面，大数据技术有助于我们对教学效果进行评估，找出教学过程中的问题，提供改进的方向。

然而，随着信息技术的应用，数据安全的问题日益突出。首先，学生的学习数据是他们的个人信息，需要得到保护。任何对学生数据的收集、存储和使用都需要得到学生及其家长的同意，并且在使用过程中要遵守相关的法律法规，保护学生的隐私权。此外，学生的学习数据也可能成为网络攻击的目标，因此，需要采取足够的安全措施，保护这些数据不被未经授权的访问和使用。

二、小学科学教育专业人才培养应对策略

（一）构建有效的资源整合机制

对于"立交桥式"人才培养模式来说，资源整合是构建有效教育体系的重要环节。但是，目前面临的主要挑战是如何确保各个参与方的资源能够有效地整合在一起，从而实现优质、高效的教育服务。为了解决这个问题，我们需要构建一个有效的资源整合机制。

这个机制首先要明确资源整合目标。只有明确了目标，各个参与方才能围绕这个目标进行协作。对于"立交桥式"人才培养模式来说，资源整合的目标应该是通过共享和互补资源，为小学科学教育提供更加全面、深入的教学支持，从而提高教学的质量和效果。在具体的实施中，这涉及如何共享教学资源、如何整合各自的优势资源、如何协调资源使用等问题。

资源整合机制的第二个关键环节是建立合作协议。这个协议应该明确规定各个参与方的权利和义务，例如，谁负责提供哪些资源、谁负责管理和维护这些资源、如何解决资源使用中的矛盾和冲突等。通过合作协议，可以确保资源整合的公平性和有效性，避免因为资源的不平等分配而导致矛盾和冲突。

当然，资源整合机制也需要有一定的灵活性，以适应不断变化的教

育环境。例如，随着科技的发展，新的教育资源会不断出现，这就需要资源整合机制及时接纳和利用这些新的资源。另外，由于教学目标和需求会随着时间的推移而发生变化，资源整合机制也需要根据这些变化做出调整。

通过构建这样一个有效的资源整合机制，我们可以确保"立交桥式"人才培养模式在面临资源整合困难时，能够找到有效的解决办法，从而进一步提高小学科学教育的质量和效果。同时，这也有助于各参与方充分发挥自己的优势，实现资源的最大化利用。

（二）建立跨机构协作的平台与机制

在"立交桥式"小学科学教育人才培养模式中，高校、小学、科普教育基地以及科学技术馆等不同机构需要进行跨机构协作，共同为学生提供科学教育。然而，跨机构协作往往面临许多挑战，例如机构间的文化差异、利益冲突以及协作的流程不明确等问题。因此，建立有效的跨机构协作平台与机制显得尤为重要。

建立跨机构协作平台的首要任务是确保所有参与者在平台上具有平等的地位。这意味着所有参与的教育机构都能够平等地分享信息，提出自己的意见，参与决策，以此确保所有机构的利益得到充分的保障。具体来说，平台可以采用信息化的方式来实现，如建立一个统一的在线平台，提供实时的信息共享、在线讨论、远程协作等功能。

建立跨机构协作机制的重点在于制定明确的协作规则。协作规则需要明确协作的目标、角色、任务、责任以及流程等内容。对于"立交桥式"人才培养模式来说，协作目标是为学生提供高质量的科学教育，各机构需要根据自己的资源优势和教育特色来分工协作。例如，高校可以提供科学研究资源、小学可以提供教学场地和教学人员、科普教育基地和科学技术馆可以提供科普知识与实践场地。

另外，跨机构协作机制还需要设定协作的评价和反馈机制。只有通过对协作效果的评价和反馈，才能不断改进协作机制，提高协作效果。例如，可以定期组织协作评估会议，由所有参与者共同评估协作的效果，从中发现问题，并提出改进意见。

建立跨机构协作的平台与机制既需要保证各参与机构的利益，也需要保证协作的效果。只有这样，"立交桥式"小学科学教育人才培养模式才能真正发挥优势，为学生提供优质的科学教育。

（三）明确并连续跟踪培养目标

在实施"立交桥式"小学科学教育人才培养模式过程中，明确并连续跟踪培养目标显得尤为关键。培养目标是教育的灵魂，是指导教学活动的重要依据，也是评价教育质量的重要标准。

在明确培养目标上，小学科学教育需要深入研究学生的发展规律和需要，以及科学教育的社会需求，从而制定出符合学生发展和社会需求的培养目标。同时，也要考虑学生的个体差异，给予学生一定的选择空间，让他们根据自己的兴趣和特长来选择学习路径，这样才能充分调动学生的学习积极性，使他们在学习中得到全面发展。

在连续跟踪培养目标上，小学科学教育需要建立一个科学的评价体系和跟踪机制，实时了解学生的学习进度，及时发现和解决教学中的问题。这一过程不仅需要教师的主动关注，也需要学生、家长以及其他教育工作者的积极参与。通过多方位、多渠道、多形式的评价，可以更全面、更深入地了解学生的学习情况，为改进教学提供依据。

此外，由于科学技术的快速发展，社会的需求也在不断变化，培养目标并不是一成不变的，而是需要定期进行修订和更新。学校和教师应当关注科学的新发展，以及社会的新需求，及时调整和更新培养目标，以适应社会发展的新需求。

通过明确并连续跟踪培养目标，可以更好地指导教学活动，更有效地激发学生的学习兴趣，更准确地评价教学质量，更有效地实施"立交桥式"小学科学教育人才培养模式，为培养符合社会需求的科学教育人才提供有力保障。

（四）建立与培养模式相适应的教学评价体系

为实现"立交桥式"小学科学教育专业人才培养目标，建立与之相适应的教学评价体系是不可或缺的一环。教学评价体系的设计应当遵循的基本原则是：评价内容应反映培养目标、评价方法应准确评估学生的学习成果、评价结果应指导和推动教学的改进。

在"立交桥式"人才培养模式中，我们注重的是学生的全面发展和个性化发展。因此，评价体系应当包含知识、技能、态度、兴趣等多方面的评价内容，以全面地反映学生的学习成果。同时注重学生的个体差异，尊重每一个学生的独特性，允许不同的学习路径和进度，而不是单一的标准答案和一致的评价标准。

为了准确评估学生的学习成果，评价方法应当科学合理、多元化。可以采用形式化和非形式化的评价方式，如测试、观察、访谈、学生自我评价等，同时采用量化和质化相结合的方式，既考查学生的知识掌握程度，也了解他们的情感态度和学习过程。通过多元化的评价方式，可以更全面、更准确地了解学生的学习情况，更有效地指导教学。

评价的结果应当被有效地利用，以推动教学的改进。教师应当根据评价结果，反思自己的教学，寻找教学中存在的问题，改进教学策略。同时及时反馈给学生，帮助他们了解自己的学习情况，调整学习策略，激发学习动力。只有这样，评价才能真正发挥其应有的作用，推动教学和学习的不断提高。

总之，建立与"立交桥式"人才培养模式相适应的教学评价体系是实现该培养模式目标的重要保障，需要我们从评价的内容、方法、结果三个方面进行深入探索和实践。

（五）提升信息技术应用能力与保障数据安全

"立交桥式"小学科学教育专业人才培养模式在实施过程中，离不开现代信息技术的广泛应用。信息技术能大大提高教育教学的效率和效果，支持个性化、定制化的教育路径，促进教育的公平和质量。然而，信息技术的应用也带来了数据安全的问题，需要我们密切关注和有效应对。

在提升信息技术应用能力方面，我们首先要关注的是教师和学生的信息素养。他们是信息技术应用的主体，他们只有具备足够的信息素养，才能充分利用信息技术进行教学和学习。因此，我们需要在培养模式中，加强教师和学生的信息素养教育，提升他们信息获取、处理、利用的能力。

此外，我们还需要关注教育技术的研究和应用。教育技术是信息技术应用在教育领域的具体实践，关乎教育教学的效率和效果。因此，我们需要关注教育技术的最新研究，积极应用先进的教育技术，如人工智能、大数据等，进行教学设计和教学实践。

在保障数据安全方面，我们要注意的是数据的收集、存储和使用。在信息化教育环境中，大量的教育数据被生成和利用，这些数据往往涉及学生的隐私，需要我们严格遵守相关法律法规，保护学生的隐私权。

提升信息技术应用能力与保障数据安全是"立交桥式"人才培养模式实施过程中需要关注的重要问题，我们在实践中要不断探索和尝试，以实现教育的现代化和人才培养目标。

第三节　对教育政策制定者和教育实践者的建议

一、对教育政策制定者的建议

（一）政策制定的方向

"立交桥式"人才培养模式强调了小学、高校、科普教育基地、科学技术馆、社会团体等多元化教育资源的整合，以共同培养未来的小学科学教育教师。因此，政策制定的方向应该考虑以下几个方面：

1."立交桥式"人才培养模式的推广

政策制定者需要认识到"立交桥式"人才培养模式对于小学科学教育的重要性。这种模式强调小学、高校、科普教育基地、科学技术馆、社会团体等多元化的教育资源共同参与，以培养未来的小学科学教育教师。政策制定者应该在政策中明确提出这种人才培养模式，并为其推广提供必要的支持和保障。

2. 推动多元化教育资源的整合

政策制定者应该制定相关政策，鼓励和推动各类教育资源的整合。包括鼓励高校与小学、科普教育基地、科学技术馆、社会团体等进行深度合作，共享教育资源，共同参与人才培养。

3. 强化实践教学的地位

政策制定者应该强化实践教学在教育中的地位，鼓励和支持各类教育机构进行实践教学的创新和实验。包括提供更多的实践教学机会，鼓励教师和学生参与实践教学，以提高他们的实践能力和创新能力。

4. 提升教师专业发展的支持

政策制定者应该提供更多的支持和资源，促进教师发展。包括提供专业发展的培训和学习机会，为教师搭建交流和学习的平台，以及为教师提供进行教育研究和实践的支持。

5. 注重学生个性化需求的满足

政策制定者应该注重满足学生的个性化需求，鼓励和支持教育机构进行个性化教学的创新和实践。包括提供个性化教学的资源和支持，鼓励教师进行个性化教学的研究和实践，以满足不同学生的学习需求。

6. 教育质量的保障

在推广"立交桥式"人才培养模式的同时，政策制定者也需要关注教育质量问题。政策制定者应该制定相关政策，明确教育质量的评价标准和评价机制，对教育质量进行有效的监督和管理。同时，政策制定者也需要考虑如何通过政策手段来提高教育质量，如提高教师的教学能力、改进教学方法等。

7. 教育公平的实现

"立交桥式"人才培养模式强调多元化的教育资源共同参与人才培养，这就需要政策制定者关注教育公平的问题。政策制定者应该制定相关政策，保障所有学生都能公平地获取和利用教育资源，享受优质的教育服务。

（二）政策制定的原则

在制定与"立交桥式"小学科学教育人才培养模式相关的政策时，应遵循以下原则：

1. 公平性原则

公平性是教育政策制定的基本原则之一。在"立交桥式"人才培养模式中，无论是小学、高校、科普教育基地、科学技术馆，还是社会团体，都应享有公平的教育资源分配权和使用权。政策制定者应确保所有参与者在资源获取、利益分配、决策参与等方面的公平性，避免出现资源配置不均、利益分配不公等问题。

2. 开放性原则

开放性原则强调教育的开放性和包容性，鼓励各类教育机构进行交流与合作，共享教育资源，共同参与人才培养。政策制定者应鼓励和支持各类教育机构打破传统的教育边界，开展跨机构、跨领域合作，共同推动小学科学教育的发展。

3. 创新性原则

创新性原则强调教育的创新性，鼓励和支持教育机构进行教育教学的创新和实验。政策制定者应提供必要的支持和保障，为教育机构进行教育创新提供足够的自由和空间，鼓励教育机构尝试新的教育理念、教学方法和教学模式。

4. 参与性原则

参与性原则强调教育的参与性，鼓励和支持所有教育参与者，包括学生、教师、家长、社区等积极参与教育活动，共同参与教育决策。政策制定者应鼓励和支持各类教育参与者积极参与教育活动，为其提供参与教育决策的机会和渠道，以提高教育的参与度和民主性。

5. 可持续性原则

可持续性原则强调教育的可持续性，鼓励和支持教育机构进行长期的、可持续的教育活动。政策制定者应鼓励和支持教育机构进行长期的教育规划，提供必要的资源和支持，以保证教育活动的连续性和稳定性。

6. 适应性原则

适应性原则强调教育政策的灵活性和适应性，要求政策制定者在制定教育政策时，充分考虑教育环境的变化和教育需求的多样性，使政策能够适应教育环境的变化和教育需求的多样性。在"立交桥式"人才培养模式中，政策制定者应根据小学、高校、科普教育基地、科学技术馆、社会团体等不同教育机构的特点和需求，制定灵活多样的政策，以满足各类教育机构的需求。

7. 合作性原则

合作性原则强调教育的合作性，鼓励和支持各类教育机构进行合作，共享资源，共同解决问题。在"立交桥式"人才培养模式中，政策制定者应鼓励和支持小学、高校、科普教育基地、科学技术馆、社会团体等不同教育机构进行合作，从而解决共同面临的问题，共同推动小学科学教育的发展。

（三）政策执行的监督与反馈

政策执行的监督与反馈是确保政策有效实施的重要环节，对于"立交桥式"小学科学教育人才培养模式的推进具有重要意义。以下是对政策执行的监督与反馈的一些建议：

1. 建立健全的监督机制

政策制定者应建立健全的监督机制，对"立交桥式"人才培养模式的实施进行全程监督。包括对政策实施的过程、结果进行定期的检查和评估，确保政策的执行符合预期的目标和要求。同时，监督机制也应包括对政策执行中出现的问题进行及时发现和处理，以防问题扩大和执行延误。

2. 建立反馈机制

政策制定者应建立反馈机制，收集和整理政策执行的反馈信息。包括从小学、高校、科普教育基地、科学技术馆、社会团体等各类教育机构收集反馈信息，了解政策执行的实际效果和存在的问题。反馈信息应作为政策调整和优化的重要依据，以确保政策的持续改进和完善。

3. 加强信息公开和透明度

政策制定者应加强信息公开和透明度，让所有教育参与者都能了解到政策的执行情况和结果。这不仅可以增强政策的公信力，还可以使教育参与者对政策的执行有更直观的了解，从而提高他们对政策的认同度和满意度。

4. 定期评估和调整政策

政策制定者应定期对"立交桥式"人才培养模式的执行情况展开评估，根据评估结果对政策进行必要的调整和优化。这既可以确保政策的有效性和适应性，也可以使政策更好地服务小学科学教育的发展。

通过以上监督与反馈机制，可以确保"立交桥式"小学科学教育人才培养模式的政策得到有效的执行，同时根据反馈信息对政策进行持续的优化和改进，更好地推动小学科学教育的发展。

二、对教育实践者的建议

（一）教师的专业发展

对于教育实践者，特别是小学科学教育专业的教师来说，他们的专业发展是至关重要的。他们的专业发展不仅影响着自身的教学质量，也直接关系师范生的教育质量和未来的教师素质。以下是对教师专业发展的一些建议：

首先，教师需要不断提升自身的科学知识和教育理论。作为小学科学教育专业的教师，他们需要具备扎实的科学知识和教育理论基础，这样才能更好地指导师范生的学习和实践。因此，教师应该把自我学习和提升作为日常工作的一部分，通过阅读专业书籍、参加专业研讨会、进行教育研究等方式，不断提升专业素养。

其次，教师需要关注并参与到"立交桥式"人才培养模式的实践中。这种模式强调小学、高校、科普教育基地、科学技术馆、社会团体等多元化的教育环境对师范生的共同培养，这就要求教师不仅具备丰富的教学经验，还需要具备跨界合作和项目管理的能力。教师可以通过参与相关的项目实践，提升这方面能力。

再次，教师需要关注师范生的个性化发展。每个师范生都有自己的兴趣和优势，教师需要通过个性化的教学和指导，帮助他们发现和发展自己的潜能，这样才能培养出真正适应未来教育需求的优秀教师。

最后，教师需要注重自身的情感和价值观的培养。教师的情感和价值观会直接影响师范生。教师需要有热爱教育、尊重学生、追求真理的情感和价值观，这样才能以身作则，影响和引导师范生。

教师的专业发展是一个持续的过程，既需要教师自身的努力，也需要学校和社会的支持。我们应该高度重视教师的专业发展，为他们提供必要的支持和帮助，以此推动小学科学教育专业师范生的发展。

（二）教育实践的创新

面对"立交桥式"人才培养模式的挑战，教育实践的创新也是一个重要的应对策略。在教育实践的创新中，我们主要考虑以下几个方面：

1. 学习方式的创新

在传统的教育模式中，教师通常充当知识的传授者，而学生则往往被动地接受这些知识。然而，在"立交桥式"人才培养模式中，学生被视为学习的主体，应该主动地去探索和学习。为了实现这一目标，我们需要创新学习方式，通过采用项目制学习、合作学习、探究学习等方法，激发学生的学习积极性，并提高他们的学习能力。

项目制学习是一种以项目为核心的学习方式，通过参与实际的项目设计和实施过程，培养学生的解决问题能力和团队合作能力。在项目制学习中，学生需要运用所学的知识和技能来解决现实中的问题，这样能够增强他们的学习动机和实践能力。此外，项目制学习还可以培养学生的创新思维和实践能力，使他们更好地适应未来职业发展的需求。

合作学习是一种通过小组合作来实现学习目标的方式。在合作学习中，学生通过与同伴合作，共同解决问题和完成任务。这种学习方式可以促进学生之间的互动和交流，培养他们的团队合作和沟通能力。同时，合作学习也能够激发学生的学习兴趣，提高他们的学习效果。通过与他人合作学习，学生可以相互促进、互相学习，从而获得更丰富的知识和经验。

探究学习是一种基于问题和研究的学习方式。在探究学习中，学生需要主动提出问题、进行调查研究和实验探索，从而深入理解和掌握知识。通过探究学习，学生可以形成批判性思维和自主学习能力，提高解决问题的能力和创新能力。此外，探究学习还可以激发学生的好奇心和求知欲，培养他们的自主学习意识和能力。

除了项目制学习、合作学习和探究学习，还有多种创新学习方式可以应用于教育中。例如，基于游戏化的学习可以通过将学习内容转化为游戏形式，提高学生的参与度和乐趣感；在线教育和远程学习可以利用互联网和现代技术，提供灵活的学习方式，突破时空限制，使学习更加便捷和个性化。

创新学习方式的引入可以改变传统教育中的教师中心模式，使学生成为学习的主体，发挥他们的主动性和创造力。这种转变将培养出更具综合素质和创新能力的人才，以适应社会快速发展和变化的需求。因此，教育界和教育实践者应积极推动学习方式的创新，并不断探索适合不同学生和学科的创新教学方法，为学生提供更有效、更富有启发性的学习体验。

2. 教学方法的创新

教学方法的创新是为了更好地适应"立交桥式"人才培养模式的要求，使教学更加高效。在传统的教学模式中，教师通常在课堂上向学生传授知识，而学生则被动地接受和消化这些知识。然而，通过创新教学方法，我们可以改变这种传统的教学方式，使学生更加主动地参与学习过程，激发他们的学习兴趣和积极性。

翻转课堂是一种创新的教学方法，它颠覆了传统的教学模式。在翻转课堂中，教师将课堂上的知识讲解和演示的内容提前录制成视频或其他形式的教学资源，让学生在课前自主学习。而课堂时间则用来进行讨论、实践和解答疑惑。这种方式能够使学生在课堂上更深入地理解和应用知识，培养他们的批判性思维和解决问题的能力。同时，学生可以根据自己的学习进度和需求进行学习，从而提高学习的个性化和灵活性。

在线混合学习是结合在线学习和面对面教学的一种教学模式。通过在线学习平台和工具，学生可以在任何时间和任何地点进行学习，灵活安排学习进度。而面对面的教学可用于实践、讨论和互动中。在线混合学习不仅能够突破时间和空间的限制，提高学习的灵活性，还可以利用多种教学资源和工具，丰富教学内容，提供多样化的学习体验。同时，教师可以更好地跟踪学生的学习进展，及时给予反馈和指导，促进学生的个性化发展。

除了翻转课堂和在线混合学习，还有多种创新教学方法可以应用于教育中。例如，问题导向的教学可以通过引导学生提出问题、进行探究和解决问题来培养学生的探究能力和解决问题的能力；启发式教学可以通过给予学生启示和引导，让他们通过自主思考和探索来发现知识和解决问题；个性化教学可以根据学生的不同需求和学习风格，提供个性化的学习资源和指导，使每个学生都能得到适合他们的学习支持。

教学方法的创新需要教育工作者积极探索和实践，并结合不同学科和学生的特点选择合适的方法。通过创新教学方法，我们可以打破传统的教学模式，激发学生的学习兴趣和动力，培养他们的综合素质和创新能力，使教育更加适应现代社会的需求。

3. 教育评估的创新

教育评估在教育实践中具有重要的作用，有助于教师和学校了解学生的学习情况、发现问题并进行有效的改进。在"立交桥式"人才培养模式中，教育评估需要创新，不仅要关注学生的知识和技能，还要关注学生的能力素养、情感态度等全面发展。

为了实现多元化的评估体系，我们可以采用以下创新方法：

（1）综合评估。传统的评估往往以考试成绩为主要依据，而在"立交桥式"人才培养模式中，应该综合考虑学生的各方面表现。除了考试成绩，还可以评估学生的项目作业、小组合作成果、实践表现、参与度等。综合评估能够更全面地了解学生的综合能力和发展情况。

（2）能力评估。"立交桥式"人才培养模式注重培养学生的综合能力和素养，因此评估中应该注重学生的能力发展。教师可以设计任务和项目，评估学生的问题解决能力、创新能力、团队合作能力、沟通能力等。通过观察学生在实际情境中的表现，评估他们的能力水平。

（3）反思评估。"立交桥式"人才培养模式鼓励学生主动参与学习和思考，因此反思评估在教育中具有重要的作用。教师可以引导学生进行自我评估和自我反思，帮助他们认识自己的学习过程、发现问题和寻找改进方法。同时，教师也可以通过与学生的对话和反馈，促进他们的思维发展和自我调整。

（4）个性化评估。每个学生都是独特的，他们有不同的学习风格、兴趣爱好和发展需求。因此，教师在评估中应该考虑个体差异，采取个性化的评估方式。可以根据学生的兴趣和能力进行个性化的任务设计和评价，使每个学生都能发挥自己的优势并得到充分的发展。

（5）反馈和指导。评估不仅仅是对学生的一种评判，更重要的是为其提供有效的反馈和指导。教师可以通过评估结果，及时给予学生积极的反馈和具体的指导，帮助他们认识自己的优势和不足，并制订相应的学习计划。同时，评估结果也可以为教师提供信息，指导他们对教学做出调整和改进。

教育评估的创新需要教育实践者和教育研究者共同努力，不断探索适合"立交桥式"人才培养模式的评估方法和工具。这种评估体系将更好地反映学生的全面发展和个性差异，帮助学生实现自我认知和自我成长，促进他们各方面的能力和素养得以提升。

4. 教育管理的创新

教育管理的创新对于有效实施"立交桥式"人才培养模式至关重要。传统的教育管理模式往往以集中权力、单向指导为主，而在"立交桥式"人才培养模式中，需要构建开放、透明、高效的教育管理体系，充分发挥各方的作用，形成良好的教育生态。

以下是教育管理创新应着重的几个方面：

（1）开放性管理。传统的教育管理往往以垂直的管理结构为主，决策集中在上级管理层，缺乏与教师、学生和家长等教育参与者的有效互动。而在"立交桥式"人才培养模式中，应鼓励开放性管理，建立多层次、多方位的沟通渠道。可以设立教师、学生和家长代表的参与机构，定期召开座谈会、工作坊等活动，让各方参与者发表意见和建议，共同参与教育决策和规划。

（2）透明度管理。透明度是教育管理中的重要原则，通过提供信息和数据的透明度，可以增强对教育质量和管理效果的监督和评估。教育管理者应积极公开教育政策、教学资源、学校运行情况等相关信息，确保信息的准确性和及时性。此外，教育管理者还应建立学生和家长的反馈机制，及时回应他们的关切和建议。

（3）弹性化管理。"立交桥式"人才培养模式强调学生的个性化发展和综合素养的培养，因此需要教育管理具备一定的弹性。教育管理者应根据不同学生的需求和特点，提供灵活的教学安排和支持措施。同时，教育管理者还应探索与不同层次和类型的教育机构合作，建立资源共享和协同发展的机制，以满足学生个性化的学习需求。

（4）教师专业发展支持。教师是教育管理中至关重要的一环，他们承担着培养学生的重要责任。在"立交桥式"人才培养模式中，教师需要具备更多的专业知识和教学能力。因此，教育管理者应提供持续的教师专业发展支持，可以开展定期的培训和研讨会，邀请专家学者分享最新的教育理论和实践经验。同时，教育管理者还可以建立教师互助平台，促进教师之间的交流和合作。

（5）质量评估和质量保障。教育管理创新需要注重质量评估和质量保障。建立有效的教育评估体系，对教育质量进行定期评估和监测，及时发现问题和采取改进措施。同时，教育管理者还应加强对教育机构的管理和监督，确保教育资源的合理配置和使用。

教育管理的创新既需要教育管理者的积极探索和实践，又需要政府、学校和社会各界的支持与合作。只有构建开放、透明、高效的教育管理体系，充分发挥各方的作用，才能更好地支持"立交桥式"人才培养模式的实施，并为学生的全面发展和成长提供良好的教育环境。

（三）与学生和家长的沟通

在教育实践中，与学生和家长的沟通是非常重要的一环。有效的沟通有助于教师更好地理解学生的需求，同时使家长了解学校的教育理念和教学方法，从而建立起良好的家校合作关系。以下是对教育实践者在与学生和家长沟通方面的一些建议：

教师应该尊重每一个学生，关注他们的感受，理解他们的需求，鼓励他们表达自己的想法。在教学过程中，教师应该与学生进行充分的互动，让学生感受到被尊重和被理解，从而提高他们的学习积极性。同时，教师还应该定期与学生进行一对一的交谈，了解他们的学习进度和困扰，为其提供必要的帮助和指导。

教师应该定期与家长进行交流，向他们报告学生的学习情况，听取他们的意见和建议。在遇到学生的学习问题或行为问题时，教师应该及时与家长沟通，共同寻找解决方法。此外，教师还应该鼓励家长参与学校的教育活动，让他们了解学校的教育理念和教学方法，增强他们对学校教育的信任和支持。

随着科技的发展，社交媒体、在线会议软件等沟通工具不断涌现，教师可以利用这些工具进行远程沟通，提高沟通的效率和效果。例如，教师可以通过社交媒体发布学生的学习动态，使家长随时了解学生的学习情况；教师也可以通过在线会议软件与家长进行视频交流，使沟通更加直接和真实。

参考文献

[1] 王素，吴颖惠. 未来教师的研究素养 [M]. 北京：机械工业出版社，2022.

[2] 黄春方. 小学科学教师专业发展研究 [M]. 苏州：苏州大学出版社，2013.

[3] 孔繁成. 新课程理念下的小学科学教育理论与实践 [M]. 沈阳：辽宁大学出版社，2008.

[4] 卢明强. 创新驱动小学科学教育新思路 [M]. 昆明：云南科技出版社，2021.

[5] 李继峰. 教师专业学术蓄养研究 [M]. 西安：陕西师范大学出版总社，2022.

[6] 袁从领. 核心素养导向下的小学科学教育 [M]. 长春：东北师范大学出版社，2018.

[7] 张国富. 小学科学本体和教育价值的实现 [M]. 北京：首都师范大学出版社，2022.

[8] 赵秀祯. 小学科学实验及科技活动 [M]. 长春：东北师范大学出版社，2013.

[9] 侯琳波. 小学教育科学研究方法 [M]. 长沙：湖南大学出版社，2020.

[10] 华锡芬. 学生有效学习与教师专业发展 小学科学 [M]. 长春：东北师范大学出版社，2016.

[11] 伍世亮，陈永流，梁泳文. 小学科学教育技能训练 [M]. 广州：广东高等教育出版社，2012.

[12] 陈素云. 小学科学学科教育 [M]. 北京：教育科学出版社，2016.

[13] 涂桂庆 . 小学科学教育策略研究 [M]. 北京：文化艺术出版社，2009.

[14] 赫德加拉赫 . 小学科学教育的新方向 [M]. 刘默耕，译 . 北京：文化教育出版社，1980.

[15] 唐月忠 . 小学"做中学"科学教育实践与研究 [M]. 上海：东方出版中心，2008.

[16] 兰本达，P. E. 布莱克伍德，P. F. 布莱德温 . 小学科学教育的"探究－研讨"教学法 [M]. 陈德彰，张泰金，译 . 北京：人民教育出版社，2008.

[17] 远新蕾 . 信息化时代小学科学课程教学策略研究 [M]. 北京：冶金工业出版社，2021.

[18] 王晓生 . 小学科学教师队伍建设：价值使命、现实羁绊与实践路径 [J]. 中国教育学刊，2023（6）：91-95.

[19] 吴晶 . 小学科学教育对少年儿童素养的提升策略探究 [J]. 考试周刊，2020（61）：7-8.

[20] 陈腾 . 五年制专科小学教育专业的教学大纲和教材与小学科学课程标准和教材的对比 [J]. 化学教育（中英文），2020，41（6）：77-81.

[21] 赵书栋，刘嘉茹 . 科学素养导向下小学科学教师专业发展的路径探索 [J]. 肇庆学院学报，2020，41（1）：97-100.

[22] 范增 . 核心素养背景下小学科学教育专业职前课程设置优化 [J]. 湖南第一师范学院学报，2019，19（2）：52-56.

[23] 李飞 . 新课程标准时期小学科学教学的思考及建议 [J]. 湖南科技学院学报，2018，39（08）：137-138.

[24] 覃岚，蒲远波 . 小学科学教育专业发展前景及课程建设研究——以川北幼儿师范高等专科学校为例 [J]. 绵阳师范学院学报，2017，36（10）：77-81.

[25] 远新蕾 . 小学科学教育师资培养路径探析 [J]. 黑龙江科学，2017，8（18）：120-121.

[26] 杨丽 . 小学科学教学面临的问题及解决对策 [J]. 小学科学（教师版），2017（3）：51.

[27] 董晶晶，袁晶.小学教育专业学生科学素养现状分析 [J]. 亚太教育，2016（24）：10.

[28] 公维鹏.浅谈科学专业学生兴趣的提升 [J]. 中国校外教育，2015（15）：99.

[29] 朱阿娜.小学科学教育现状思考 [J]. 江西教育，2015（12）：84-85.

[30] 张玉平.农村小学科学教师专业发展：问题与对策 [J]. 河南教育学院学报（哲学社会科学版），2015，34（1）：62-64.

[31] 杜君兰.高师小教专业与小学科学课程中化学知识内容的对比分析 [J]. 内蒙古师范大学学报（教育科学版），2014，27（8）：127-130.

[32] 戴丽敏.当代科学教育变革背景下小学科学教师素养刍议 [J]. 杭州师范大学学报（社会科学版），2014，36（3）：133-136.

[33] 陈新瑶.文学滋养与科学教育：小学教育本科专业文学类课程教学研究 [J]. 湖北第二师范学院学报，2014，31（4）：87-89+109.

[34] 曹秀菊.新课程背景下高师特色课程"小学科学课实用教学法"的开设研究 [J]. 长春师范学院学报，2013，32（10）：146-148.

[35] 杜君兰，汪景丽.高师院校本科学历小学科学教师的培养研究 [J]. 内蒙古师范大学学报（教育科学版），2013，26（4）：76-79.

[36] 吕丽丽.高师科学教育专业师范生实验教学技能培养：基于小学科学实验教学现状的反思 [J]. 考试周刊，2013（20）：147-148.

[37] 孙宝玲，杨宝忠.试论小学科学教师培养的多样化 [J]. 天津师范大学学报（基础教育版），2012，13（1）：36-39.

[38] 刘丽君.小学科学教师专业培养与师资建设：以衢州小学科学教育师资现状为例 [J]. 科教文汇（中旬刊），2011（35）：16-17.

[39] 王学荣.通过教具制作课培养小学科学教育专业学生创新能力 [J]. 科技创新导报，2010（32）：160.

[40] 余翔.小学科学教育专业建设的构想 [J]. 科教文汇（下旬刊），2010（30）：83-84.

[41] 蔡伟，施若谷.论信息技术与小学科学整合中的教师特殊能力 [J]. 中国信息技术教育，2010（8）：40-41+85.

[42] 杨晓鹏，万爱珍，卢霖.关于小学科学教育专业建设的思考[J].教育学术月刊，2010（3）：88.

[43] 孙英杰.论加强小学教师教育专业学生科学教育及研究的重要性[J].硅谷，2009（14）：141.

[44] 韩凌.教师可持续专业发展是小学科学教育的关键[J].师道，2008（12）：22-23.

[45] 朱竞雷，邓明兰.《科学实验教学研究》课程与科学教育专业学生科学探究教学能力的培养[J].重庆文理学院学报（自然科学版），2007（3）：108-110.

[46] 王殿军.普及与提高：中小学科学教育的双重使命[J].中国基础教育，2022（10）：36-38.

[47] 刘振亚，余波，夏克坚，等.中小学科学课师资培养初探[J].江西教育科研，2005（10）：39.

[48] 陈轩.小学科学教育专业课程的设计思路[J].常州师范专科学校学报，2004（3）：79-83.

[49] 柯文婷，杨梅.实施小学科学教师培训提升教学能力的策略研究[J].科教导刊，2021（27）：80-82+114.

[50] 许杰汉.小学科学教学方法选用策略研究[J].读写算，2021（25）：129-130.

[51] 曹建平，王伟清.中小学科学教育的瓶颈及其对策分析[J].企业家天地，2006（6）：106-107.

[52] 曹秀菊.新课程背景下高师特色课程"小学科学课实用教学法"的开设研究[J].长春师范学院学报，2013，32（10）：146-148.

[53] 陈轩.小学科学教育专业课程的设计思路[J].常州师范专科学校学报，2004（3）：79-83.

[54] 董志芳，李亚娟.小学科学教师职前探究教学能力的培养[J].考试周刊，2015（A3）：177-178.

[55] 樊敏，张利群，冉鸣.通过继续教育培养中小学科学教育专业人才的方式初探[J].绵阳师范学院学报，2004（2）：93-96.

[56] 范增.核心素养背景下小学科学教育专业职前课程设置优化 [J].湖南第一师范学院学报，2019，19（2）：52-56.

[57] 韩凌.教师可持续专业发展是小学科学教育的关键 [J].师道，2008（12）：22-23.

[58] 刘亚平.小学科学教育师资培养路径探析 [J].戏剧之家，2016（3）：145-146.

[59] 孙英杰.论加强小学教师教育专业学生科学教育及研究的重要性 [J].硅谷，2009（14）：141.

[60] 覃岚，蒲远波.小学科学教育专业发展前景及课程建设研究：以川北幼儿师范高等专科学校为例 [J].绵阳师范学院学报，2017，36（10）：77-81.

[61] 王学荣.通过教具制作课培养小学科学教育专业学生创新能力 [J].科技创新导报，2010（32）：160.

[62] 王言景，杨东娇，陈光磊，王智红.小学科学教育存在的问题及解决对策 [J].当代教研论丛，2017（7）：81.

[63] 张灵燕.高等师范专科学校科学教育专业相关实验设计思考——化学部分实验设计教学理念浅析 [J].吉林省教育学院学报（下旬），2012，28（3）：143-144.

[64] 赵书栋.小学科学教师培养模式探索 [J].肇庆学院学报，2011，32（4）：77-79.

[65] 许晓雪.小学科学教育课程实施中的教师专业发展研究 [D].哈尔滨：哈尔滨师范大学，2012.

[66] 冯恒.小学科学教师专业发展研究 [D].桂林：广西师范大学，2006.

[67] 曾惠如.基于馆校结合的小学科学教育活动设计与实践研究 [D].福州：福建师范大学，2021.

[68] 黄爱民.师范生小学科学教学能力培养研究 [D].济南：山东师范大学，2007.

[69] 黎玮茜.面向生活世界的小学科学教育变革之研究 [D].长沙：湖南师范大学，2021.

[70] 梁潇. 小学科学教育科技场馆学习现状及对策研究 [D]. 重庆：重庆大学，2018.

[71] 罗新月. 融入跨学科概念"结构与功能"的博物馆小学科学教育活动设计与实践 [D]. 重庆：重庆师范大学，2021.

[72] 许晓雪. 小学科学教育课程实施中的教师专业发展研究 [D]. 哈尔滨：哈尔滨师范大学，2012.

[73] 袁媛. 体验探究式小学科学教育游戏的设计与开发 [D]. 乌鲁木齐：新疆师范大学，2021.

[74] 杨婷，郝建玲. 让科学点亮孩子们的心灵 [N]. 科学导报，2005-10-23（006）.

[75] 甘晓. 科学教育专业靠什么破局 [N]. 中国科学报，2021-07-20（006）.

[76] 罗中云. 打造专业化、系统化、高水平的科学课教师队伍 [N]. 北京科技报，2022-06-06（002）.

[77] 周大正. 在孩子心中种下科学种子 [N]. 温州日报，2023-06-06（005）.

[78] 张理萌. 20 条重点措施推动中小学科学教育高质量发展 [N]. 东莞日报，2023-03-17（A04）.